高职高专“十二五”规划教材

实用基础会计

（第 2 版）

主　编　李冠军　程华安
副主编　李玉凤　胡玉玲
　　　　杨　哲　王金蕊
参　编　侯冬梅　姚　芬

南京大学出版社

图书在版编目(CIP)数据

实用基础会计 / 李冠军，程华安主编. —2版. —南京：南京大学出版社，2015.8

高职高专"十二五"规划教材

ISBN 978-7-305-15750-9

Ⅰ.①实… Ⅱ.①李… ②程… Ⅲ.①会计学—高等职业教育—教材 Ⅳ.①F230

中国版本图书馆CIP数据核字(2015)第189040号

出版发行 南京大学出版社
社　　址 南京市汉口路22号　　邮　编 210093
出 版 人 金鑫荣

丛 书 名 高职高专"十二五"规划教材
书　　名 实用基础会计(第2版)
主　　编 李冠军 程华安
责任编辑 陈家霞 府剑萍　　编辑热线 025-83596997

照　　排 南京南琳图文制作有限公司
印　　刷 南京人民印刷厂
开　　本 787×1092 1/16 印张17.5 字数433千
版　　次 2015年8月第2版 2015年8月第1次印刷
ISBN 978-7-305-15750-9
定　　价 35.00元

网址：http://www.njupco.com
官方微博：http://weibo.com/njupco
官方微信号：njupress
销售咨询热线：(025) 83594756

第二版序言

南京大学出版社出版的财会专业系列教材自2013年推出以来，受到了众多财会专业教师和学生的欢迎。《实用基础会计》教材在出版了第一版之后，使用该教材的院校师生普遍反映其理论部分知识结构清晰，覆盖会计从业资格证考试大纲要求内容，财会专业学生学习结束后无需再参加社会机构培训；实务部分项目化，按照工作过程编排，完整科学；会计方法与会计技能通过项目化教学，初步实现"教、学、练、做"一体化，教学目标明确，效果凸显。这些也正是确定教材编写"一个认同、两个基础、三个基本、四个目标"基本指导思想所期望达到的。

本教材进行修订再版主要出于以下几个方面的原因：

一是教材每个章节没有配套的习题，学生在学完一个章节后，还需要再购买配套的习题资料，教师在检查学生学习情况时也需要查找资料。为此，我们在修订第二版时重点解决了这个问题，以满足专业教师和学生的需要。

二是教材中的一些知识点因新具体会计准则的颁布和原有具体会计准则的修订而发生了变化，如"公允价值的定义"等。

三是会计从业资格的考试大纲的小幅调整，也使得第一版教材的内容需要进行修订。

四是第一版中还存在一些不完善的地方。

总之，教材编写组的每位老师和南京大学出版社的项目人及责任编辑都希望通过自己的不懈努力，为大家呈现一个更加完善的成果。但是，终因我们能力有限，该教材还存在有待提高的地方，在此，也诚恳地希望大家多提改进建议，以使我们在今后的修订中不断完善。

第二版教材由黄河水利职业技术学院李冠军，湖南大众传媒职业技术学院程华安任主编；黄河水利职业技术学院李玉凤、胡玉玲，邵阳职业技术学院杨哲，郑州科技学院王金蕊任副主编；参与教材编写的还有黄河水利职业技术学院侯冬梅、姚芬。李冠军负责全书的总纂、修订和最终定稿。

本书的成稿得到了一些公司会计负责人、一线教师和学生的帮助和支持，在此一并表示衷心感谢！

编　者

2015年6月

前　言

"实用基础会计"课程既是财经类专业的专业基础课，又是会计从业资格证书的考试科目，既是会计"基本技能、基本理论、基本知识"的载体，也是会计专业认同、初级会计岗位职业技能训练的载体。通过本课程的学习，要求学生理解会计学的基本理论，熟悉会计工作的基本内容，掌握会计工作的基本方法与技能，具备处理企业基本经济业务核算的能力，同时也为"财务会计"、"成本会计"、"审计"等后续课程的学习奠定坚实的基础。基于此，本教材编写的基本指导思想确定为："一个认同、两个基础、三个基本、四个目标。"

(1) 一个认同。本教材通过基本理论的讲解以及大量会计资料的展示和操作演示，结合一家企业资料，构造完整的会计工作流程，使初学会计者直观地认识和理解"什么是会计"、"会计是做什么"、"会计工作包括什么"、"会计工作要对信息使用者提供什么"，培养学生对学习会计专业的兴趣，增强学生对会计专业和职业的认同感。

(2) 两个基础。一方面，本教材突出会计专业主干课程的专业基础课程的定位；另一方面，充分体现了会计从业资格证书考试的基础内容。

(3) 三个基本。本教材内容的选取紧紧围绕会计专业的基本理论、基本知识和基本技能。

(4) 四个目标。本教材内容充分体现了高职会计专业职业性特点，始终围绕夯实专业基础、传授专业技术、培养岗位能力、提高职业素养四个教学目标。

本教材的特色如下：

1. 内容选择实用性强

本教材在选定内容时始终考虑如何让初学会计者对会计职业有一个完整的认识，在思想意识中构建会计专业的知识框架，掌握会计专业的基本理论，学会会计工作的基本技能和基本方法，所以本教材分成了基本原理和实务讲解两部分。基本理论部分主要介绍了会计基本准则和借贷记账法的内容，实务部分主要是讲授会计工作的基本方法和基本技能。其目的就是让初学者通过本课程的学习能够胜任一名小企业的会计员、出纳员。

2. 图片演示资料丰富

本教材在实务部分改变了单纯通过文字描述介绍知识的情况，不但写清楚怎么做，还配以图片演示，让学生不再靠想象猜测怎么做，而是用真实的资料直观地演示怎么做，这很符合高职高专学生和初学者的学情。

3. 依托具体项目便于实施"教·学·练·做"一体化

本教材在理论和实务部分分别选择了两个完整的企业经济业务资料作为教学练做开展的项目依托，化整为零，前后贯通，每一个工作步骤、每一项方法技能都能从项目中找到结合点，整个教学在"教·学·练·做"模式中进行，学生能够很深切地体会知识在工作中的应用。

4. 丰富教材资源，增强教材使用效果

本教材的教材文本齐全，教学课件新颖实用，方便教师开展课程教学，为教师节省更多时间进行课堂教学的研究;课后习题精挑细选,配以习题答案,便于学生及时巩固知识和教师检查学习效果。

本教材由黄河水利职业技术学院李冠军、武昌职业学院李丹担任主编,黄河水利职业技术学院李玉凤和张晓丹、邵阳职业技术学院杨哲、黄河水利职业技术学院胡玉玲、武昌职业学院杨映玲、益阳职业技术学院黄艳担任副主编。参与本教材编写的还有黄河水利职业技术学院侯冬梅、湖南现代物流职业技术学院周宇。李冠军负责全书的总纂、修订和最终定稿。

本教材是在全国示范院校的示范建设支持下开发完成的一项教学成果,教材编写组成员均是在一线多年任教的教师,其中中国注册会计师1名,副教授以上职称3名,具有会计师技术资格教师3名,其中有4名教师有5年以上企业工作经验。这为本教材的编写质量提供了强有力的保障。

本教材内容作为讲义已在教学中使用两届,并根据使用中任课教师和学生提出的问题和建议作了多次修改和完善。但由于作者水平所限,对于教材中存在的不足之处,恳请读者批评指正。

本书的成稿得到了一些公司会计负责人、一线教师和学生的帮助和支持,在此一并表示衷心感谢!

编　者

2013年5月

目　录

第一章 总 论

第一节 会计概述

【学习目标】

1. 了解会计产生的经济动因及其发展历程。

2. 掌握会计的概念和基本职能。

3. 了解会计法规体系。

【重点难点】

1. 重点:会计的基本职能。

2. 难点:会计主体与法律主体的区别。

什么是会计？这是学习、研究会计这门学科或这一职业首先要回答的问题。对于初学者，能够和自己已有的知识和经验联系起来的只是零散的少量信息，但要科学、准确、清晰地回答这个问题，还需要从会计的产生、发展历程，从会计的职能、对象、前提条件及要求等方面进行学习。

一、会计的产生与发展

会计是随着社会经济的发展而产生和发展起来的。从根本上说，在生产过程中以尽可能少的劳动耗费和物资资料消耗，创造出尽可能多的财富，是会计产生的原动力。人们通过记录来了解在创造财富过程中的付出与收获，通过对记录的分析来发现创造财富过程中值得改进和提高的环节，使生产和管理变得更加有效。会计最初的表现是人类对经济活动的简单记录和计量行为，如我国古代的结绳记事、刻木计数。后来，随着社会经济的发展、生产力的不断提高，产品出现剩余，会计也从生产活动的附带部分逐渐分离出来，成为管理上的一种独立职能，同时也出现了独立从事对生产过程和劳动成果进行记录活动的专门人员。

我国西周时期，设有专职的"司书"和"司会"官职，负责对政府的财政收支进行记录与核算，并定期向统治者报告。当时会计是指收支的计算和记录，有考核的意思。唐宋时期，出现了"四柱结算法"，官厅中办理钱粮报销或移交要编造"四柱清册"，将全部经济活动分为"旧管"、"新收"、"开除"和"实在"四个方面，其基本关系是"旧管＋新收－开除＝实在"，通过四柱平衡公式，结算财产物资的增减变化及其结果。"四柱结算法"说明我国古代会计已经发展到相当高的水平。明朝末年出现了"龙门账"，即把全部账目划分为"进"(各项收入)、"缴"(各项支出)、"存"(各项资产)、"该"(资本及各项负债)四大类，"进－缴＝存－该"的平衡等式试算平衡，这是中国最早的复式记账。到了清朝初期又出现了"四脚账"，对各项经济业务分别其"来"和"去"两个方面进行反映，标志着我国复式记账法的正式产生。清代学者焦盾在《孟子正义》篇中解释会计是："零星算之为计，总合算之为会。"此时"会"和"计"又具有了计算和汇总计算的含义。

在欧洲,复式簿记诞生于资本主义萌芽时期的意大利。1494 年,意大利数学家卢卡·帕乔利出版了《算术、几何、比及比例概要》一书,详细地阐述了借贷记账原理,标志着近代会计的正式产生,卢卡·帕乔利也被后人尊称为"现代会计之父"。

20 世纪 50 年代后,随着经济的发展,会计又进一步分成财务会计和管理会计两大分支,标志着现代会计时期的到来。财务会计又称为对外报告会计,主要向企业外部利益集团提供相关会计信息;而管理会计则主要侧重于为企业内部的预测、决策、规划与控制提供信息,所以又称之为对内会计。

二、会计的概念

会计是以货币为主要计量单位,运用专门的技术方法,完整、连续、系统地反映和监督一个单位经济活动的一种经济管理活动。

会计的概念包括四个方面的内容,即会计是一种经济管理活动,这是会计的本质;对单位经济活动进行反映和监督,是会计的两个基本职能;以货币为主要计量单位,是会计反映经济管理信息的主要特点;连续性、系统性、完整性是会计工作的 3 个特点。

三、会计的基本职能

会计职能是指会计对单位管理所能起到的功能。会计的基本职能是核算和监督。随着社会经济的发展,会计又产生了预测、控制、分析等新职能。

(一) 核算职能

1. 核算职能的概念

核算职能又称为反映职能,是指会计以货币为主要计量单位,通过对经济活动进行确认、计量、记录与报告等环节,对特定主体的经济活动进行记账、算账、报账(称为会计的 3 项工作),为各有关方面提供信息的功能。这是一个将经济信息经过筛选、记录、分类、汇总后转化为系统化的会计语言,为信息使用者提供管理决策有用信息的过程。会计的核算职能是会计最原始、最重要的职能。

会计首先是对原始凭证进行审核,在真实完整的基础上进一步在账簿中进行登记,最后再将账簿记录进行分析汇总,编制会计报表,通过会计报表向单位内部和外部的有关方面提供本单位的财务信息。传统意义上的会计核算主要是指对会计主体已经发生或已经完成的经济活动所进行的事后核算,但是,从现代会计的角度看,会计核算贯穿于经济活动的全过程,它既包括事后核算,也包括事前、事中核算。本书作为会计基础,仍然沿用传统意义上的事后核算。

2. 确认、记录、计量和报告

确认、记录、计量和报告是会计核算的四个环节。

(1) 确认是指运用特定的会计方法,以文字和金额同时描述某一交易或事项,使其金额反映在特定主体(单位)财务报表中的会计程序。确认分为初始确认和后续确认,主要解决"能不能记账或用不用记账"的问题。

例如,北京汇丰公司有一笔商业承兑汇票于 2011 年 10 月 6 日到期,公司出纳当天到开户银行办理好委托收款手续——不用做会计处理。

又如,北京汇丰公司 2011 年 10 月 6 日新购入一批甲原料,款项未付——应该记账。

(2) 计量是指对特定主体(单位)的经济活动采用一定的记账方法,在账簿中进行登记的会计程序,主要解决“记多少”的问题。

例如,上面提到的新购甲原料,发票上注明价款为 100 000 元,增值税 17 000 元,另有 117 000元的支票存根,应付账款要增加 117 000 元,与其对应的原材料——甲材料的记账金额应增加为 100 000 元,应交增值税也要记 17 000 元。

(3)记录是指对特定主体(单位)的经济活动采用一定的记账方法,在账簿中进行登记的会计程序,主要解决“怎么记”的问题。

例如,上面的业务,经确认后,根据借贷记账法,应该在会计凭证和账簿中都记录原材料增加 100 000 元,应付账款要增加 117 000 元。

(4) 报告是指在前面 3 个环节的基础上,针对特定主体的财务状况、经营成果和现金流量情况,以财务报表的形式向有关方面报告,主要解决“通过编制财务报告提供信息”的问题。

3. 会计核算的主要特点

(1) 会计核算主要以货币为计量单位,从价值方面反映各单位的经济活动情况。计量单位主要有三种,即劳动量度、实物量度和货币量度。劳动量度有工作月、日、时;实物量度有件、辆、米、只、吨等,这两种计量单位的衡量基础各不相同,只能表示个别的数据而不能进行综合和比较,而货币具有一般等价物的作用,可以作为衡量一切有价物价值的共同尺度,并且可以进行综合和比较,当然它有时也需要用实物量度和劳动量度来辅助计量。

(2) 会计核算具有完整性、连续性和系统性。

完整性是指会计需要将一个单位的全部经济活动毫无遗漏地进行记录和报告。

连续性是指会计需要按照经济业务发生的时间顺序来进行计量、记录和报告,而不能有任何中断。

系统性是指会计需要按照经济业务的内容分门别类地记录与报告,即通过设置一系列的账户分别记录不同类型的经济业务,而不能杂乱无章。

(3) 会计核算是以合法的凭证为依据。会计核算所收集的经济信息必须真实可靠、有根有据,要取得或填制原始凭证,并进行严格审查,确认真实、合法、无误后才能据以编制记账凭证,登记账簿,进行信息的编报。

(二) 监督职能

会计监督是指会计在反映经济活动时,对会计资料的真实性、完整性,以及对会计事项的合理性、合法性所进行的检查与审核。

检查会计资料的真实性和完整性,主要是审查有关会计事项是否确实发生、有关会计凭证的内容与手续是否完整,防止手续不全、内容虚假的会计事项进入会计处理系统,以免产生虚假不实的会计信息,避免对信息使用者的决策产生误导。

检查会计事项的合理性,主要是依据该单位的相关规章制度及有关计划、预算等内部控制的要求,审核经济业务是否有超支浪费及低效或无效事项,实现高效与控制费用成本的目标。

检查会计事项的合法性,主要是依据国家及地方有关法律法规,审查经济业务的合法性与合规性,督促单位及相关人员合法经营,杜绝违法乱纪的事项。

会计监督是一个完整的过程,可分为事前监督、日常监督和事后监督。事前监督主要是通过预测和分析经济活动可能达到的预期和结果,看是否与单位计划目标一致。日常监督主要是采用审核的方法,对正在进行中的经济活动按照制度标准进行审核分析,纠正偏差,保证经济活动达到要求和预期目的。事后监督主要是以事先制定的目标、标准和要求为准绳,利用会计核算取得的资料,对已进行的经济活动进行考核和评价。

会计的核算职能和监督职能是相辅相成、辩证统一的关系。会计核算是会计监督的前提,没有会计核算,会计监督就失去了监督的依据;会计监督又为会计核算质量提供了保障。

四、会计法规体系

我国目前的会计法规制度体系,是以《中华人民共和国会计法》(以下简称《会计法》)为基础,以《企业会计准则》为核心,包括各单位内部会计核算制度在内的会计核算法规与制度所组成的会计规范体系。

(一)《会计法》

《会计法》是我国会计工作的基本法规,是会计行为的最高法律规范,是为了规范会计行为,保证会计资料真实、完整,加强经济管理和财务管理,提高经济效益,维护社会主义市场经济秩序而制定的会计法规。

《会计法》起草于1980年8月,1985年1月21日第六届全国人大常委会第九次会议审议通过了《会计法》,自1985年5月1日起施行。1999年10月31日,第九届全国人大常委会第十二次会议审议通过了第二次修订的《中华人民共和国会计法》(以下简称《会计法》),修订后的《会计法》自2000年7月1日起施行。

修订后的《会计法》由7章52条组成,包括"总则"、"会计核算"、"公司、企业会计核算的特别规定"、"会计监督"、"会计机构和会计人员"、"法律责任"和"附则"7章内容。《会计法》规定了会计核算的基本要求,对会计核算的内容、会计资料的真实性与完整性等方面有着明确的规定,同时还规定了违反相关条款的法律责任。

(二)会计准则

会计准则是会计人员从事会计工作必须遵守的基本原则和行为规范。

我国的会计准则包括《企业会计准则》和《事业单位会计准则》。《企业会计准则》是由1项基本准则、38项具体准则①和32项应用指南②构成的企业会计准则体系,如图1-1所示。

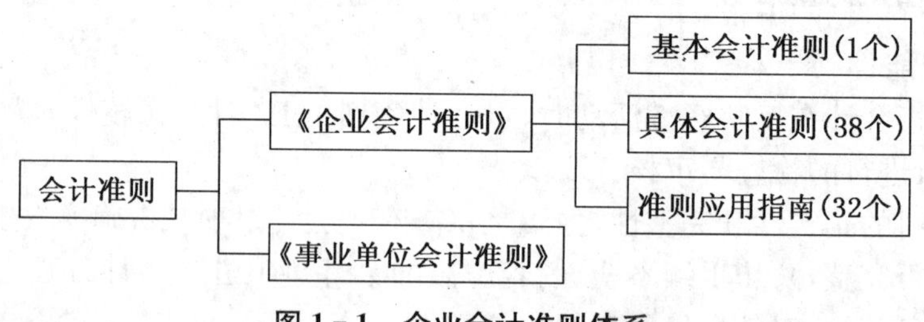

图1-1 企业会计准则体系

基本会计准则规范了会计确认、计量和报告等一般要求,为具体会计准则的制定提供了理论依据和指导,它对各具体准则的制定起着统驭作用,可以确保各具体准则的内在一致性。具体准则是依据基本准则的要求对具体交易事项或报告作出的具体规定,为企业处理会计实务

① 2014年在原有38项具体会计准则基础上新增3项,分别是《企业会计准则第39号——公允价值计量》、《企业会计准则第40号——合营安排》、《企业会计准则第41号——在其他主体中权益的披露》,共计41项会计准则。

② 2014年新增3项具体会计准则后相应新增3项应用指南,目前共计41项。

问题提供具体而统一的标准；应用指南是补充，是对具体准则的操作指引，主要包括具体准则解释、会计科目和主要账务处理等，为企业执行会计准则提供操作性规范。

(三) 会计制度

会计制度是进行会计工作所遵循的规则、方法和程序的总称。

我国会计制度是国家财政部门通过一定的行政程序制定的，具有一定强制性。我国现阶段正处在一个会计制度改革时期，会计制度最终框架不是十分明确，目前最新制定及现行的主要会计制度包括《企业会计制度》、《小企业会计制度》、《金融企计制度》、《行政事业单位会计制度》、《事业单位会计制度》、《民间非营利组织会计制度》等。

另外，各单位根据上述国家统一的会计制度，结合自身生产经营特点和管理要求制定的单位内部会计制度，也作为会计制度体系的一部分。

五、事业单位会计准则

2012 年 12 月 6 日，财政部修订发布了《事业单位会计准则》，自 2013 年 1 月 1 日起在各级各类事业单位施行。该准则对我国事业单位的会计工作予以规范，共九章，包括总则、会计信息质量要求、资产、负债、净资产、收入、支出或费用、财务会计报告和附则。与《企业会计准则》相比，《事业单位会计准则》的主要特点有：

(1) 要求事业单位采用收付实现制进行核算，部分另有规定的经济业务或事项才能采用权责发生制核算；

(2) 将事业单位会计要素划分为资产、负债、净资产、收入、支出或费用五类；

(3) 要求事业单位的会计报表至少包括资产负债表、收入支出表(或收入费用表)和财政补助收入支出表。

第二节　会计基本假设

【学习目标】

1. 了解会计基本假设的含义。

2. 理解四种基本假设的含义。

【重点难点】

1. 重点：四种基本假设的含义及其作用。

2. 难点：会计主体与法律主体的区别。

为什么要进行会计假设？会计作为一项经济管理活动，其目标是通过全面、连续、系统的记录、计量和报告，反映特定主体的经济活动，为信息使用人提供对决策有用的信息。但是，企业的经济活动所处的经济环境具有不确定性和复杂多变的特点，为此，我们就必须对会计工作的经济环境做出一些合乎逻辑的假定，这些假定就是会计核算的基本前提，又称为会计假设。会计假设是会计确认、计量、报告的前提，是对会计核算所处的时间、空间环境等所做的合理设定。它们是确立会计信息质量要求，制定跨级核算制度的依据，是组织会计核算工作应当具备的前提条件。按照国际会计惯例和我国会计基本准则的规定，会计基本假设包括会计主体、持续经营、会计分期和货币计量 4 项。

一、会计主体假设

会计主体是指会计核算和监督的特定单位或者组织,是会计确认、计量和报告的空间范围。明确界定会计主体是开展会计确认、计量和报告工作的重要前提。作为会计主体应满足以下3个条件:① 具有一定数量的资金;② 进行独立的生产经营活动或其他活动;③ 实行独立核算。

(一) 会计主体假设的内涵

简言之,就是会计应当仅为特定的会计主体服务。企业应当对其本身发生的交易或者事项进行会计确认、计量和报告,反映企业本身所从事的各项生产经营活动,并将其与其他经济实体区别开来,才能实现财务报告的目标。

(二) 会计主体假设的目的

(1) 明确会计主体,划定会计所要处理的各项交易或事项的范围。在会计工作中。只有那些影响企业本身经济利益的各项交易或事项才能加以确认、计量和报告,那些不影响企业本身经济利益的各项交易或事项则不能加以确认、计量和报告。会计工作中通常所讲的资产、负债的确认,收入的实现,费用的发生等,都是针对特定会计主体而言的。

(2) 明确会计主体,将会计主体的交易或者事项与会计主体所有者的交易或者事项以及其他会计主体的交易或者事项区分开来。例如,企业所有者的经济交易或者事项是属于企业所有者主体所发生的,不应纳入企业会计核算的范围。但是企业所有者投入到企业的资本或者企业向所有者分配的利润,则属于企业主体所发生的交易或者事项,应当纳入企业会计核算的范围。

(三) 会计主体与法律主体的区别

法律主体是以能够独立承担刑事责任和民事责任等法律责任作为确定依据的,它可以是自然人也可以是法人(法人是一种享有民事主体资格的组织,法律赋予它等同于自然人的人格,以便于其独立地行使权利并承担自身的义务);而会计主体是以是否进行独立会计核算为确定依据,两者不能对等。一般来说,法律主体必然是一个会计主体。例如,一个企业作为一个法律主体,应当建立财务会计系统,独立反映其财务状况、经营成果和现金流量。但是,会计主体不一定是法律主体。例如,在企业集团的情况下,一个母公司拥有若干子公司,母、子公司是不同的法律主体,母公司对子公司拥有控制权,为了全面反映企业集团的财务状况、经营成果和现金流量,就有必要将企业集团作为一个会计主体,各个子公司独立经营自负盈亏,也要进行独立核算,所以也要作为一个会计主体。再如,一个总公司下属若干分公司,总公司在法律上是法人单位,它是法律主体,在会计上要进行独立核算,所以也要作为会计主体,分公司在法律上不能独立承担法律责任,不是法律主体,但总公司也要对各个分公司进行独立核算,所以各个分公司可以作为一个会计主体。

二、持续经营假设

持续经营是指在可以预见的将来,会计主体的生产经营活动将会按既定目标正常地持续进行下去,企业不会停业,不会大规模消减业务,不会面临破产、清算。会计人员根据此假设选择会计原则和会计方法。

(一) 持续经营假设的内涵

假设企业在可预见的未来不会破产被清算,即假设企业的经营活动处于一个正常运行状态。

(二) 持续经营假设的目的

持续经营假设为会计核算的开展提供了正常的业务背景。企业是否持续经营,在会计原则和会计方法上会有较大差异,只有假定企业在可预期的未来不会破产清算,会计核算才能正常进行,否则将依据破产清算时的特殊规定进行处理。如果判断企业会持续经营,企业将按原定的用途使用其现有的资产,同时也将按照原先承诺的条件清偿它的债务。在此基础上,会计可以假定企业的固定资产会在持续经营的生产经营过程中长期发挥作用,并服务于生产经营过程,固定资产就可以根据历史成本进行记录,并采用折旧的方法将历史成本分摊到各个会计期间或相关产品的成本中。如果判断企业不会持续经营,固定资产就不应采用历史成本进行记录并按期计提折旧。

(三) 例外情况

当有确凿证据(通常是破产公告的发布)证明企业已经不能再持续经营下去的,该假设会自动失效,此时企业将由清算小组接管,会计核算方法随即改为破产清算会计。

三、会计分期假设

(一) 会计分期假设内涵

会计分期也称为会计期间假设,是指将一个会计主体持续的生产经营活动划分为一个一个连续的长短相同的期间,以便及时提供企业财务状况和经营成果、现金流量的会计信息。在会计期间内要及时计算、报告各期的经营成果、财务状况和现金流量,以便考核,进行对比,改善经营。

(二) 具体划分方法

会计期间分为年度和中期。会计年度可采用历年制,即与日历年度保持一致,如我国会计年度与财政年度一致,以自然公历年份为准,即每年的元月 1 日到当年的 12 月 31 日为一个会计年度。中期有半年度、季度、月度,其起讫日期均按公历日期。另外,采用历年制的还有法、德、俄、韩国。会计年度也可采用非历年制,如英、日为 4 月 1 日,澳、意为 7 月 1 日,美国为 10 月 1 日。

(三) 会计分期假设的目的

会计分期假设的目的在于分段提供会计信息,以便实时地反映和监督企业资金的运动。

四、货币计量假设

(一) 货币计量单位假设的内涵

货币计量是指会计主体在会计确认、计量、记录、报告时采用货币作为统一的计量单位,反映会计主体的生产经营活动。

(二) 货币计量单位假设的目的

在诸多的计量手段中,只有货币标准是具有最大限度的、无差别性和统一性的,货币计量单位假设为会计活动的开展选定了主要核算手段,使会计信息在计量单位上具有无差别性、统一性和可比性。

(三)货币计量的要求

货币计量单位是会计的基本计量单位,并不排除同时运用其他计量单位,只是其他的各种计量单位均属于辅助性的计量单位。在我国企业单位的会计核算应以人民币为记账本位币,以元为记账单位,元以下记至角、分,分以下四舍五入。有外币收支的企业,应同时记录外国货币金额、汇率及折合人民币的金额。收支以外币为主的企业,也可以选用某种外币作为记账本位币,但编制的财务报表应当折算为人民币反映。在境外设立的中国企业向国内报送的财务会计报告,应当折算为人民币,也就是说,编报的财务会计报告必须以人民币为记账本位币。以货币作为统一计量单位,还包含着币值稳定不变的假定。一般在通货膨胀不大的情况下,货币计量实际上同时也假定币值不变。

会计的4个基本假设不是孤立分开的,没有会计主体,就不会有持续经营,没有持续经营,就不会有会计分期,没有货币计量,就不会有现代会计。

第三节　会计记账基础

【学习目标】

1. 理解会计记账基础的含义。
2. 掌握记账基础在会计核算中的具体应用。
3. 能利用不同的记账基础确认计量企业或单位的收入和费用,并计算损益。

【重点难点】

1. 重点:权责发生制。
2. 难点:权责发生制与收付实现制的区别。

一、会计记账基础的概念和种类

会计记账基础是指企业会计的确认、计量和报告的基础。它包括权责发生制和收付实现制。《企业会计准则——基本准则》第九条规定,“企业应当以权责发生制为基础进行会计确认、计量和报告”。

二、权责发生制

权责发生制又称为应收应付制或应计制,是以收入已经实现、费用已经发生,并应由本期负担为标准来确认本期收入和本期费用的一种处理方法。我国基本会计准则明确规定企业会计的确认、计量和报告应当以权责发生制为基础。

权责发生制主要是从时间上规定会计确认的基础,其核心是根据权、责关系实际发生的期间来确认收入和费用。不论是否已有款项的收付,按其是否体现各个会计期间的经营成果和收益情况,确定其归属期。也就是说,凡属于本期的收入,不管其款项是否收到,都应作为本期的收入;凡属于本期应当负担的费用,不管其款项是否付出,都应作为本期费用。反之,凡不应归属于本期的收入,即使款项在本期收到,也不作为本期收入;凡不应归属于本期的费用,即使款项已经付出,也不能作为本期费用。因此,采用权责发生制,在会计期末必须对账簿记录进行账项调整,才能够使本期的收入和费用存在合理的配比关系,从而可以比较正确地计算企业的本期盈亏。采用权责发生制最大的优点就是能够真实地反映当期的经营收入和经营支出，更加准确地计算和确定企业的经营成果。因此，它在企业会计中被普遍采用。

三、收付实现制

收付实现制是一种与权责发生制相对应的关于收入和费用这两个会计要素的计量基础。收付实现制也称为实收实付制，是指在会计核算中，以实际收到或支付的款项为标准来确认本期收入或本期费用的一种处理方法。

收付实现制是以款项收到或付出为标准，来记录收入的实现或费用的发生。也就是说，按收付日期确定其归属期，凡是属于本期收到的收入和支出的费用，不管其是否应归属于本期，都作为本期的收入和费用；反之，凡本期未收到的收入和未支付的费用，即使应属于本期的收入和费用，也不作为本期的收入和费用。因此，采用收付实现制的会计处理手续比较简便，会计核算可以不考虑应计收入、应计费用、预收收入、预付费用的存在。我国基本会计准则明确规定行政单位会计采用收付实现制，事业单位除经营业务可以采用权责发生制以外，其他大部分业务采用收付实现制。

四、收付实现制与权责发生制的比较

采用权责发生制，可以正确地反映各个会计期间所实现的收入和为实现收入所应负担的费用，从而可以把各期的收入与其相关的费用、成本相配比，加以比较，以正确确定各期的收益。会计工作中对每项业务都按权责发生制来记录，然而，平时对一些交易也按现金收支活动发生的时日记录，按照权责发生制的要求，就需要在期末根据账簿记录进行账项调整，即将本期应收未收的收入和应付未付的费用记入账簿；同时，将本期已收取现金的预收收入和已付出现金的预付费用在本期与以后各期之间进行分摊并转账。因而，绝大部分企业按这一基础记账。收付实现制不能正确地计算和确定企业的当期损益，缺乏合理的收支配比关系。因此，它只适用于业务比较简单和应计收入、应计费用、预收收入、预付费用很少发生的企业，以及机关、事业、团体等单位。

【例 1-1】 北京汇丰实业本月发生以下经济业务：

(1) 支付上月的电费 5 000 元；

(2) 收回上月的应收账款 10 000 元；

(3) 收到本月的营业收入款 8 000 元；

(4) 支付本月应负担的办公费 900 元；

(5) 支付下季度保险费 1 800 元；

(6) 应收营业收入 25 000 元，款项尚未收到；

(7) 预收客户货款 5 000 元；

(8) 负担上季度已经预付的保险费 600 元。

要求：分别按不同的会计基础计算该企业本月的收入和费用，其计量与盈亏如下表 1-1 所示：

表1-1　按两种会计基础计算的结果的比较

元

项　目	收　入		费　用		本期收益
权责发生制	收到本月营业收入	8 000.00	本月应负担办公费	900.00	31 500.00
	应收营业收入	25 000.00	负担保险费	600.00	
	收入小计	33 000.00	费用小计	1 500.00	
收付实现制	收到上月应收账款	10 000.00	支付上月电费	5 000.00	15 300.00
	收到本月营业收入款	8 000.00	支付本月办公费	900.00	
	预收客户款	5 000.00	支付下季度保险费	1 800.00	
	收入小计	23 000.00	费用小计	7 700.00	

第四节　会计信息质量要求

【学习目标】

1. 理解并掌握会计信息质量的8项要求。
2. 能用会计信息质量要求举例说明会计信息提供中的具体应用。

【重点难点】

1. 重点:会计信息质量的8项要求。
2. 难点:实质重于形式;8项要求在会计具体工作中的应用和相互之间的关系。

会计信息质量要求是企业财务报告中所提供会计信息质量的基本要求,是使财务报告中所提供的会计信息对投资者等信息使用者决策有用应当具备的基本特征。它主要包括可靠性、相关性、可理解性、可比性、实质重于形式、重要性、谨慎性和及时性等。

一、可靠性

可靠性要求企业应当以实际发生的交易或者事项为依据进行确认、计量和报告,如实反映符合确认和计量要求的各项会计要素及其他相关信息,保证会计信息真实可靠、内容完整。

会计信息要想有用,必须以可靠为基础,如果财务报告所提供的会计信息是不可靠的,就会使投资者等会计信息使用者的决策产生误导甚至损失。为了贯彻可靠性要求,企业应当做到如下几点:

(1) 以实际发生的交易或者事项为依据进行确认、计量,将符合会计要素定义及其确认条件的资产、负债、所有者权益、收入、费用和利润等如实反映在财务报表中,不得根据虚构的、没有发生的或者尚未发生的交易或者事项进行确认、计量和报告。

(2) 在符合重要性和成本效益原则的前提下,保证会计信息的完整性,其中包括编报的报表及其附注内容等应当保持完整,不能随意遗漏或者减少应予披露的信息,与使用者决策相关的有用信息都应当充分披露。

二、相关性

相关性要求企业提供的会计信息应当与投资者等财务报告使用者的经济决策需要相关,

有助于投资者等财务报告使用者对企业过去、现在或者未来的情况作出评价或者预测。

会计信息是否有用，是否具有价值，关键是看其与使用者的决策需要是否相关，是否有助于决策或者提高决策水平。相关的会计信息应当能够有助于使用者评价企业过去的决策，证实或者修正过去的有关预测，因而具有反馈价值。相关的会计信息还应当具有预测价值，以便有助于其使用者根据财务报告所提供的会计信息预测企业未来的财务状况、经营成果和现金流量。例如，区分收入和利得、费用和损失，区分流动资产和非流动资产、流动负债和非流动负债以及适度引入公允价值等，都可以提高会计信息的预测价值，进而提升会计信息的相关性。

会计信息质量的相关性要求，需要企业在确认、计量和报告会计信息的过程中，充分考虑使用者的决策模式和信息需求。但是，相关性是以可靠性为基础的，两者之间并不矛盾，不应将两者对立起来。也就是说，会计信息在可靠性前提下，应尽可能地做到相关性，以满足投资者等财务报告使用者的决策需要。

三、可理解性

可理解性要求企业提供的会计信息应当清晰明了，便于投资者等财务报告使用者理解和使用。

企业编制财务报告、提供会计信息的目的在于使用，而要使使用者有效使用会计信息，应当能让其了解会计信息的内涵，弄懂会计信息的内容，这就要求财务报告所提供的会计信息应当清晰明了，易于理解。只有这样，才能提高会计信息的有用性，实现财务报告的目标，满足向投资者等财务报告使用者提供决策有用信息的要求。

会计信息毕竟是一种专业性较强的信息产品，在强调会计信息的可理解性要求的同时，还应假定使用者具有一定的有关企业经营活动和会计方面的知识，并且愿意付出努力去研究这些信息。对于某些复杂的信息，如交易本身较为复杂或者会计处理较为复杂，只要其与使用者的经济决策相关，那么企业就应当在财务报告中予以充分披露。

四、可比性

可比性要求企业提供的会计信息应当相互可比。这主要包括以下两层含义：

(一) 同一企业不同时期可比

为了便于投资者等财务报告使用者了解企业财务状况、经营成果和现金流量的变化趋势，比较企业在不同时期的财务报告信息，全面、客观地评价过去、预测未来，从而作出决策。会计信息质量的可比性要求同一企业在不同时期发生的相同或者相似的交易或事项，应当采用一致的会计政策，不得随意变更。但是，满足会计信息可比性要求，并非表明企业不得变更会计政策，如果按照规定或者在会计政策变更后可以提供更可靠、更相关的会计信息，就可以变更会计政策。有关会计政策变更的情况，应当在附注中予以说明。

(二) 不同企业相同会计期间可比

为了便于投资者等财务报告使用者评价不同企业的财务状况、经营成果和现金流量及其变动情况，会计信息质量的可比性要求不同企业同一会计期间发生的相同或者相似的交易或者事项，应当采用规定的会计政策，确保会计信息口径一致、相互可比，以使不同企业按照一致的确认、计量和报告要求提供有关会计信息。

五、实质重于形式

实质重于形式要求企业应当按照交易或者事项的经济实质进行会计确认、计量和报告,而不仅仅以交易或者事项的法律形式为依据。

企业发生的交易或事项在多数情况下,其经济实质和法律形式是一致的,但在有些情况下,会出现不一致。例如,以融资租赁方式租入的资产虽然从法律形式来讲企业并不拥有其所有权,但是由于租赁合同中规定的租赁期相当长,接近于该资产的使用寿命;租赁期结束时承租企业有优先购买该资产的选择权;在租赁期内承租企业有权支配资产并从中受益等,因此,从其经济实质来看,企业能够控制融资租入资产所创造的未来经济利益,在会计确认、计量和报告上就应当将以融资租赁方式租入的资产视为企业的资产,列入企业的资产负债表。

又如,企业按照销售合同销售商品但又签订了售后回购协议,虽然从法律形式上实现了收入,但如果企业没有将商品所有权上的主要风险和报酬转移给购货方,没有满足收入确认的各项条件,即使签订了商品销售合同或者已将商品交付给购货方,也不应当确认为销售收入。

六、重要性

重要性要求企业提供的会计信息应当反映与企业财务状况、经营成果和现金流量有关的所有重要交易或者事项。

在实务中,如果会计信息的省略或者错报会影响投资者等财务报告使用者据此作出决策,那么该信息就具有重要性。重要性的应用需要依赖职业判断,企业应当根据其所处环境和实际情况,从项目的性质和金额大小两方面加以判断。只要具备下列中的一条即可认定为重要事项:

(1) 指标本质上属于重要信息,如净利润;

(2) 金额规模达到一定程度时,应界定为重要信息。

例如,我国上市公司要求对外提供季度财务报告,考虑到季度财务报告披露的时间较短,从成本效益原则考虑,季度财务报告没有必要像年度财务报告那样披露详细的附注信息。因此,《中期财务报告准则》规定,公司季度财务报告附注应当以年初至本中期末为基础编制,披露自上年度资产负债表日之后发生的、有助于理解企业财务状况、经营成果和现金流量变化情况的重要交易或者事项。这种附注披露就体现了会计信息质量的重要性要求。

七、谨慎性

谨慎性要求企业对交易或者事项进行会计确认、计量和报告应当保持应有的谨慎,不应高估资产或者收益、低估负债或者费用。

在市场经济环境下,企业的生产经营活动面临着许多风险和不确定性,如应收款项的可收回性、固定资产的使用寿命、无形资产的使用寿命、售出存货可能发生的退货或者返修等。会计信息质量的谨慎性要求,需要企业在面临不确定性因素的情况下作出职业判断时,应当保持应有的谨慎,充分估计到各种风险和损失,既不高估资产或者收益,也不低估负债或者费用。例如,要求企业对可能发生的资产减值损失计提资产减值准备、对售出商品可能发生的保修义务等确认预计负债等,就体现了会计信息质量的谨慎性要求。

谨慎性的应用也不允许企业设置秘密准备,如果企业故意低估资产或者收益,或者故意高估负债或者费用，将不符合会计信息的可靠性和相关性要求，损害会计信息质量，扭曲企业实际的财务状况和经营成果，从而对会计信息使用者的决策产生误导，这是会计准则所不允许的。

八、及时性

及时性要求企业对已经发生的交易或者事项，应当及时进行确认、计量和报告，不得提前或者延后。

会计信息的价值在于帮助所有者或者其他方面作出经济决策，具有时效性。即使是可靠、相关的会计信息，如果不及时提供就失去了时效性，对于使用者的效用就大大降低甚至不再具有实际意义。在会计确认、计量和报告过程中贯彻及时性，一是要求及时收集会计信息，即在经济交易或者事项发生后，及时收集整理各种原始单据或者凭证；二是要求及时处理会计信息，即按照会计准则的规定，及时对经济交易或者事项进行确认或者计量，并编制出财务报告；三是要求及时传递会计信息，即按照国家规定的有关时限，及时地将编制的财务报告传递给财务报告使用者，便于其及时使用和决策。

在实务中，为了及时提供会计信息，可能需要在有关交易或者事项的信息全部获得之前即进行会计处理，这样就满足了会计信息的及时性要求，但可能会影响会计信息的可靠性；反之，如果企业等到与交易或者事项有关的全部信息获得之后再进行会计处理，这样的信息披露可能会由于时效性问题，对于投资者等财务报告使用者决策的有用性将大大降低。这就需要在及时性和可靠性之间做相应权衡，以最好地满足投资者等财务报告使用者的经济决策需要为判断标准。

习　题

一、填空题

1.会计是随着________的发展而产生和发展起来的。

2.我国______时期，设有专职的“司书”和“司会”官职，负责对政府的财政收支进行记录与核算，并定期向统治者报告。

3.1494 年，意大利数学家________出版了______________________________，详细地阐述了__________原理，标志着____________的正式产生。

4.随着经济的发展，会计进一步分成________和__________两大分支。

5.《事业单位会计准则》包括________、________、________、________、________、________、________、________和________。

6.会计是一种____________活动，这是会计的本质；对单位经济活动进行________，是会计的两个基本职能；以______为主要计量单位，是会计反映经济管理信息的主要特点；__________、__________、__________是会计工作的 3 个特点。

7.我国的会计准则包括_____________和__________。前者由 1 项__________、38 项__________和 32 项__________构成。

8.会计信息质量要求包括__________、__________、__________、__________、实质重于形式、__________、__________和__________8 项。

二、单项选择题

1. 唐宋时期我国已出现了(　　),成为中式会计的精髓。

A. 龙门账　　B. 四柱结算法　　C. 四脚账　　D. 复式记账法

2. 我国最早出现的复式记账法是(　　)。

A. 四柱结算法　　B. 龙门账　　C. 四脚账　　D. 借贷记账法

3. 我国会计行为的最高法律规范是(　　)。

A. 会计法　　B. 基本会计准则　　C. 具体会计准则　　D. 会计制度

4. 下列不属于会计核算三项工作的是(　　)。

A. 记账　　B. 算账　　C. 报账　　D. 查账

5. 下列不属于会计核算环节的是(　　)。

A. 确认　　B. 记录　　C. 报告　　D. 报账

6. 投资人投入的资金和债权人投入的资金投入企业后,形成企业的(　　)。

A. 成本　　B. 费用　　C. 资产　　D. 负债

7. 确认办公用楼租金60万元,用银行存款支付10万元,50万元未付。按照权责发生制和收付实现制分别确认费用(　　)。

A. 10万元,60万元　　B. 60万元,0万元

C. 60万元,50万元　　D. 60万元,10万元

8. 根据权责发生制原则,以下属于本期的收入和费用的是(　　)。

A. 支付明年的房屋租金

B. 本期已经收款,但商品尚未制造完成

C. 当期按照税法规定预缴的税费

D. 商品在本期销售,但货款尚未收到

9. 下列关于财务会计的表述中,不正确的是(　　)。

A. 财务会计侧重于向内部管理者提供其经营管理、预测决策等所需的相关信息

B. 财务会计侧重于提供有关企业的财务状况、经营成果和现金流量等信息

C. 财务会计侧重于过去的信息

D. 财务会计侧重于为外部有关各方提供所需的数据

10. 某企业2×15年8月份购入一台不需安装的设备,因暂时不需用,截止当年年底该企业会计人员尚未将其入账,这违背了(　　)要求。

A. 重要性　　B. 客观性　　C. 及时性　　D. 明晰性

11. 下列各项中,不属于会计信息质量要求的是(　　)。

A. 会计核算方法一经确定不得随意变更

B. 会计核算应当注重交易和事项的实质

C. 会计核算应当以权责发生制为基础

D. 会计核算应当以实际发生的交易或事项为基础

12. 将本年全额计提的坏账准备计入当期损益,当下一年收回应收账款时作为收益,这违背了下列(　　)原则。

A. 重要性　　B. 客观性　　C. 谨慎性　　D. 可比性

13. 某企业6月份预付第三季度财产保险费1 800元;支付本季度借款利息3 900元(5月

份 1 300 元,4 月份 1 300 元);用银行存款支付本月广告费 30 000 元。根据收付实现制,该企业 6 月份确认的费用为( )元。

A. 31 900　B. 31300　C. 33 900　D. 35 700

14. 我国基本会计准则明确规定行政单位会计采用( )。

A. 收付实现制　B. 权责发生制　C. 统收统支制　D. 应收应付制

15. 事业单位除( )业务可以采用权责发生制以外,其他大部分业务采用( )

A. 经营性　权责发生制　B. 经营性　收付实现制

C. 非经营性　统收统支制　D. 非经营性　收付实现制

三、多项选择题

1. 现代会计的两大分支是( )。

A. 财务会计　B. 成本会计

C. 决策会计　D. 管理会计

E. 电算化会计

2. 我国的会计准则包括( )。

A. 企业会计准则　B. 基本准则

C. 具体准则　D. 准则应用指南

E. 事业单位会计准则

3. 按照国际会计惯例和我国会计基本准则的规定,会计基本假设包括( )。

A. 会计主体　B. 持续经营　C. 会计分期　D. 货币计量。

4. 会计核算所产生的会计信息的特点包括( )。

A. 准确性　B. 完整性　C. 连续性　D. 系统性

5. 下列关于会计监督的说法中,正确的有( )。

A. 对特定主体的经济活动的真实性、合法性和合理性进行审查

B. 主要通过价值指标来进行

C. 包括事前监督和事中监督,不包括事后监督

D. 会计监督是会计核算质量的保障

6. 谨慎性原则要求会计人员在选择会计处理方法时( )。

A. 不高估资产　B. 不低估负债

C. 预计任何可能的收益　D. 确认一切可能发生的损失

7. 下列属于谨慎性要求的是( )。

A. 资产计价时从低　B. 负债估计时从高

C. 不预计任何可能发生的收益　D. 利润估计时从高

8. 下列说法中,正确的是( )。

A. 会计人员只能核算和监督所在主体的经济业务,不能核算和监督其他主体的经济业务

B. 会计主体可以是企业中的一个特定部分,也可以是几个企业组成的企业集团

C. 会计主体一定是法律主体

D. 会计主体假设界定了从事会计工作和提供会计信息的空间范围

9. 下列经济业务或事项中,应进行会计核算的有( )。

A. 车间领用原材料

B. 外单位捐赠企业设备一台

C. 与某单位签订合同拟购入一批原材料

D. 本月银行借款应计利息

10. 资金运动的内容包括(　　)。

A. 资金的投入　B. 资金的循环　C. 资金的退出　D. 资金的周转

11. 会计期间可以分为(　　)。

A. 月度　B. 季度　C. 半年度　D. 年度

12. 根据权责发生制原则,应计入本期的收入和费用的有(　　)。

A. 前期提供劳务未收款,本期收款　B. 本期销售商品一批,尚未收到款项

C. 本期耗用的电费,尚未支付　D. 预付下一年的报刊费

13. 如果企业故意低估资产或者收益,或者故意高估负债或者费用,将不符合会计信息的(　　)要求。

A. 可靠性　B. 相关性　C. 可比性　D. 谨慎性

14. 实质重于形式要求(　　)。

A. 以经营租赁方式租入的资产

B. 企业按照销售合同销售商品但又签订了售后回购协议

C. 以融资租赁方式租入的资产

D. 企业按照销售合同销售商品即可确认收入

15. 可以提高会计信息的预测价值,进而提升会计信息的相关性的做法是(　　)。

A. 区分收入和利得、费用和损失

B. 区分流动资产和非流动资产

C. 流动负债和非流动负债

D. 适度引入公允价值

四、判断题

1. 会计以货币作为唯一的计量工具。(　　)

2. 会计核算是会计监督的基础,会计监督是会计核算质量的保障。(　　)

3. 企业发生的全部经济活动均是会计反映和监督的对象。(　　)

4. 会计是以货币为主要计量单位,反映和监督一个单位经济活动的一种经济管理工作。(　　)

5. 会计的基本职能是会计核算和会计监督,会计监督是首要职能。(　　)

6. 企业会计的对象就是企业的资金运动。(　　)

7. 资金的退出指的是资金离开本企业,退出资金的循环与周转,主要包括提取盈余公积、偿还各项债务,上缴各项税金以及向所有者分配利润等。(　　)

8. 会计主体必须是法律主体。(　　)

9. 持续经营假设是假设企业可以持续地经营下去,即使进入破产清算,也不应该改变会计核算方法。(　　)

10. 会计主体前提为会计核算确定了空间范围,会计分期前提为会计核算确定了时间范围。(　　)

11. 根据《企业会计制度》的规定,会计期间分为年度、半年度、季度和月度,所谓的会计中

期，指的是不足一年的会计期间，半年度、季度和月度都属于会计中期。（ ）

12.按照权责发生制原则的要求，凡是本期实际收到款项的收入和付出款项的费用，不论是否归属于本期，都应当作为本期的收入和费用处理。（ ）

13.法律主体不一定是会计主体，但会计主体一定是法律主体。（ ）

14.会计记录的文字应当使用中文。在中华人民共和国境内的外商投资企业、外国企业和其他外国组织的会计记录，可以使用外国文字。（ ）

15.各单位必须根据实际发生的经济业务事项进行会计核算，编制财务会计报告。（ ）

16.依据可靠性要求，企业以实际发生的交易或者事项为依据进行确认、计量，将符合会计要素定义及其确认条件的资产、负债、所有者权益、收入、费用和利润等如实反映在财务报表中。（ ）

17.区分收入和利得、费用和损失、流动资产和非流动资产、流动负债和非流动负债以及适度引入公允价值等，都可以提高会计信息的预测价值，进而提升会计信息的真实性。（ ）

18.如果按照规定或者在会计政策变更后可以提供更可靠、更相关的会计信息，可以变更会计政策。（ ）

19.如果会计信息的省略或者错报会影响投资者等财务报告使用者据此作出决策，该信息就具有重要性。（ ）

20.如果企业故意低估资产或者收益，或者故意高估负债或者费用，将不符合会计信息的可靠性、相关性和谨慎性要求。（ ）

五、综合业务题

北京汇丰实业5月份发生如下经济业务：

(1) 销售产品56 000元，其中36 000元已收到并存入银行；另外20 000元货款尚未收到(假定不考虑应交税金)。

(2) 收到上月提供劳务收入560元，已存入银行。

(3) 用银行存款支付本月管理部门用水电费680元。

(4) 用银行存款预付下半年行政管理部门办公用房屋租赁费1 800元。

(5) 用银行存款支付上季度银行借款利息340元。

(6) 应收劳务收入890元(假定不考虑应交税金)。

(7) 预收购货款24 000元，已存入银行。

(8) 负担年初已支付的保险费210元。

(9) 上月预收的货款本月提供产品18 900元(假定不考虑应交税金)。

(10) 预提应于下月支付的借款利息150元。

要求：分别按不同的会计基础计算该企业5月份的收入和费用，其计量与盈亏如下表1－2所示：

表 1-2　按不同的会计基础计算的收入和费用

元

项　目	收　入		费　用		本期收益
权责发生制	收到本月营业收入		本月应负担办公费		
	应收营业收入		负担保险费		
	收入小计		费用小计		
收付实现制	收到上月应收账款		支付上季度借款利息		
	收到本月营业收入款		支付本月办公费		
	预收客户款		支付下半年房屋租赁费		
	收入小计		费用小计		

第二章　会计要素与会计等式

第一节　会计要素

【学习目标】

1. 理解会计对象和会计要素的基本概念和具体内容。

2. 掌握会计科目的基本概念和意义，以及会计科目的设置原则和级次。

3. 掌握会计核算的具体内容及要求。

【重点难点】

1. 重点：会计要素的确认与计量；会计科目的分类。

2. 难点：会计六要素含义的理解；会计对象、会计要素、会计科目之间的关系。

一、会计对象

会计的对象是指会计所要反映和监督的内容。概括地说，会计的对象是一个单位能够用货币表现的经济活动。以货币表现的经济活动又称为资金运动，具体包括资金的投入和退出、资金在单位内部的循环和周转。

周而复始的资金循环就是资金周转。比如，我们想开一家工厂，就需要一定的本钱。本钱的来源主要有两方面，一是投资人投入；二是向别人借钱，即债权人投入，这就是我们所说的资金投入。

有了本钱(资金)，企业就可以构建厂房、设备，招聘工人，购买原材料，进行产品的生产；生产出的产品销售出去，有的客户直接给货币资金，有的形成应收账款，而后收回，循环一周回到资金状态，只是此时的资金比原来多出了利润；然后再继续生产，周而复始，连续不断。这就是我们所说的资金的循环与周转。

在企业生产经营过程中，我们要向投资人分配利润、偿还各项债务、上缴各项税金等，这样就导致一部分资金离开了企业，这就是我们所说的资金的退出。

企业资金的运动过程如图 2－1 所示。

在上述资金运动过程中发生的各项交易或事项(也叫作经济业务)，企业的会计人员都要对其进行核算和监督，它们构成了企业会计的具体对象。

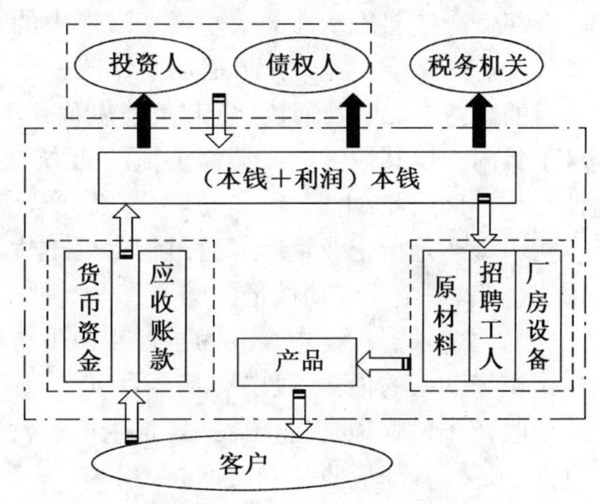

图 2－1　企业资金的运动过程

二、会计要素

会计要素是会计对象的具体化,是构成会计报表的基本因素,也是设置账户、会计确认、会计计量和会计记录的基础。根据我国《企业会计准则》的规定,会计要素主要包括两大类6个要素,即反映财务状况的资产、负债和所有者权益3项会计要素;反映经营成果的收入、费用和利润3项要素。

(一) 资产

资产是指企业过去的交易或事项形成的、由企业拥有或者控制的、预期会给企业带来经济利益的资源。它包括各种财产、债权及其他权利,是企业持续经营的物质基础。

1. 资产的特征及确认条件

根据资产的定义,资产一般具有以下基本特征:

(1) 资产必须是由过去的交易或事项所形成的经济资源。也就是说,企业的资产必须是现实的资产,是过去已经发生的交易或事项的结果,而不能是预期的资产。计划中的资产购买不能作为企业资产。

(2) 资产是为企业所拥有或控制。企业应该拥有此项资源的所有权,可以按照自己的意愿使用或处置资产;如果不具有所有权,但能被企业所控制,如融资租入的固定资产,企业虽然不具有所有权,但由于租赁期占该项租入资产可使用期限的绝大部分,实际上已经具有该项资产的全部收益和风险,可以支配这些资产,此时按照实质重于形式的要求,也应视同为自有资产。

(3) 资产预期会给企业带来经济利益,即该项资源具有能够直接或间接导致现金和现金等价物流入企业的潜力。如存货,通过交换获取经济利益;如库存商品,通过出售获得经济利益。如果资产失去有用性,不能为企业带来未来经济利益时,就不能作为资产反映。如陈旧毁损的实物资产、已经无望回收的债权等,都不能作为企业资产。

符合资产定义的资源,并同时满足以下两个条件方能确认为资产:

一是与该资源有关的经济利益很可能流入企业;

二是该资源的成本或价值能够可靠计量。

2. 资产的分类

全部资产按照流动性的大小或变现能力的强弱,可划分为流动资产和非流动资产两大类。

(1) 流动资产。流动资产是指预计在一个正常营业周期中变现、出售或耗用,或者主要为交易目的而持有,或者预计在资产负债表日起1年内(含1年)变现的资产以及自资产负债表日起1年内交换其他资产或清偿负债的能力不受限制的现金或现金等价物。流动资产按其流动性大小,可分为货币资产、交易性金融资产、应收及预付款项、存货等。

货币资产是指企业生产经营过程中处于货币形态的资产,包括库存现金、银行存款、其他货币资金等,是企业流动性最强的资产。

交易性金融资产是指企业为了近期内出售所持有的金融资产,如企业以赚取差价为目的从二级市场购入的债券、股票和基金等。

应收及预付款项是指企业在日常生产经营过程中发生的各项债权,包括应收款项(应收票据、应收账款、其他应收款)和预付账款等。

存货是指企业在生产经营过程中持有的以备出售的产成品或商品,或者为了出售仍然处在生产过程中的在产品,或者将在生产过程或提供劳务过程中耗用的材料、物料等,包括各类材料、商品、在产品、半成品、产成品等。

(2) 非流动资产。非流动资产是指流动资产以外的资产，一般不能在1年内或长于1年的一个营业周期内变现或耗用，包括长期投资、长期应收款、固定资产、无形资产、商誉及其他非流动资产等。

长期投资是指企业不准备在1年以内变现的对外投资，包括持有至到期投资、长期股权投资和可供出售金融资产投资。

长期应收款是指企业在日常生产经营过程中发生的超过1年的各项债权。

固定资产是指企业为生产商品、提供劳务、出租或经营管理而持有的，使用寿命超过一个会计年度的有形资产。它包括房屋及建筑物、机器设备、运输设备和电子设备等。

无形资产是指企业拥有或控制的没有实物形态的可辨认非货币性资产。它包括专利权、非专利技术、商标权、著作权、土地使用权等。

商誉是指企业获得超额收益的能力。其价值通常表现为该企业的获利能力会超过一般企业的获利水平。

长期待摊费用是指企业已经发生但应由本期和以后各期负担的，分摊期限在1年以上的各项费用。如以经营租赁方式租入的固定资产发生的改良支出。

其他非流动资产是指具有特定用途，不参加正常生产经营过程的，除上述资产以外的其他长期资产。如经国家特批的特准储备物资、银行冻结存款和冻结物资、涉及诉讼中的财产等。

资产要素的内容如图2-2所示。

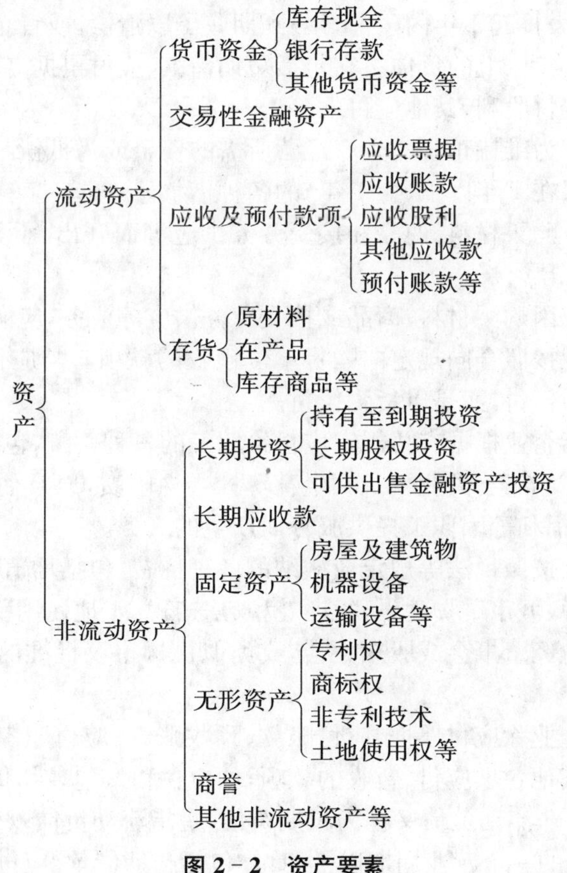

图2-2　资产要素

(二) 负债

负债是指企业过去的交易或者事项形成的、预期会导致经济利益流出企业的现时义务。

1. 负债的特征及确认条件

根据负债的定义,企业的负债一般具有以下基本特征:

(1) 负债是由企业过去的交易或事项所形成。企业的负债应当是已经发生的事项或交易所产生的,如购入原材料后未支付的材料款,产生了一项企业负债;而没有发生的交易或事项,如计划向银行借款或只是签订了借款合同,由于借款尚未收到,不构成企业的负债。

(2) 负债是企业承担的现时义务。现时义务是指企业在现行条件下已承担的义务。未来发生的交易或者事项形成的义务,不属于现时义务,不应当确认为负债。

(3) 企业现时义务的履行将会导致企业未来经济利益的流出。偿还债务可以用现有资产来偿还,如以银行存款来偿还银行借款,也可以通过提供劳务的方式来偿债,但不论以什么方式清偿债务,都必然会导致企业未来经济利益的流出。

除了符合负债的定义外,还要同时满足以下两个条件方能确认为负债:

一是与该义务有关的经济利益很可能流出企业;

二是未来流出的经济利益的金额能够可靠地计量。

2. 负债的分类

全部负债按照流动性大小,可分为流动负债和非流动负债两大类。

(1) 流动负债。流动负债是指预计在一个正常营业周期中清偿,或者主要为交易目的而持有,或者自资产负债表日起1年内(含1年)到期应予以清偿,或者企业无权自主地将清偿推迟至资产负债表日后1年以上的负债。它包括短期借款、应付票据、应付账款、预收账款、应付职工薪酬、应交税费、应付股利、其他应付款等。

短期借款是指企业为维持正常的生产经营所需的资金或为抵偿某项债务而向银行或其他金融机构等借入的期限在1年以下(含1年)的各种借款。

应付票据是指企业购买材料、商品和接受劳务供应等而开出、承兑的商业汇票,包括商业承兑汇票和银行承兑汇票。

应付账款是指企业因购买材料、商品或接受劳务供应等业务,应向供应单位支付的款项。

预收账款是指企业按照合同规定向购货单位预收的款项。与应付账款不同,预收账款所形成的负债不是以货币偿付,而是以货物偿付。

应付职工薪酬是指企业根据有关规定应付给职工的各种薪酬,包括职工工资、奖金、津贴、补贴、职工福利费、医疗、养老、失业、工伤、生育等社会保险费,以及住房公积金、工会经费、职工教育经费、非货币性福利等因职工提供服务而产生的义务。

应交税费是指企业按照税法等规定应缴纳的各种税费,包括增值税、消费税、营业税、所得税、资源税、土地增值税、城市维护建设税、印花税、房产税、土地使用税、车船使用税等。

应付股利是指企业经董事会或股东大会,或类似机构审议批准的确定分配给投资者的现金股利或利润。

其他应付款是指企业除应付票据、应付账款、预收账款、应付职工薪酬、应交税费、应付股利等经营活动以外的其他各项应付、暂收的款项,如应付租入包装物租金、存入保证金等。

(2) 非流动负债。非流动负债又称为长期负债,是指流动负债以外的负债,一般偿还期在1年以上或者超过1年的一个营业周期以上,具体包括长期借款、应付债券和长期应付款等。

长期借款是指企业向银行或其他金融机构借入的期限在1年以上(不含1年)的各项借款。

应付债券是指企业为筹集长期资金而发行的各种债券。债券发行有面值发行、溢价发行和折价发行三种情况。

长期应付款是指企业除长期借款和应付债券以外的其他各种长期应付款,如应付引进设备款、融资租入固定资产应付款等。

负债要素的内容如图2-3所示：

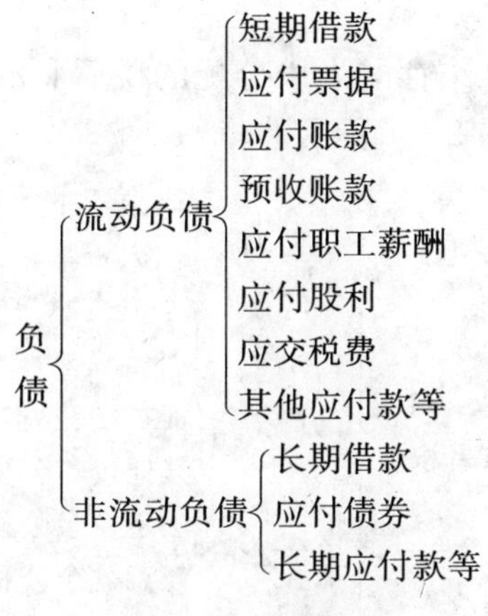

图2-3　负债要素

(三) 所有者权益

所有者权益是指企业的资产扣除负债后由所有者享有的剩余权益。股份公司的所有者权益又称为股东权益。

1. 所有者权益的特征

虽然负债和所有者权益都是企业资产的形成来源,共同构成了企业资产所对应的权益,但与负债相比,所有者权益也有自己的基本特征。

(1) 所有者权益不具有偿还性。负债是企业向债权人借入的,所以需要到期偿还,在企业的总权益中属于优先权益。而企业在正常经营活动中,所有者权益则不需要偿还,只有在企业破产清算时,在企业全部资产清偿负债后若有剩余,才向所有者分配剩余资产,属于剩余权益。

(2) 所有者权益是所有者借以分配企业利润的重要依据。债权人向企业提供债务,企业需要偿还债务本金,同时也需要支付债务利息,但债权人不会参与企业经营成果的分配;相反,所有者则凭借其向企业投入了资本而参与企业利润的分配。

2. 所有者权益的构成

所有者权益包括所有者投入的资本、直接计入所有者权益的利得和损失、留存收益等。

(1) 投入资本,主要包括实收资本和资本公积

实收资本是指投资者按照企业章程或合同、协议的约定,实际投入企业的资本。在公司制企业中,实收资本即为股本,即按股票面值或核定的股本缴入的资本部分。实收资本(股本)是投资人分配利润的依据,投资各方通常需要按照各自投资的份额分配利润。

资本公积是指归所有者所共有的,非收益转化而形成的资本。它包括企业收到投资者出资额超过其在注册资本或股本中所占份额的部分,以及直接计入所有者权益的利得和损失。

利得是指由企业非日常活动所形成的、会导致所有者权益增加的、与所有者投入资本无关的经济利益的流入。损失是指由企业非日常活动所发生的、会导致所有者权益减少的、与向所有者分配利润无关的经济利益的流出。

直接计入所有者权益的利得和损失,是指不应计入当期损益、会导致所有者权益发生增减变动的、与所有者投入资本或者向所有者分配利润无关的利得或者损失。

(2) 留存收益,主要包括盈余公积和未分配利润。

盈余公积是指企业按税后利润一定比例提取的企业积累资金,主要包括法定盈余公积和任意盈余公积。

未分配利润是指企业历年来结存的尚未分配的税后利润。

所有者权益要素的内容如图2-4所示。

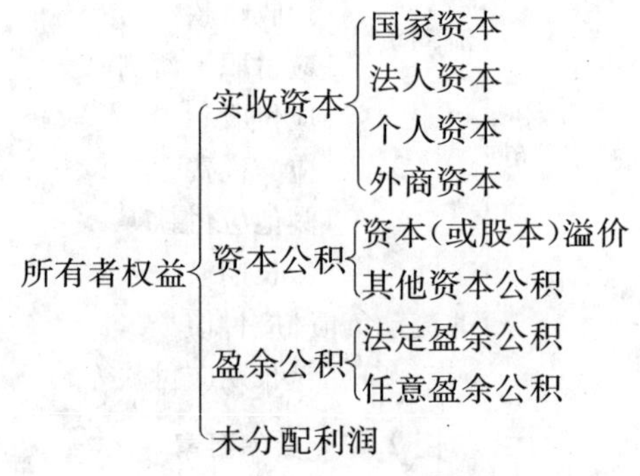

图2-4 所有者权益要素

(四) 收入

收入是指企业在日常活动中形成的、会导致所有者权益增加的、与所有者投入资本无关的经济利益的总流入。

1. 收入的特征与确认条件

收入一般具有以下基本特征:

(1) 收入是从日常经营活动中产生,而不是从偶发交易或事项中产生。日常经营活动中,企业为实现其经营目标而进行的活动,如加工制造类企业的生产与销售产品收入、商品流通类企业的销售商品收入等。对于出售自己使用的固定资产所得,则属于偶发事项,不属于收入的范畴。

(2) 收入的取得会导致经济利益流入企业,表现为企业资产的增加、或负债的减少,或两者兼而有之。如销售商品的收入,表现为资产(如货币资金、应收账款等)的增加,而销售已经预收货款的商品,则属于负债(预收账款)的减少。

(3) 收入会导致所有者权益的增加。收入是经济利益的总流入,会引起企业所有者权益数额的增加。

(4) 收入只包括本企业经济利益的流入,而不包括为第三方或客户代收的款项。如销售商品时收取的销项税额就不属于收入的内容。

除了要符合收入的定义外,还要同时满足以下两个条件才能确认为企业的收入:

一是与收入相关的经济利益很可能流入企业;

二是流入的经济利益的金额能够可靠地计量.

2. 收入的分类

(1) 收入按其性质不同,可分为销售商品收入、提供劳务收入和让渡资产使用权收入。

销售商品收入是指企业出售商品而获得的收入。

提供劳务收入是指企业提供劳务而获得的收入。

让渡资产使用权收入是指通过提供他人使用本企业资产而获得的收入,包括利息收入、使用费收入等。

(2) 收入按企业经营业务的主次不同,可分为主营业务收入和其他业务收入。

主营业务收入是指企业为完成其经营目标而从事的经常性活动所获得的收入,通常可以通过营业执照上注明的主营业务范围来确定。如工业企业销售产品的收入、商业企业销售商品的收入。

其他业务收入是指企业为完成其经营目标而从事的与经常性活动相关的活动所实现的收入。属于企业日常活动中次要交易实现的收入,如工业企业对外销售不许用的原材料、对外出租包装物和固定资产、对外转让无形资产使用权等非工业性劳务收入。

收入要素的内容如图 2-5 所示。

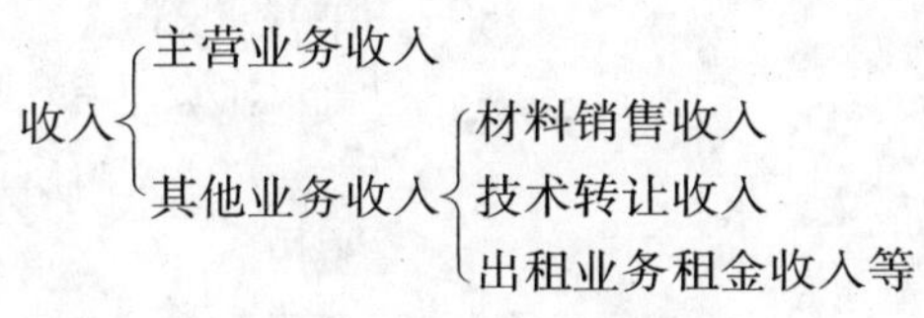

图 2-5　收入要素

(五) 费用

费用是指企业在日常活动中发生的、会导致所有者权益减少的、与向所有者分配利润无关的经济利益的总流出。

1. 费用的特征与确认条件

费用一般具有以下基本特征:

(1) 费用是企业在日常经营活动中产生的经济利益的流出。如加工制造类企业采购原材料或商品流通类企业采购商品的支出,都属于费用,企业发生的行政管理费、广告营销费等,都是为了获得收入而发生的日常活动支出,属于费用的范畴;而企业生产经营过程中发生的偶然事项支出,不属于费用范围。

(2) 费用会导致所有者权益的减少。这可以表现为资产的减少或负债的增加,或二者兼而有之。如企业采购原材料或商品,需要支付货款(资产的减少),若不支付货款,将产生一项负债(增加应付款项),有时也会同时出现资产的减少和负债的增加。

除了要符合费用的定义外,还要同时满足以下两个条件才能确认为企业的费用:

一是与该业务有关的经济利益很可能流出企业;

二是流出的经济利益的金额能够可靠地计量。

2. 费用的分类

费用按其性质可分为生产经营成本和期间费用两大类。

(1) 生产经营成本。生产经营成本是指企业日常销售商品或提供劳务所发生的成本,主要包括主营业务成本、其他业务成本和营业税金及附加。

主营业务成本是指企业销售商品、提供劳务等日常活动中发生的成本。

其他业务成本是指企业除主营业务活动以外的其他经营活动所发生的成本。

营业税金及附加是指企业经营活动应负担的相关税费。

(2) 期间费用是指企业在日常活动中发生的,应当计入当期损益的费用,包括销售费用、管理费用和财务费用。

销售费用是指企业在销售商品、提供劳务过程中发生的费用。它包括运输费、展览费、广告费、商品维修费、预计产品质量保证损失、保险费、业务宣传费、专设销售机构人员职工薪酬、业务费、折旧费等。

管理费用是指企业为组织和管理生产经营活动而发生的费用。它包括管理部门人员的职工薪酬、公司经费、工会经费、董事会费、差旅费、聘请中介机构费、咨询费、诉讼费、业务招待费、房产税、车船税、土地使用税、印花税、技术转让费、矿产资源补偿费、研究费用、排污费等。

财务费用是指企业为筹集生产经营所需的资金而发生的费用。它包括利息支出、汇兑损失、金融机构手续费等。

费用要素的内容如图2-6所示。

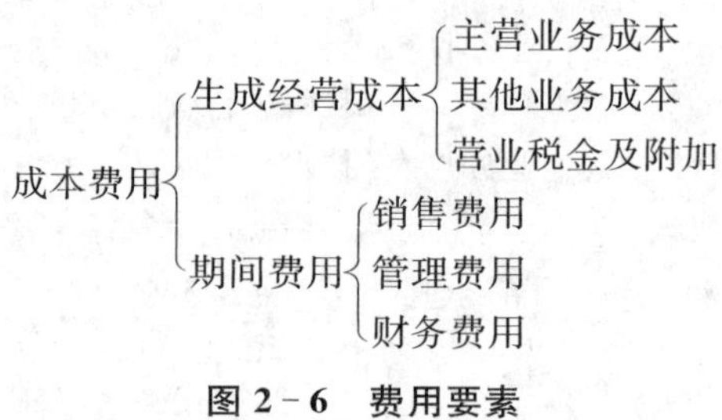

图2-6　费用要素

(六) 利润

利润是指企业在一定会计期间的经营成果,主要包括营业利润、利润总额和净利润。

1. 营业利润

营业利润是指企业日常经营活动产生的利润。其计算公式如下:

营业利润=营业收入-营业成本-营业税金及附加-销售费用-管理费用-财务费用-资产减值损失+公允价值变动收益(-公允价值变动损失)+投资收益(-投资损失)

营业收入是指企业从事生产经营等活动所取得的各项收入,包括主营业务收入和其他业务收入。

营业成本是指企业经营业务所发生的实际成本,包括主营业务成本和其他业务成本。

资产减值损失是指企业计提的各项资产减值准备所形成的损失。

公允价值变动收益(或损失)是指企业交易性金融资产等公允价值变动所形成的应计入当期损益的利得(或损失)。

投资收益(或损失)是指企业以各种方式对外投资所取得的收益(或发生的损失)。

2. 利润总额

利润总额又称为税前利润,是指在营业利润的基础上,加上营业外收入,再减去营业外支出后的金额。

营业外收入是指企业发生的与其日常活动无直接关系的各项利得。它包括非流动资产处置利得、盘盈利得、捐赠利得、非货币性资产交换利得、债务重组利得、政府补助等。

营业外支出是指企业发生的与其日常活动无直接关系的各项损失。它包括非流动资产处置损失、公益性捐赠支出、盘亏损失、罚款支出、非货币性资产交换损失、债务重组损失等。

3. 净利润

净利润又称为税后利润，是指利润总额减去所得税费用后的金额。

所得税费用是指企业确认的应从当期利润总额中扣除的所得税费用。

利润要素的内容如图 2－7 所示。

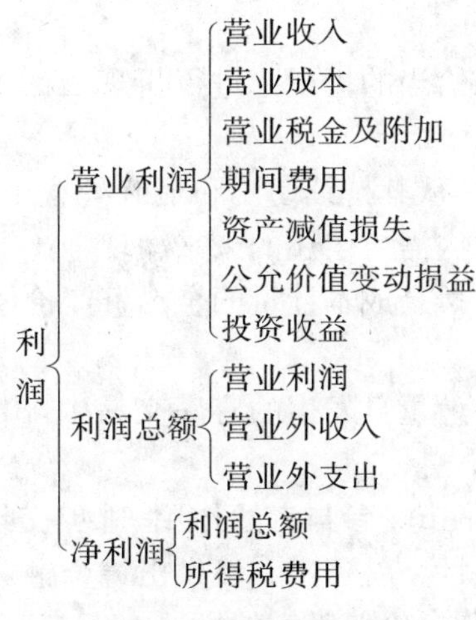

图 2－7　利润要素

三、会计要素的计量

会计计量是指企业将符合确认条件的会计要素登记入账，并列报于财务报表以确定其金额的过程。企业在该过程中应当按照规定的会计计量属性进行计量，确定相关金额。计量属性是指被计量客体的某一要素的特性方面，如桌子的长度、铁矿的重量、楼房的高度等。从会计角度来讲，计量属性反映的是会计要素金额的确定基础，主要包括历史成本、重置成本、可变现净值、现值和公允价值。

（一）历史成本

历史成本又称为实际成本。它是指取得或制造某项财产物资时所实际支付的现金或者其他等价物。

在历史成本计量下，资产按照其购置时支付的现金或者现金等价物的金额，或者按照购置资产时所付出的对价公允价值计量。负债按照其因承担现时义务而实际收到的款项或者资产的金额，或者承担现时义务的合同金额，或者按照日常活动中为偿还负债预期需要支付的现金或者现金等价物的金额计量。

（二）重置成本

重置成本又称为现行成本，是指按照当前市场条件，重新取得同样一项资产需要支付的现金或现金等价物金额。

在重置成本计量下，资产按照现在购买相同或者相似资产所需支付的现金或者现金等价物的金额计量。负债按照现在偿付该项债务所需支付的现金或者现金等价物的金额计量。它通常应用于盘盈固定资产的计量。

(三) 可变现净值

可变现净值是指在正常生产经营过程中,以预计售价减去进一步加工成本和销售所需的预计税金、费用后的净值。

在可变现净值计量下,资产按照其正常对外销售所能收到现金或者现金等价物的金额扣减该资产至完工时估计将要发生的成本、估计的销售费用以及相关税金后的金额计量。它通常应用于存货资产减值情况下的后续计量。

(四) 现值

现值是指对未来现金流量以恰当的折现率进行折现后的价值,是考虑货币时间价值因素等的一种计量属性。

在现值计量下,资产按照预计从其持续使用和最终处置中产生的未来净现金流入量的折现金额计量。负债按照预计期限内需要偿还的未来净现金流出量的折现金额计量。它通常应用于非流动资产可收回金额和以摊余成本计量的金融资产价值的确定等。

(五) 公允价值

公允价值是指市场参与者在计量日发生的有序交易中,出售一项资产所能收到或者转移一项负债所需支付的价格。

公允价值定义中,更加强调了市场参与者的作用,避免交易双方操纵价格,充分发挥市场的调节作用。它通常应用于交易性金融资产和可供出售金融资产的计量等。引入公允价值要坚持适度和谨慎的原则,要披露公允价值确定的方法。

企业在对会计要素进行计量时,一般应当采用历史成本进行计量,采用其他四种会计计量属性进行计量的,应当保证所确定的会计要素金额能够取得并可靠计量。

四、会计科目

(一) 会计科目的概念和意义

1. 会计科目的概念

会计科目是指对会计要素的具体内容进行科学分类核算的项目,将每一个项目都规定一个名称使其能够明确地反映一定的经济内容,这个名称就叫作会计科目。会计要素是对会计对象的基本分类,为会计核算提供了类别指标。但是会计核算不仅要求提供会计要素总括的数量变化,还要提供一系列分类指标和具体会计信息,以反映企业的财务状况和经营成果。由于6项会计要素过于笼统,仅使用会计要素来反映经济业务,将难以满足各有关方面对会计信息的需要。为了全面、系统、分类地反映和监督各项经济业务的发生情况,以及由此而引起的各项会计要素的增减变动情况,就有必要在各项会计要素指标下进一步细分指标,划分成更具体的会计科目。

2. 会计科目的意义

会计科目是设置账户、进行账务处理的前提和依据,是正确组织会计核算的一个重要条件。会计科目对统一会计口径及分类提供各项会计信息有着重要的意义。

(1) 会计科目是设置账户、复式记账的基础。复式记账要求每一笔经济业务在两个或两个以上相互联系的账户中进行登记,以反映资金运动的来龙去脉,而账户又是依据会计科目来设置的。

(2) 会计科目是编制记账凭证的基础。记账凭证是确定所发生的经济业务应记入何种科目以及分门别类地登记账簿的凭据，如果没有会计科目，记账凭证将变成无源之水，无法体现其应有功能。

(3) 会计科目为成本计算与财产清查提供了载体和依据。通过会计科目的设置，有助于成本核算，使各种成本的核算成为可能；而通过账面记录与实际结存的核对，又为财产清查、保证账实相符提供了重要的前提条件。

(4) 会计科目为编制会计报表提供了便利。会计的最终目的是向会计信息使用者提供决策有用的财务信息，而会计报表是提供财务信息的主要手段，会计报表中的项目与会计科目是直接或间接相关的，并且是根据会计科目期末余额或当期发生额分析填列的，另外附注的许多信息也来自于会计科目金额。

(二) 会计科目的设置

1. 会计科目设置的原则

设置会计科目是进行会计核算的起点，也是向投资者、债权人、企业经营管理者等信息使用者提供会计信息的一个重要手段，因此在其设置过程中应努力做到科学、合理、适用。会计科目在设置时应遵循以下原则：

(1) 合法性原则。合法性原则是指所设置的会计科目应当符合国家统一的会计制度的规定。它主要使不同企业会计核算指标口径一致，保证不同企业对外提供的会计信息的可比性，满足统一报告的要求。

(2) 相关性原则。相关性原则是指所设置的会计科目应当为提供有关各方所需要的会计信息服务，满足对外报告与对内管理的要求。在我国，总分类科目原则上由财政部统一规定，但企业可以根据自身的生产经营特点，在不影响统一会计核算要求以及对外提供统一的财务报表的前提下，自行增设、减少或合并某些会计科目。如在材料按实际成本核算收发的企业，可以不设置“材料采购”和“材料成本差异”科目，而增设“在途物资”科目；在商品流通企业，由于它不生产产品，而是以商品买卖作为主要经营业务，可以不设置“生产成本”和“制造费用”等会计科目。

(3) 实用性原则。实用性原则是指所设置的会计科目应符合单位自身特点，满足单位实际需要。由于企业的组织形式、行业类型、经营内容、业务繁简、规模大小等各有所不同，所以在会计科目的设置上也应有所区别，根据核算需要繁简得当、详略恰当、含义明确、通俗易懂。总之，企业应在合法性的基础上，根据自身的特点来设置符合企业需要的会计科目，既要覆盖一个单位的全部经济活动；不能有遗漏，也不能有重复、交叉，以保证为信息使用者提供真实有用的会计信息。

2. 常用会计科目

为便于会计核算工作的顺利进行，企业应当按照财政部制定的《企业会计准则》及其应用指南中规定的会计科目进行账务处理。在不违反统一规定的前提下，企业可以根据实际情况进行增设、分拆、合并会计科目。为了适应会计电算化的要求，企业会计准则应用指南对每一个会计科目加以编号。该编号一般采用四位数制，千位数数码代表会计科目按会计要素区分的类别，“1”为资产类、“2”为负债类、“3”为共同类、“4”为所有者权益类、“5”为成本类、“6”为损益类；百位数数码代表每大类会计科目下的较为详细的类别，企业可以根据实际需要取数；十位和个位上的数码一般代表会计科目的顺序号，为便于会计科目增减，在顺序号中一般都要留有间隔。

企业常用的会计科目见表2-1所示。

表2-1　会计科目简表

顺　序	编　号	会计科目	顺　序	编　号	会计科目
		一、资产类	31	1702	累计摊销
1	1001	库存现金	32	1703	无形资产减值准备
2	1002	银行存款	33	1801	长期待摊费用
3	1012	其他货币资金	34	1811	递延所得税资产
4	1101	交易性金融资产	35	1901	待处理财产损溢
5	1121	应收票据			二、负债类
6	1122	应收账款	36	2001	短期借款
7	1123	预付账款	37	2201	应付票据
8	1131	应收股利	38	2202	应付账款
9	1132	应收利息	39	2203	预收账款
10	1221	其他应收款	40	2211	应付职工薪酬
11	1231	坏账准备	41	2221	应交税费
12	1401	材料采购	42	2231	应付利息
13	1402	在途物资	43	2232	应付股利
14	1403	原材料	44	2241	其他应付款
15	1404	材料成本差异	45	2501	长期借款
16	1405	库存商品	46	2502	应付债券
17	1411	周转材料	47	2701	长期应付款
18	1471	存货跌价准备	48	2801	预计负债
19	1501	持有至到期投资	49	2901	递延所得税负债
20	1502	持有至到期投资减值准备			三、共同类
21	1511	长期股权投资			⋮
22	1512	长期股权投资减值准备			四、所有者权益类
23	1531	长期应收款	50	4001	实收资本(或股本)
24	1601	固定资产	51	4002	资本公积
25	1602	累计折旧	52	4101	盈余公积
26	1603	固定资产减值准备	53	4103	本年利润
27	1604	在建工程	54	4104	利润分配
28	1605	工程物资			五、成本类
29	1606	固定资产清理	55	5001	生产成本
30	1701	无形资产	56	5101	制造费用

（续表）

顺　序	编　号	会计科目	顺　序	编　号	会计科目
57	5201	劳务成本	65	6403	营业税金及附加
		六、损益类	66	6601	销售费用
58	6001	主营业务收入	67	6602	管理费用
59	6051	其他业务收入	68	6603	财务费用
60	6101	公允价值变动损益	69	6701	资产减值损失
61	6111	投资收益	70	6711	营业外支出
62	6301	营业外收入	71	6801	所得税费用
63	6401	主营业务成本	72	6901	以前年度损益调整
64	6402	其他业务成本			

（三）会计科目的分类

会计科目根据不同的分类标准，可以分为不同的种类。

1. 会计科目按其反映的经济内容分类

我国《企业会计制度》规定，会计科目按其所反映的经济内容不同，可分为六大类，即资产类、负债类、共同类、所有者权益类、成本类和损益类。

（1）资产类科目。资产类科目按其流动性不同可分为流动资产类和非流动资产类。

反映流动资产的科目按流动资产的类别，又可细分为以下几类：① 反映货币资金的科目，如“库存现金”和“银行存款”等科目；② 反映存货的科目，如“原材料”和“库存商品”等科目；③ 反映债权的科目，如“应收账款”和“其他应收款”等科目。

反映非流动资产的科目，如“固定资产”和“无形资产”等科目。

（2）负债类科目。负债类科目按其流动性不同可分为流动负债类和长期负债类。

反映流动负债的科目，如“短期借款”、“应付票据”、“应付账款”、“应付职工薪酬”、“应交税费”等科目。

反映长期负债的科目，如“长期借款”、“应付债券”、“长期应付款”等科目。

（3）共同类科目。新会计准则中的共同类科目是指既有资产性质又有负债性质的会计科目，属于金融企业的会计科目，如“清算资金往来”、“货币兑换”、“衍生工具”等科目。共同类科目需要从其期末余额所在方向界定其性质。

（4）所有者权益类科目。如“实收资本”、“资本公积”、“盈余公积”、“本年利润”和“利润分配”等科目。“本年利润”科目应归属于利润会计要素，但企业实现利润会增加所有者权益，故将其作为所有者权益科目。

（5）成本类科目。如“生产成本”、“制造费用”等科目。成本类科目应归属于资产会计要素。

（6）损益类科目。损益类科目按企业经营损益形成的内容可分为收入类科目和费用类科目。

收入类科目是反映收入的科目，如“主营业务收入”、“其他业务收入”等科目。

费用类科目是反映费用的科目，如“主营业务成本”、“其他业务成本”、“营业税金及附加”

"销售费用"、"管理费用"、"财务费用"、"所得税费用"等科目。损益类科目分别归属于收入会计要素和费用会计要素。

2. 会计科目按其所提供信息的详细程度分类

会计科目按其所提供信息的详细程度,可分为总分类科目和明细分类科目。其目的是方便会计的分工记账和满足管理部门对不同层次会计信息的需求。

(1) 总分类科目。总分类科目又称为一级科目或总账科目,是对会计要素具体内容进行的总括分类,是反映会计核算资料总括指标的科目。如"库存现金"、"银行存款"、"应收账款"、"原材料"、"短期借款"、"实收资本"等科目。

(2) 明细分类科目。明细分类科目又称明细科目或细目,是对总分类科目的经济内容所作的进一步分类,是用来辅助总分类科目反映会计核算资料详细、具体指标的科目。如在"应收账款"总分类科目下设置"甲企业"、"乙企业"、"丙企业"等明细科目,反映应收账款的具体对象。

明细分类科目的设置,要根据经济管理的具体需要来进行。有的总分类科目需要设置多个明细科目,如"应收账款"、"应付账款"、"管理费用"等科目;有的总分类科目无须设置明细分类科目,如"累计折旧"、"本年利润"、"营业税金及附加"等科目。在实际的会计核算工作中,若一个总分类科目下设置的明细分类科目过多,往往会给记账、稽核、查对等带来诸多不便。这时,就可在总分类科目与明细分类科目之间设置子目。此时,就将总分类科目称为一级科目,将子目称为二级科目,将明细科目称为三级科目。

综上所述,会计科目按其提供信息详细程度不同,一般可分为三级,即一级科目(总分类科目)、二级科目(子目)、三级科目(明细科目或细目)。它们之间的关系是总括与详细、统驭与从属的关系。即总分类科目对其下属若干明细分类科目具有统驭和控制作用,而明细分类科目是对其所归属的总分类科目的补充说明。

下面以"原材料"科目为例,说明会计科目的级次关系,如表2-2所示。

表2-2 总分类科目与明细分类科目的关系

总分类科目(一级科目)	明细分类科目	
	二级科目(子目)	三级科目(明细科目或细目)
原材料	原料及主要材料	甲材料
		乙材料
	辅助材料	润滑剂
		防锈剂
	燃料	汽油
		煤油

五、会计核算的具体内容及要求

(一) 会计核算的具体内容

会计核算的内容是指特定主体的资金运动,包括资金的投入、资金的循环与周转、资金的退出3个阶段。资金在这3个阶段的运动,又是通过一系列的经济业务事项来进行的。这里,经济业务事项包括经济业务和经济事项两类。经济业务又称为经济交易,是指一个单位与其他单位或个人之间发生的各种经济利益的交换，如商品销售等。经济事项是指在企业内部发生的具有经济影响的各类事件，如计提折旧等。经济业务事项具体内容如下：

1. 款项和有价证券的收付

款项是作为支付手段的货币资金。可以作为款项收付的货币资金，包括现金、银行存款和其他货币资金，如外埠存款、银行汇票存款、银行本票存款、信用卡存款、信用证存款等。

外埠存款是指企业为了到外地进行临时或零星采购时，汇往采购地银行开立采购专户的款项。该账户不计存款利息，只付不收，付完清户，除了采购人员可从中提取现金外，一律采用转账结算。

银行汇票存款是指企业为取得银行汇票按规定存入银行的款项。银行汇票是指由银行签发的，由其在见票时按照实际结算金额无条件支付给收款人或者持票人的票据。银行汇票的出票银行为银行汇票的付款人。单位和个人各种款项的结算，均可使用银行汇票。银行汇票可以用于转账，注明“现金”字样的银行汇票也可以用于支取现金。

银行本票存款是指企业为取得银行本票按规定存入银行的款项。银行本票是指银行签发的，承诺自己在见票时无条件支付确定的金额给收款人或者持票人的票据。无论单位或个人，在同一票据交换区域支付各种款项，均可使用银行本票。银行本票可以用于转账，注明“现金”字样的银行本票也可以用于支取现金。

信用卡存款是指企业为取得信用卡按规定存入银行的款项。

信用证存款又称为信用证保证金存款，是指企业为取得信用证按规定存入银行信用保证金专户的款项。企业向银行申请开立信用证应按照规定向银行提交开证申请书、信用证申请人承诺书、购销合同。

有价证券是具有一定财产权利或者支配权利的票证，如股票、国库券、其他企业债券等。

款项和有价证券是流动性最强的资产。如果款项和有价证券收付环节出现问题，不仅使企业款项和有价证券受损，更直接影响到企业货币资金的供应，从而影响企业生产经营活动。各企业必须按照国家统一会计制度的规定，及时、如实地核算款项和有价证券的收付及结存，保证企业货币资金的流通性、安全性，提高货币资金的使用效率。目前实际工作中存在的突出问题是，有的单位款项收付未纳入单位的统一核算，而是转入了“小金库”；有的单位资金管理失控，被非法挪用，甚至发生贪污、抽逃等。因此，必须加强对款项、有价证券的管理，建立健全内部控制等管理制度。

2. 财物的收发、增减和使用

财物是财产、物资的简称，是一个单位用来进行或维持经营管理活动的具有实物形态的经济资源，一般包括原材料、燃料、包装物、低值易耗品、在产品、库存商品等流动资产，以及房屋、建筑物、机器、设备、设施、运输工具等固定资产。

这些财产物资在许多单位构成资产的主体，并在资产总额中占有很大比重。财物的收发、增减和使用是会计核算中的经常性业务，也是发挥会计的控制和降低成本、保证财物安全完整、防止资产流失等职能作用的重要方面。因此，各企业尤其是会计人员必须加强对财物收发、增减及使用环节的核算和管理，以维护企业正常的生产经营秩序。

3. 债权、债务的发生和结算

债权是一个单位收取款项的权利，包括各种应收和预付的款项。债务则是一个单位需要以其货币资金等资产或者劳务清偿的义务，包括各项借款、应付和预收款项以及应交款项等。

债权和债务都是一个单位在自己的经营活动中必然要发生的事项。对债权债务的发生和结算的会计核算,涉及单位与其他单位以及单位与其他有关方面的经济利益,关系到单位自身的资金周转,同时从法律上讲,债务还决定一个企业的生存问题,因而债权债务是会计核算的一项重要内容。会计基础工作薄弱的单位,往往不能正确、及时办理债权债务的会计核算,使单位的信誉和经济利益蒙受损失。也有的单位利用应收应付款项账目隐藏和转移资金、利润或费用,涉嫌违法乱纪。对此类问题,会计人员必须进行制止和纠正。

4. 资本的增减

资本是投资者为开展生产经营活动而投入的资金。会计中的资本专指所有者权益中的投入资本。资本的利益关系人比较明确,用途也基本定向。办理资本增减的会计核算其政策性很强,一般都应以具有法律效力的合同、协议、董事会决议或政府部门的有关文件等为依据,切忌盲从单位领导人个人或其他指示人未经法定程序认可或未办理法定手续的任何处置意见。

5. 收入、支出、费用、成本的计算

收入是一个单位在销售商品、提供劳务及让渡资产使用权等日常经营活动中形成的经济利益总流入。支出从广义上理解,是一个单位实际发生的各项开支和损失。费用是指一个单位在销售商品、提供劳务等日常经营活动中所发生的经济利益的总流出。成本是指一个单位为生产产品、提供劳务而发生的各项耗费,它与一定种类和数量的产品或某种劳务相联系,是对象化了的费用。

收入、支出、费用、成本都是重要的会计要素,体现着对一个单位的经营管理水平和效率从不同角度进行的度量,是计算一个单位经营成果及其盈亏情况的主要依据。对这些要素进行会计核算的特点是连续、系统、全面和综合。在实际工作中,问题突出的有虚报收入(人为压低或拔高)、虚列支出和乱挤乱摊成本、费用等。这已成为严重影响会计信息质量的根源之一,会计人员有责任制止和纠正这种现象的继续发生。

6. 财务成果的计算和处理

财务成果主要是指一个单位在一定时期内通过从事生产经营活动而在财务上所取得的结果,具体表现为盈利或亏损。财务成果的计算和处理,一般包括利润的计算、所得税的计算、利润的分配(或亏损的弥补)等。

这个环节上的会计核算主要涉及所有者、国家等方面的利益,因此,各单位必须按照国家统一的会计制度和其他法规制度的规定,正确对财务成果进行计算和处理。目前实际工作中存在的主要问题是"虚盈实亏"和"虚亏实盈",一般视单位的所有制性质而异,呈典型的利益驱动倾向,其共同特点是损害国家或社会公众利益,是一种严重的违法行为。

7. 需要办理会计手续、进行会计核算的其他事项

除上述6项经济业务事项以外的其他经济业务事项,也应当按照国家统一的会计制度规定,认真、严格办理相关会计手续,进行会计核算。

(二) 会计核算的一般要求

根据《会计法》和国家统一的会计制度的规定,各单位在组织会计核算时应遵循以下要求:

(1) 各单位必须按照国家统一的会计制度的要求,设置会计科目和账户、复式记账、填制会计凭证、登记会计账簿,进行成本计算、财产清查和编制财务会计报告(即7种会计核算方法)。

(2) 各单位必须根据实际发生的经济业务事项进行会计核算,编制财务会计报告。以确保所提供会计信息的真实性和可靠性。

(3) 各单位发生的各项经济业务事项应当在依法设置的会计账簿上统一登记、核算，不得违反《会计法》和国家统一的会计制度的规定私设会计账簿登记、核算。即不许以私设“小金库”、偷逃税款、隐瞒真实财务状况和经营成果等为目的而设置账外账。

(4) 各单位对会计凭证、会计账簿、财务会计报告和其他会计资料应当建立档案，妥善保管，以确保会计档案资料的安全和完整，并充分加以利用。

(5) 使用电子计算机进行会计核算的(即实行会计电算化的单位)，其软件及其生成的会计凭证、会计账簿、财务会计报告及其他会计资料，也必须符合国家统一的会计制度的规定。

(6) 会计记录的文字应当使用中文。在民族自治地区，会计记录可以同时使用当地通用的一种民族文字。在中华人民共和国境内的外商投资企业、外国企业和其他外国组织的会计记录可以同时使用一种外国文字。

这一规定实际上是允许在会计记录文字上可以并用中文和其他通用文字。但使用中文是强制性的，使用其他通用文字是备选性的，不能理解为可以使用中文，也可以不使用中文只使用其他通用文字。

第二节　会计等式

【学习目标】

1. 理解会计等式的含义。
2. 掌握会计等式的原理及其相互转换形式。
3. 掌握经济业务类型及其对会计等式的影响。

【重点难点】

1. 重点：掌握会计等式和经济业务类型。
2. 难点：经济业务对会计等式的影响。

一、会计等式

会计等式又称为会计恒等式，是指表明各会计要素之间基本关系的恒等式。它是设置账户、复式记账和编制会计报表的理论基础。企业要从事生产经营活动，就必须拥有一定数量的资产，企业所拥有的资产来源于两个方面，一是债权人提供的资金；二是投资人投入的资金。因此，债权人和投资人都对企业的资产拥有要求权，这种对企业资产的要求权，在会计上总称为权益。资产与权益是同一资金的两个不同侧面，一方面是指资产表现的形态，一方面是形成企业资产的资金来源，表明企业经济资源的归属权，两者之间存在着相互依存、相互制约的关系。从数量上看，有一定数量的资产，就必然有一定数额的权益；反之，有一定数额的权益，也必然有一定数量的资产。也就是说，资产与权益之间在数量上必然相等。资产与权益之间这种客观存在的数量上的平衡关系，可用下面的等式表示：

(一) 资产＝负债＋所有者权益

根据前面分析的“资产＝权益”，权益即经济资源的归属权，包括两部分，一部分是债权人权益；另一部分是所有者权益。其中，债权人权益是企业的负债，属于优先权益；所有者权益则属于剩余权益。故上述会计恒等式可进一步表示为：

资产＝负债＋所有者权益

该等式称为会计第一等式或会计基本等式，它反映了资产、负债及所有者权益3个会计要素之间的内在联系和基本数量关系。这种数量关系表明了企业在某一时点上的财务状况，因此又称为静态会计等式或资产负债表会计等式。它是设置账户、复式记账、试算平衡法、编制资产负债表的理论依据。

(二) 收入－费用＝利润

企业的经营目的是从生产经营活动中获取收入，实现盈利。企业在取得收入的同时，也必然要发生相应的费用。将一定期间的收入与费用相配比，从而确定企业的经营成果，即利润或者亏损。因此，收入、费用与利润三要素之间的数量关系可用下面的公式表示：

收入－费用＝利润

该等式是会计的第二等式，反映了企业某一时期收入、费用和利润的恒等关系，也称为利润表会计等式。它是从动态的角度反映了企业经营活动的过程与结果。因此，我们称之为动态会计等式，它是编制利润表的理论依据。

(三) 资产＝负债＋所有者权益＋(收入－费用)

由于企业是所有者投资创建的，一定期间实现的利润应属于所有者权益的一部分，所以，从动态的角度来看，以上会计等式可以合并为：

资产＝负债＋所有者权益＋(收入－费用)

或：

资产＋费用＝负债＋所有者权益＋收入

这两个等式称为扩展的会计等式，它体现了6项会计要素之间的相互联系，表明企业的经营成果最终要影响到企业的财务状况，利润或亏损是使企业所有者权益增减的一个重要因素。企业定期结算本期实现的利润，并按规定分配给投资者之后，余下的部分归所有者共同享有，也是所有者权益的组成部分。因此上述等式又回复到：

资产＝负债＋所有者权益

二、会计等式的恒等性

企业各项会计要素之间，始终保持着相应的恒等关系，虽然在生产经营活动中，某项业务发生后会引起资产、负债或所有者权益等会计要素的增减变化，但无论怎样资产与权益的恒等关系依然存在。企业发生的经济业务类型，概括起来主要有以下4种：

(1) 资产与权益要素同时等额增加；

(2) 资产与权益要素同时等额减少；

(3) 资产要素内部项目等额有增有减，权益不变；

(4) 权益要素内部项目等额有增有减，资产不变。

因为权益包括负债和所有者权益两个会计要素，故将上述4种类型业务具体化，即经济业务的发生对基本会计等式“资产＝负债＋所有者权益”的影响，可以扩展为以下9种类型：

(1) 资产与负债要素同时等额增加；

(2) 资产与负债要素同时等额减少；

(3) 资产与所有者权益要素同时等额增加；

(4) 资产与所有者权益要素同时等额减少；

(5) 资产要素内部有关项目等额有增有减；

(6) 负债要素内部有关项目等额有增有减；

(7) 所有者权益要素内部有关项目等额有增有减；

(8) 负债要素增加，所有者权益要素减少，增减金额相等；

(9) 所有者权益要素增加，负债要素减少，增减金额相等。

各种经济业务对会计恒等式的影响用下表 2-3 表示：

表 2-3　各种经济业务对会计恒等式的影响

经济业务	资产＝负债＋所有者权益		
(1)	增加	增加	
(2)	减少	减少	
(3)	增加		增加
(4)	减少		减少
(5)	增加、减少		
(6)		增加、减少	
(7)			增加、减少
(8)		增加	减少
(9)		减少	增加

下面举例说明企业任何经济业务的发生，都不会破坏上述会计恒等式的平衡关系。

【例 2-1】　甲企业 2×11 年 1 月 1 日的资产总额为 541 000 万元，其资产与权益项目的资料如表 2-4 所示。1 月份，甲企业发生以下经济业务：

表 2-4　甲企业资产负债表　　万元

资　产	金　额	负债和所有者权益	金　额
库存现金	1 000	短期借款	15 000
银行存款	87 000	应付账款	23 000
应收账款	20 000	应交税费	5 000
原材料	110 000	长期借款	40 000
库存商品	55 000	实收资本	420 000
固定资产	280 000	盈余公积	50 000
资产总计	553 000	负债和所有者权益总计	553 000

(1) 2 日，甲企业购买一批原材料，金额为 20 000 万元，货款尚未支付，材料验收入库。

分析：这项经济业务的发生使资产项目中原材料增加了 20 000 万元，同时，负债项目中应付账款也增加了 20 000 万元，会计等式双方同时以相等金额增加(第 1 种类型)，故没有破坏恒等关系。

(2) 5 日，甲企业用银行存款偿还前欠供货单位乙企业部分货款 15 000 万元。

分析：这项经济业务的发生使资产项目中银行存款减少了 15 000 万元，同时，负债项目中应付账款也减少了15 000万元,会计等式双方同时以相等金额减少(第2种类型),故没有破坏恒等关系。

(3) 8日,甲企业收到投资者投入资本20 000万元,款项存入银行。

分析:这项经济业务的发生使资产项目中银行存款增加了20 000万元,同时,所有者权益项目中实收资本也增加了20 000万元,会计等式双方同时以相等金额增加(第3种类型),故没有破坏恒等关系。

(4) 13日,经股东大会批准,甲企业依法以银行存款退回丙企业投资10 000万元。

分析:这项经济业务的发生使资产项目中银行存款减少了10 000万元,同时,所有者权益项目中实收资本也减少了10 000万元,会计等式双方同时以相等金额减少(第4种类型),故没有破坏恒等关系。

(5) 16日,甲企业从银行存款中提取现金3 000万元备用。

分析:这项经济业务的发生使资产项目中银行存款减少了3 000万元,同时,另一资产项目库存现金增加了3 000万元,会计等式左方资产要素内部项目等额有增有减(第5种类型),故没有破坏恒等关系。

(6) 16日,甲企业向银行取得临时借款30 000万元直接用于归还前欠客户货款。

分析:这项经济业务的发生使负债项目中短期借款增加了30 000万元,同时,另一负债项目应付账款减少了30 000万元,会计等式右方负债要素内部项目等额有增有减(第6种类型),故没有破坏恒等关系。

(7) 20日,经股东大会批准,甲企业将盈余公积10 000万元转作实收资本。

分析:这项经济业务的发生使所有者权益项目中实收资本增加了10 000万元,同时,另一所有者权益项目项目盈余公积减少了10 000万元,会计等式右方所有者权益项目要素内部项目等额有增有减(第7种类型),故没有破坏恒等关系。

(8) 22日,甲企业一投资者委托本企业代为偿还一笔欠款30 000万元,经股东大会批准,依法减少该投资者对本公司的投资额,但本企业尚未偿还该笔欠款。

分析:这项经济业务的发生使负债项目中应付账款增加了30 000万元,同时,所有者权益项目中实收资本减少了30 000万元,会计等式右方负债项目与所有者权益项目等额有增有减(第8种类型),故没有破坏恒等关系。

(9) 25日,经批准,甲企业将前欠客户货款20 000万元转化为债权人对本企业的投资。

分析:这项经济业务的发生使负债项目中应付账款减少了20 000万元,同时,所有者权益项目中实收资本增加了20 000万元,会计等式右方负债项目与所有者权益项目等额有增有减(第9种类型),故没有破坏恒等关系。

甲企业1月份发生的9种经济业务对基本会计等式的影响及结果如下表2-5所示:

表2-5 甲企业发生的9种经济业务对基本会计等式的影响 万元

资 产	变化前金额	增加金额	减少金额	变化后金额
库存现金	1 000	3 000 (5)		4 000
银行存款	87 000	20 000 (3)	15 000 (2) 10 000 (4) 3 000 (5)	79 000

（续表）

资　产	变化前金额	增加金额	减少金额	变化后金额
应收账款	20 000			20 000
原材料	110 000	20 000（1）		130 000
库存商品	55 000			55 000
固定资产	280 000			280 000
资产总计	553 000	43 000	28 000	568 000
短期借款	15 000	30 000（6）		45 000
应付账款	23 000	20 000（1） 30 000（8）	15 000（2） 30 000（6） 20 000（9）	8 000
应交税费	5 000			5 000
长期借款	40 000			40 000
实收资本	420 000	20 000（3） 10 000（7） 20 000（9）	10 000（4） 30 000（8）	430 000
盈余公积	50 000		10 000（7）	40 000
负债和所有者权益总计	553 000	130 000	115 000	568 000

从以上分析可以看出，任何一项经济业务的发生，虽会引起资产、权益要素的数额发生增减变动，但不管怎样变动，都不会破坏会计恒等式的平衡。以上9种类型经济业务没有涉及收入、费用及利润方面的，后面章节中将会有详细介绍。前面已介绍，企业一定期间的收入与费用的差额即利润应归属于所有者权益，所以无论企业发生什么样的经济业务，都不会破坏资产和权益的恒等关系。

习　题

一、填空题

1. 会计科目按其反映的经济内容可分为________、________、________、________、________、________六大类。

2. 会计要素主要包括反映财务状况的静态会计要素________、________、________和反映经营成果的动态要素________、________、________。

3. 资产是指企业____________形成的，并由企业________________的经济资源，该资源预期会给企业带来________。

4. 负债是指____________形成的________，履行该义务预期会导致____________________。

5. ____________是指所有者在企业中享有的经济利益，其金额为________减去________

后的余额。

6. 收入是企业在________中形成的，会导致____________增加的，与____________无关的经济利益的总流入。

7. 一般地说，收入会导致________(也可以是负债的减少)，费用的发生会导致____________(或增加企业负债)。

8. 费用是指为销售商品、提供劳务等日常活动所发生的会导致____________减少的、与____________________无关的经济利益的总流出。

9. 利润是指企业在一定____________的____________，包括____________、____________和________________。

10. 会计恒等式的表达式是________________________________。

11. 款项是作为支付手段的货币资金，主要包括现金、银行存款以及其他货币资金，如________、________、________、________等。

12. 有价证券是指表示一定财产________或________的证券。

13. 各单位必须按照国家统一的________的要求设置会计科目和账户、复式记账、填制会计凭证、登记会计账簿、进行成本计算、财产清查和编制财务会计报告。

二、单项选择题

1. 会计对象是指企事业单位的(　　)。

A. 资金运动　　B. 经济活动　　C. 经济资源　　D. 劳动成果

2. 一个企业的资产总额与权益总额(　　)。

A. 必然相等　　B. 有时相等　　C. 不会相等　　D. 只有在期末时相等

3. 企业的原材料属会计要素中的(　　)。

A. 资产　　B. 负债　　C. 所有者权益　　D. 权益

4. 下列各项中，属于企业资产的是(　　)。

A. 应付账款　　B. 实收资本　　C. 销售收入　　D. 原材料

5. 一个企业的资产总额与债权人权益总额(　　)。

A. 必然相等　　B. 有时相等　　C. 不会相等　　D. 只有在期末时相等

6. 企业所拥有的资产从财产权利归属来看，一部分属于投资者，另一部分属于(　　)。

A. 债权人　　B. 企业职工　　C. 债务人　　D. 企业法人

7. 北京汇丰实业6月月初的资产总额为60 000元，负债总额为25 000元。6月月初取得的收入共计28 000元，发生的费用共计18 000元，则6月月末该企业的所有者权益总额为(　　)。

A. 85 000元　　B. 35 000元　　C. 10 000元　　D. 45 000元

8. 企业月初资产总额为300万元，本月发生下列经济业务：① 赊购材料10万元；② 用银行存款偿还短期借款20万元；③ 收到购货单位偿还欠款15万元并存入银行。则月末资产总额为(　　)。

A. 310万元　　B. 290万元　　C. 295万元　　D. 305万元

9. 下列项目中，不属于有价证券的是(　　)。

A. 国库券　　B. 股票　　C. 信用证存款　　D. 债券

10. (　　)增减的核算，一般都应以具有法律效力的文书为依据，具有政策性强的特点，且利益关系比较明确，用途基本定向。

A. 资本　B. 债权、债务　C. 现金、银行存款　D. 财物

11. 单位的债权一般包括各种(　　)等。

A. 短期借款　B. 应付和预收款　C. 应收和预付款　D. 企业债券

12. (　　)是企业为生产某种产品而发生的费用，与一定数量的产品相联系。

A. 生产费用　B. 期间费用　C. 成本　D. 经营费用

13. 下列表述中，符合《会计法》对使用会计记录文字基本要求的是(　　)。

A. 民族自治地方，会计记录可以使用当地通用的一种民族文字

B. 在我国境内的外商投资企业，会计记录在使用中文的前提下，可以同时使用一种外国文字

C. 在我国境内的外国企业，会计记录可以使用其本国文字

D. 我国设立在境外的企业，会计记录必须使用中文

14. 会计科目按其所反映的会计对象的具体内容，可分为(　　)。

A. 资产、负债、所有者权益、收入、费用等5类

B. 资产、负债、所有者权益、成本、利润等5类

C. 资产、负债、所有者权益、利润、损益等5类

D. 资产、负债、所有者权益、成本、损益等5类

15. 下列有关会计账户的四个金额要素之间基本关系的表述中，正确的是(　　)。

A. 期末余额＝期末余额＋本期增加发生额－本期减少发生额

B. 期末余额＝期初余额＋本期增加发生额－本期减少发生额

C. 期初余额－本期增加发生额－本期减少发生额　期末余额

D. 期末余额＝本期增加额－本期减少发生额－期初余额

16. 会计科目是对(　　)的具体内容进行分类核算的项目。

A. 会计对象　B. 会计要素　C. 资金运动　D. 会计账户

17. 二级会计科目要不要设，设置多少，主要取决于(　　)的需要。

A. 总分类科目　B. 企业效益　C. 企业经营管理　D. 领导意图

18. 企业以银行存款支付应付账款，表现为(　　)。

A. 一项资产增加，另一项资产的减少　B. 一项资产减少，一项负债增加

C. 一项资产减少，一项负债减少　D. 一项负债减少，另一项负债增加

19. 企业期末所有者权益总额等于(　　)。

A. 期末资产－期末负债　B. 本期收入－本期费用

C. 期末资产－本期费用　D. 期末负债＋本期费用

20. 工业企业将闲置的固定资产出租取得的租金属于(　　)。

A. 销售商品收入　B. 让渡资产使用权收入

C. 提供劳务收入　D. 主营业务收入

三、多项选择题

1. (　　)属于正确的会计公式。

A. 资产＝权益　B. 资产＝负债＋所有者权益

C. 收入－费用＝利润　D. 资产＝负债＋所有者权益＋(收入－费用)

2. 会计对象是指(　　)的内容

A. 会计核算　　B. 实物流转　　C. 会计监督　　D. 财务活动

3. (　　)属于只引起会计等式左边会计要素变动的经济业务。

A. 购买材料 800 元,货款暂欠

B. 从银行提取现金 500 元

C. 购买机器一台,以银行存款支付 10 万元价款

D. 接受国家投资 200 万元

4. 反映企业财务状况的会计要素包括(　　)。

A. 资产　　B. 收入　　C. 费用　　D. 所有者权益

5. 企业所有者权益包括(　　)。

A. 未分配利润　　B. 盈余公积　　C. 股本　　D. 资本公积

6. 下列经济业务中,会引起会计等式右边会计要素发生增减变动的业务有(　　)。

A. 以银行存款偿还前欠货款

B. 北京汇丰实业将所欠本企业的货款转作投入资本

C. 将资本公积转增资本

D. 向银行借款,存入银行

7. 企业负债按其流动性可分为(　　)。

A. 固定资产　　B. 流动负债　　C. 短期借款　　D. 非流动负债

8. 下列项目中,属于资产的是(　　)。

A. 应收账款　　B. 银行存款　　C. 待摊费用　　D. 预收账款

9. 企业取得收入的同时,可能会引起(　　)。

A. 资产的增加　　B. 资产的减少　　C. 负债的增加　　D. 负债的减少

10. 收入包括(　　)。

A. 商品销售收入　　B. 劳务收入

C. 营业外收入　　D. 他人使用本企业资产所取得的租金收入

11. 企业发生费用的同时,可能会引起(　　)。

A. 资产的增加　　B. 资产的减少　　C. 负债的增加　　D. 负债的减少

12. 企业流动性最强的资产是(　　)。

A. 资本　　B. 借款　　C. 款项　　D. 有价证券

13. 债务一般包括各项(　　)等。

A. 借款　　B. 应付款　　C. 预付款　　D. 应交款

14.《会计法》中所称的财物包括(　　)等。

A. 现金和银行存款　　B. 原材料

C. 包装物　　D. 固定资产

15. 经济业务事项具体包括(　　)。

A. 款项和有价证券的收付　　B. 财物的收发、增减和使用

C. 债权债务的结算　　D. 财务成果的计算和处理

16. 财务成果的计算和处理一般包括(　　)。

A. 利润的计算　　B. 所得税的计算和缴纳

C. 利润支配　　D. 亏损弥补

17. 按照国家统一会计制度的要求，要求(　　)。

A. 设置科目和账户　　B. 填制和审核凭证

C. 登记会计账簿　　D. 编制财务会计报告

18. 会计科目按其所提供信息的详细程度及其统驭的关系不同，可以分为(　　)。

A. 总分类科目　B. 明细分类科目　C. 权益类科目　D. 利润类科目

19. 计算和判断单位经营成果及其盈利状况的依据主要有(　　)。

A. 收入核算　B. 支出核算　C. 费用核算　D. 成本核算

20. 会计科目设置应遵循的原则有(　　)。

A. 合法性原则　B. 相关性原则　C. 全面性原则　D. 实用性原则

21. 会计等式反映企业资产的归属关系，它是(　　)等会计核算方法建立的理论基础。

A. 设置账户　B. 复式记账　C. 编制会计报表　D. 财产清查

22. 下列各项经济业务中，属于企业资金退出的有(　　)。

A. 偿还借款　　B. 上缴税金

C. 发放工资　　D. 向投资者分配利润

四、判断题

1. 会计要素中既有反映财务状况的要素，也有反映经营成果的要素。(　　)

2. 与所有者权益相比，债权人无权参与企业的生产经营管理和收益分配，而所有者权益则相反。(　　)

3. 资产是指由过去、现在、未来的事项和交易形成并由企业拥有或控制的经济资源，该资源预期会给企业带来经济利益。(　　)

4. 利润是企业的一项资产。(　　)

5. 会计等式揭示了会计要素之间的内在联系，是设置账户、进行复式记账、编制会计报表的依据。(　　)

6. 与所有者权益相比，负债一般有规定的偿还期，而所有者权益则没有。(　　)

7. 非营利性单位的会计要素包括资产、负债、净资产、收入和支出。(　　)

8. 收入减去费用等于利润的关系是企业编制利润表的基础。(　　)

9. 不管是什么企业发生任何经济业务，会计等式的左、右两方金额永远不变，故永远相等。(　　)

10. 财物是反映一个单位进行或维持经营活动的所有经济资源。(　　)

11. 款项和有价证券是单位流动性最强的资产。(　　)

12. 费用是企业在销售商品、提供劳务等日常活动中所发生的经济利益流出。(　　)

13. 债权债务的发生和结算，涉及单位与其他单位以及与其他有关方面的经济利益，但不会影响单位的经营活动和业务活动。(　　)

14. 会计科目是对会计要素的具体内容进行分类核算的项目。(　　)

15. 总分类科目是对会计对象进行的总括分类、提供总括信息的会计科目。(　　)

五、综合业务题

1. 津华公司2×15年6月月末有关资产、负债及所有者权益状况如下:

(1) 出纳员处存放的现金为2 000元;
(2) 银行存款为180 000元;
(3) 投资者投入的资本为400 000元;
(4) 从银行借入6个月期限的借款20 000元;
(5) 从银行借入五年期的借款200 000元;
(6) 库存原材料为20 000元;
(7) 正在加工中的产品为18 000元;
(8) 库存的完工产品为45 000元;
(9) 应收甲公司的销货款为20 000元;
(10) 应付乙公司的购料款为38 000元;
(11) 应上缴国家的税金为25 000元;
(12) 企业办公楼的价值为800 000元;
(13) 企业机器设备的价值为100 000元;
(14) 职工借支的差旅费为3 000元;
(15) 本年实现的利润为159 000元;
(16) 企业的资本公积金累计为227 000元;
(17) 应付给投资者的利润为26 000元;
(18) 从净利润中提取的公积金为35 000元;
(19) 本年度分配的利润为38 000元;
(20) 应付给职工的工资为20 000元。

要求:

(1) 根据以上资料,划分各项目的类别(资产、负债或所有者权益),并在下表2-6中的"会计科目"和"金额"两个栏目中填入相应的会计科目及金额。

(2) 计算资产、负债和所有者权益三要素的总额,并列出会计恒等式。

表2-6 津华公司财务状况表

元

会计要素 项目及 数量关系	资产		负债		所有者权益	
	会计科目	金额	会计科目	金额	会计科目	金额
(1)						
(2)						
(3)						
(4)						
(5)						
(6)						
(7)						

（续表）

会计要素项目及数量关系	资　产		负　债		所有者权益	
	会计科目	金额	会计科目	金额	会计科目	金额
(8)						
(9)						
(10)						
(11)						
(12)						
(13)						
(14)						
(15)						
(16)						
(17)						
(18)						
(19)						
(20)						
合　计						

2. 豫粮公司2×15年4月30日的资产负债表显示资产总计360 000元，负债总计145 000元，该公司2×15年5月发生如下经济业务：

(1) 从银行提取现金5 000元备用；

(2) 以银行存款购入机器设备，价值为35 000元；

(3) 购进并入库原材料20 000元，货款尚未支付；

(4) 以银行存款偿还短期借款10 000元；

(5) 取得银行3年期借款50 000元，存入银行；

(6) 经协商，将到期的长期借款40 000元转作银行对本公司的投资；

(7) 投资人向企业投资30 000元，存入银行；

(8) 经协商，将应付B公司的货款30 000元转化为B公司对本公司的投资；

(9) 经决定，公司将30 000元盈余公积转为实收资本。

要求：

(1) 逐项分析该公司5月份所发生的经济业务对资产、负债和所有者权益三要素增减变动的影响；

(2) 计算5月月末豫粮公司的资产总额、负债总额和所有者权益总额，并列出会计等式。

第三章 借贷记账法

第一节 账 户

【学习目标】

1. 理解账户的含义。
2. 熟练说出账户与会计科目的联系与区别。
3. 了解账户的基本结构与基本内容。
4. 熟练指出账户的类别。

【重点难点】

重点：账户与会计科目的关系。

一、账户的概念

我们知道，会计核算和反映的对象是会计主体的资金运动，为了能清晰地反映资金的来龙去脉，就设置了一个非常有用的工具——会计科目，即对会计对象的组成内容进行科学分类而规定的名称。每类经济业务设置一个会计科目。对会计对象划分类别并规定名称是必要的，但会计科目只是一个名称形式，只能说明某一科目应包括经济业务的内容，但不能反映经济业务发生后引起的各项资产、负债、所有者权益等会计对象各要素的增减变动情况及其结果。要全面、系统地记录和反映各项经济业务所引起的资金变动情况，还必须在分类的基础上借助于具体的形式和方法，这就是开设和运用账户。

账户是会计核算的另一工具，是根据会计科目开设的，即根据会计科目在账簿中开设的户头，具有一定的格式和结构，可以用来分类、系统、连续地记录各项经济业务所引起的会计要素增减变动的过程和结果。

由此可知，会计科目和账户是两个既有联系又有区别的概念。它们的共同之处是二者都是按会计对象的具体内容来设置的，反映的经济内容相同，会计科目的名称就是账户的名称，会计科目规定的核算内容就是账户应记录和反映的经济内容，因而账户应该根据会计科目的分类相应地设置。二者的区别在于，一是会计科目是会计主体在进行会计核算之前，事先对经济业务分类核算的项目，而账户则是经济业务发生之后，对经济业务进行连续分类登记的一种手段；二是会计科目是账户的名称，本身没有结构，而账户是根据会计科目开设的，具有一定的结构。

设置和运用账户是会计核算的重要方法之一，其意义主要集中在以下两个方面：

(1) 通过设置和运用账户，可以将原始的经济业务数据进行过滤和甄别，对无序的数据进行集中处理，将相同业务的数据集中到同一个账户中，为进一步整理出符合有关各方决策需要的信息奠定基础。

(2) 将相同业务的数据连续、全面、系统地在账户中进行登录，把大量的、单个的业务数据通过汇总整理计算，压缩数据量，使之系统化、有序化，完整、清晰地反映各类经济业务增减变动的过程和结果，以满足决策需要。

二、账户的一般结构

账户的结构是指账户分为哪几个部分，每一个部分都应反映什么样的内容。不同的记账方法具有不同的账户结构，即使同一种方法下，不同性质的账户其结构也是不同的。但由于账户是用来反映经济业务引起的会计要素增减变动过程和结果的工具，而经济业务引起的会计要素变动不外乎就是增加和减少两种情况，有些经济业务发生后会引起该账户金额的增加；有些经济业务发生后则会引起该账户金额的减少。为此，无论采用哪种记账方法，账户属于什么性质，一个账户的结构通常分为左、右两部分，一部分反映金额的增加；另一部分反映金额的减少。账户的基本内容主要有：

(1) 账户的名称。即会计科目。

(2) 日期。即记录经济业务发生的日期。

(3) 摘要。即对经济业务的简要说明。

(4) 凭证编号。即记录经济业务的依据。

(5) 金额。即登记经济业务发生所引起会计要素增减变动的数额和变动前后的结果，即增加额、减少额和余额。

以上是账户中最基本的内容。

如表 3-1 所示，即实际工作中最基本的账户格式之一。

表 3-1　基本账户的格式

总分类账

第 1 页

会计科目及编号：________________

年		凭证		摘要	借方											贷方											借或贷	余额											✓
月	日	字	号		亿	千	百	十	万	千	百	十	元	角	分	亿	千	百	十	万	千	百	十	元	角	分		亿	千	百	十	万	千	百	十	元	角	分	

为了便于在教学中说明问题，账户常用一个简要格式即 T 型账户或“丁”字账户来表示。如表 3-2 所示，即“银行存款”T 型账户或“丁”字账户。

表 3-2　银行存款(会计科目)

左方	右方

在表3-2的账户中,账户的名称即会计科目为“银行存款”,该账户分为左方和右方两部分,分别登记银行存款增加和减少的数额。

根据账户的结构和内容,可以知道账户记录的金额可以提供期初余额、本期增加发生额、本期减少发生额、期末余额4个核算指标。本期增加发生额是指一定时期(月份、季度、半年度、年度)内账户所登记的增加金额的合计数。本期减少发生额是指一定时期(月份、季度、半年度、年度)内账户所登记的减少金额的合计数。二者都是根据会计凭证记录账户的原始数据,属于动态指标,反映有关会计要素的增减变动情况。在没有期初余额的情况下,本期增加发生额与本期减少发生额相抵减后的差额就是期末余额,本期的期末余额就是下期的期初余额。期初余额和期末余额不是根据记账凭证登记的,而是根据账户记录的发生额计算的,属于静态指标,反映有关会计要素的具体内容增减变动的结果。在有期初余额的情况下,期末余额的计算公式就是:

期末余额=期初余额+本期增加发生额-本期减少发生额

在一个账户的结构中,左方和右方分别表示增加或减少,采用借贷记账法核算时,账户的左方用“借方”表示,账户的右方用“贷方”表示,但究竟哪一方登记增加,哪一方登记减少,则要取决于账户的具体性质。

下面以“应收账款”账户为例来说明账户的结构。

【例3-1】 若红星有限公司期初应收账款为150万元,本月共发生7笔涉及应收账款的经济业务,分别如下:

(1) 2日,收到A公司归还前欠货款50万元,存入银行。

(2) 5日,销售商品给B公司,应收货款100万元已办妥托收手续。

(3) 10日,收到C公司归还前欠货款80万元,存入银行。

(4) 20日,销售商品给D公司,应收货款200万元已办妥托收手续。

(5) 25日,B公司归还购货款100万元,存入银行。

(6) 30日,D公司归还购货款200万元,存入银行。

(7) 30日,赊销商品给B公司80万元,已办妥托收手续。

红星公司将这些涉及应收账款的经济业务逐笔登记到“应收账款”账户中,如表3-3所示。

表3-3 应收账款

左方		右方	
期初余额	1 500 000		
		(1)	500 000
(2)	1 000 000		
		(3)	800 000
(4)	2 000 000		
		(5)	1 000 000
		(6)	2 000 000
(7)	800 000		
本期发生额	3 800 000	本期发生额	4 300 000
期末余额	1 000 000		

在这个“应收账款”账户中，可以提供4项核算指标，即期初余额150万元、期末余额100万元、本期增加发生额为380万元和本期减少发生额430万元。其中，前两项是静态指标，反映一定时点的账户资料；后两项是动态指标，反映一定期间的账户资料。这4项指标的平衡公式为：

期末余额＝期初余额＋本期增加发生额－本期减少发生额

即：

100万元＝150万元＋380万元－430万元

第二节　借贷记账法

【学习目标】

1. 理解复式记账法的含义。
2. 掌握借贷记账法的记账规则。
3. 掌握借贷记账法下账户所属的要素及其账户性质。
4. 会运用借贷记账法编制会计分录。
5. 会编制试算平衡表。

【重点难点】

1. 重点：借贷记账法的记账规则；借贷记账法下的账户性质。
2. 难点：试算平衡表的编制方法；总账与明细账的平行登记关系。

一、复式记账法

（一）记账方法

会计工作中，为了详细地核算和监督会计对象的具体内容，各企业应开设会计科目和相应的账户。但是，账户仅是记录经济业务的载体，要把经济业务记录在账户中，还应采用一定的方法。所谓记账方法，是指根据一定的原理和记账规则，使用一定的符号，在账簿中登记各项经济业务的方法。根据记录方式不同，它可以分为单式记账法和复式记账法。

（二）单式记账法

单式记账法是指对发生的每一项经济业务，一般只在一个账户中进行登记的一种记账方法，通常只设置现金、银行存款和债权债务账户，即对发生的经济业务，只记录现金的收付业务以及应收、应付款的结算业务，而对实物的收付业务一般不进行登记。其主要特点如下：

（1）对涉及应收、应付现金的收付业务，要在两个账户中记录，既要记应收应付款的增减，又要记现金的增减。例如，从银行借款10万元，则既要记银行存款增加10万元，又要在银行借款账户中登记增加10万元。

（2）对于其他经济业务都只在一个账户中记录或不予以记录(有关实物的收发)。如用存款购买原材料5万元，则只登记“银行存款”账户减少5万元，而领用原材料则不需要记录。

（3）会计科目设置不完整，账户记录之间没有相互联系。

由此可知，单式记账法虽然记账手续简单，但是其账户设置不完整，各个账户间的记录没有直接联系，账户记录也没有相互平衡的概念，无法全面、系统地反映各项经济业务的来龙去脉，也不便于检查账户记录的正确性和完整性。所以单式记账法仅适用于经济业务非常简单的单位,它无法满足商品经济的发展和社会化大生产的需求。

(三) 复式记账法

复式记账法是从单式记账法发展起来的一种比较完善的记账方法。

复式记账法以资产与权益的平衡关系作为记账基础,对任何一笔经济业务都以相等的金额,同时在两个或两个以上的有关账户中进行相互联系的登记,系统地反映资金运动变化结果的一种记账方法。

之所以采用复式记账法,是因为任何一项经济业务的发生,都会引起两个或两个以上的项目(即会计科目)发生增减变动,而且增减变动的金额是相等的。为了全面反映经济业务活动的全过程,对于发生的每一笔经济业务,都应以相等的金额同时在至少两个相互联系的账户中进行登记,采用复式记账法登记账簿,即做双重记录,故被称为复式。如从银行提取现金,同时涉及"库存现金"和"银行存款"两个账户;生产车间领用原材料也会同时涉及"生产成本"和"原材料"两个账户;购入材料,只支付一部分货款,其余货款暂欠的业务则会同时涉及"原材料"、"银行存款"和"应付账款"3个账户。

复式记账法的优点在于,首先,通过账户对应关系,可以了解经济业务的内容及其所引起的资金增减变动情况,完整地反映经济业务的来龙去脉,为经济管理提供系统的信息。其次,通过账户对应关系,可以检查账务处理是否合理合法,可以发现对经济业务的处理是否符合有关经济法规和财务会计制度的规定。最后,对账户记录结果进行试算平衡,检查账户记录,便于发现和纠正错账。

二、借贷记账法

复式记账法按照记账符号的不同分为借贷记账法、增减记账法和收付记账法。借贷记账法的记账符号为"借"和"贷",增减记账法的记账符号为"增"和"减",收付记账法的记账符号为"收"和"付"。各种记账方法的原理和记账规则都类似,仅是记账符号的区别。目前,国际通用的记账方法是借贷记账法。

借贷记账法是以会计等式(资产=负债+所有者权益)为理论依据,以"借"和"贷"为记账符号,以"有借必有贷,借贷必相等"为记账规则,对每一笔经济业务,同时在两个或两个以上的有关账户中以相等的金额进行相互联系的登记的复式记账方法。

(一) 借贷记账法的记账符号

借贷记账法的记账符号是"借"和"贷"。在借贷记账法下,"借"和"贷"本身没有确切的含义,纯粹是一种记账符号,代表了相应的金额记录方向,但究竟是由"借"还是由"贷"来表示增加或是减少,需要结合具体账户的性质(即账户所属的会计要素)才能确定。

(二) 借贷记账法下的账户结构

借贷记账法下的账户结构是,左方为借方,右方为贷方。但是哪一方登记增加额,哪一方登记减少额,则要根据账户所反映的经济内容的性质决定。如表3-4所示。

根据经济业务的发生记入借方或贷方,反映该项经济业务所引起的该科目增减变化的金额称为发生额,凡是记入账户借方的金额称为借方发生额,凡是记入账户贷方的金额称为贷方发生额。

在一个会计期间内(月度、季度、半年度、年度),借方记录的金额合计数称为本期借方发生额,贷方记录的金额合计数称为本期贷方发生额。

某一时点上账户借方累计发生额和贷方累计发生额的差额称为余额。若借方累计发生额大于贷方累计发生额,余额在借方,称为借方余额;若贷方累计发生额大于借方累计发生额,则余额在贷方,称为贷方余额。一般来说,账户的余额在其登记增加的那一方。上一会计期间的期末余额,即为下一会计期间的期初余额。

借贷记账法下,经济业务发生后引起相应会计要素发生增减变动,增加计入哪一方,减少计入哪一方,可以根据扩展的会计等式(资产＝负债＋所有者权益＋收入－费用)为判断依据。引起会计要素增加时,计入会计要素在等式中所在的方向(即等式的左方或右方);引起会计要素减少时,计入会计要素在等式所在方向相反的方向。

(1) 资产类账户的结构。在借贷记账法下,资产类账户的借方登记增加,贷方登记减少,期末余额在借方,如表 3－5 所示。

表 3－4　账户名称(会计科目)

借方	贷方

表 3－5　资产类账户(会计科目)

借方	贷方
期初余额　××× ×××(增加) ×××(增加)	×××(减少) ×××(减少)
本期借方发生额　××× 期末余额　×××	本期贷方发生额　×××

资产类账户的余额应根据下列公式计算:

期末(借方)余额＝期初(借方)余额＋本期借方发生额－本期贷方发生额

例如,北京汇丰实业期初库存原材料 50 000 元,本期购入材料 80 000 元,本期发出材料 60 000元,则期末库存原材料的余额为:

"原材料"账户期末借方余额＝50 000＋80 000－60 000＝70 000(元)

(2) 负债类账户的结构。在借贷记账法下,负债类账户的结构与资产类账户的结构相反,即借方登记减少,贷方登记增加,期末余额在贷方,如表 3－6 所示。

负债类账户的余额应根据下列公式计算:

期末(贷方)余额＝期初(贷方)余额＋本期贷方发生额－本期借方发生额

例如,北京汇丰实业期初短期借款 100 000 元,本期又借入周转借款 50 000 元,本期归还到期流动借款 80 000 元,则期末短期借款的余额为:

"短期借款"账户期末贷方余额＝100 000＋50 000－80 000＝70 000(元)

(3) 所有者权益类账户的结构。在借贷记账法下,所有者权益类账户的结构与负债类账户的结构相同,即借方登记减少,贷方登记增加,期末余额在贷方,如表 3－7 所示。

所有者权益类账户的余额可根据下列公式计算:

期末(贷方)余额＝期初(贷方)余额＋本期贷方发生额－本期借方发生额

例如,某合伙企业期初实收资本为 100 000 元,本期合伙人王某退伙,退还其投入本钱 20 000元,另有李某新加入该合伙企业,投入本金 30 000 元,全部作为实收资本核算。则期末实收资本的余额为:

"实收资本"账户期末贷方余额＝100 000＋30 000－20 000＝110 000(元)

表3-6　负债类账户(会计科目)

借方	贷方
	期初余额　×××
×××(减少)	×××(增加)
×××(减少)	×××(增加)
本期借方发生额　×××	本期贷方发生额　×××
	期末余额　×××

表3-7　所有者权益类账户(会计科目)

借方	贷方
	期初余额　×××
×××(减少)	×××(增加)
×××(减少)	×××(增加)
本期借方发生额　×××	本期贷方发生额　×××
	期末余额　×××

(4) 损益类账户的结构。损益类账户包括收入和费用两小类账户,在借贷记账法下,这两小类账户的结构正好相反。

损益收入类账户的结构与所有者权益类账户的结构相似,即借方登记减少,贷方登记增加,期末没有余额,如表3-8所示。

损益费用类账户则与资产类账户的结构相似,借方登记增加,贷方登记减少,期末也没有余额,如表3-9所示。

表3-8　收入类账户(会计科目)

借方	贷方
×××(减少)	×××(增加)
×××(减少)	×××(增加)
本期借方发生额　×××	本期贷方发生额　×××

表3-9　费用类账户(会计科目)

借方	贷方
×××(增加)	×××(减少)
×××(增加)	×××(减少)
本期借方发生额　×××	本期贷方发生额　×××

(5) 成本类账户的结构。在借贷记账法下,成本类账户的结构与费用类账户的结构相似,即借方登记增加,贷方登记减少,期末一般无余额,若有余额则在借方,如表3-10所示。

表3-10　成本类账户(会计科目)

借方	贷方
期初余额　×××	
×××(增加)	×××(减少)
×××(增加)	×××(减少)
本期借方发生额　×××	本期贷方发生额　×××
(期末余额　×××)	

例如,北京汇丰实业只生产A产品,期初有在产品30 000元,本月发生各种生产费用60 000元,本月A产品全部完工,则转出生产成本90 000元。即生产成本的借方发生额为60 000元,贷方发生额为90 000元,期末无余额。若本期完工部分产品,转出成本为50 000元,则生产成本期末余额为:

"生产成本"账户期末借方余额=30 000+60 000-50 000=40 000(元)

在借贷记账法下,各类账户的结构归纳为如下表3-11所示:

表 3－11　借贷记账法下各类账户的结构

账户类别	借　方	贷　方	余额方向
资产类	增加	减少	借方
负债类	减少	增加	贷方
所有者权益类	减少	增加	贷方
收入类	减少	增加	无余额
费用类	增加	减少	无余额
成本类	增加	减少	一般无余额,若有在借方

3. 记账规则

记账规则又称为记账规律,概括地说,借贷记账法的记账规则是“有借必有贷,借贷必相等”。即借贷记账法要求对每笔经济业务,都要以相等的金额在记入一个或若干个账户借方的同时,记入另一个或若干个账户的贷方。

在会计等式的恒等性中已述及,企业发生的各项经济业务会引起资产、负债或所有者权益等会计要素发生增减变化,但不会破坏会计恒等式的平衡关系。因此,企业发生的经济业务所引起的会计要素变化,可以归纳为九种类别,在借贷记账法下的账户结构中进行记录时,必然要遵循“有借必有贷,借贷必相等”的记账规律,如表 3－12 所示。

表 3－12　各种类型经济业务遵循的记账规则

经济业务类型	各类账户应记方向			记入金额	记账规则
	资产类	负债类	所有者权益类		
1. 资产、负债同时增加	借	贷		等量增加	
2. 资产、负债同时减少	贷	借		等量减少	
3. 资产、所有者权益同时增加	借		贷	等量增加	
4. 资产、所有者权益同时减少	贷		借	等量减少	
5. 资产一增一减	借、贷			一增一减	有借必有贷 借贷必相等
6. 负债一增一减		贷、借		一增一减	
7. 所有者权益一增一减			贷、借	一增一减	
8. 负债增加、所有者权益减少		贷	借	一增一减	
9. 所有者权益增加、负债减少		借	贷	一减一增	

【例 3－2】　下面以某公司 2×11 年 10 月份发生的系列经济业务分别加以说明。

(1) 10 月 2 日,该公司借入短期借款 500 000 元,存入银行。

该笔经济业务的发生,一方面使资产要素银行存款增加,另一方面使得负债要素短期借款增加,增加额均为500 000元。资产类账户增加在借方,故在“银行存款”账户借方登记500 000元;负债类账户增加在贷方,故在“短期借款”账户贷方登记500 000元。资产与负债同时增加相同金额,符合“有借必有贷,借贷必相等”。其登记结果如表3-13所示。

表3-13 “短期借款”和“银行存款”账户的登记结果

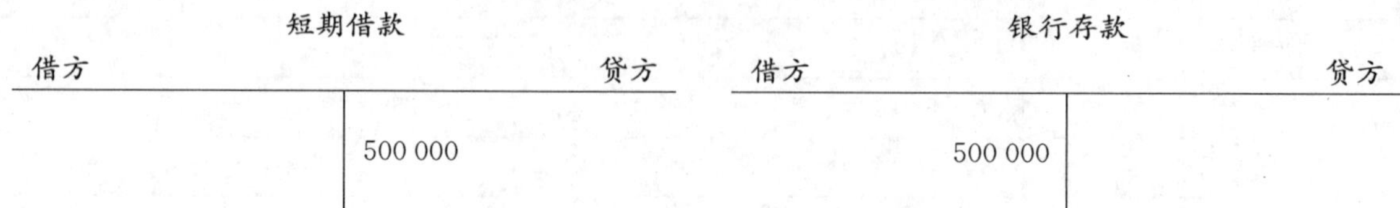

(2) 10月3日,该公司以银行存款50 000元归还到期商业汇票。

该笔经济业务的发生,一方面使资产要素银行存款减少,另一方面使得负债要素应付票据减少,减少额均为50 000元。资产类账户减少在贷方,故在“银行存款”账户贷方登记50 000元;负债类账户减少在借方,故在“应付票据”账户借方登记50 000元。资产与负债同时减少相同金额,符合“有借必有贷,借贷必相等”。其登记结果如表3-14所示。

表3-14 “银行存款”和“应付票据”账户的登记结果

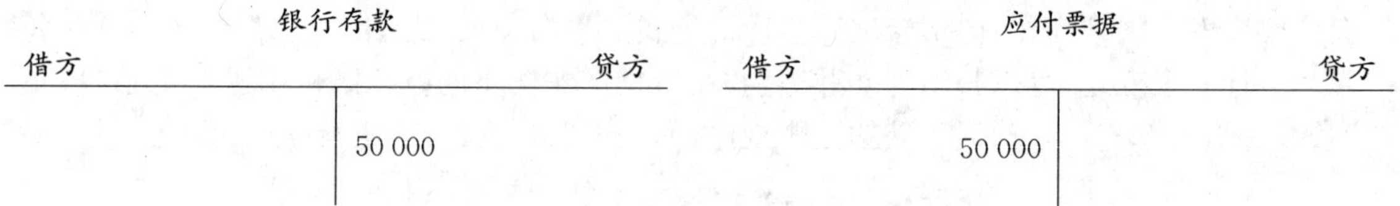

(3) 10月3日,该公司收到某投资人投入设备一台,不需安装,公允价值100 000元,已办理产权转移手续。

该笔经济业务的发生,一方面使资产要素固定资产增加,另一方面使得所有者权益要素实收资本增加,增加额均为100 000元。资产类账户增加在借方,故在“固定资产”账户借方登记100 000元;所有者权益类账户增加在贷方,故在“实收资本”账户贷方登记100 000元。资产与所有者权益同时增加相同金额,符合“有借必有贷,借贷必相等”。其登记结果如表3-15所示。

表3-15 “实收资本”和“固定资产”账户的登记结果

实收资本

借方	贷方
	100 000

固定资产

借方	贷方
100 000	

(4) 10月5日,该公司以存款退还原投资方投资款200 000元。

该笔经济业务的发生,一方面使资产要素银行存款减少,另一方面使得所有者权益要素实收资本减少,减少额均为200 000元。资产类账户减少在贷方,故在“银行存款”账户贷方登记200 000元;所有者权益类账户减少在借方,故在“实收资本”账户借方登记200 000元。资产与所有者权益同时减少相同金额,符合“有借必有贷,借贷必相等”。其登记结果如表3-16所示。

表 3－16　“银行存款”和“实收资本”账户的登记结果

银行存款

借方	贷方
	200 000

实收资本

借方	贷方
200 000	

(5) 10 月 6 日，该公司从银行提取备用金 50 000 元。

该笔经济业务的发生，一方面使资产要素银行存款减少，另一方面使得资产要素库存现金增加，增减额均为 50 000 元。资产类账户减少在贷方，故在“银行存款”账户贷方登记50 000 元；资产类账户增加在借方，故在“库存现金”账户借方登记 50 000 元。资产内部不同账户有增有减相同金额，符合“有借必有贷，借贷必相等”。其登记结果如表 3－17 所示。

表 3－17　“银行存款”和“库存现金”账户的登记结果

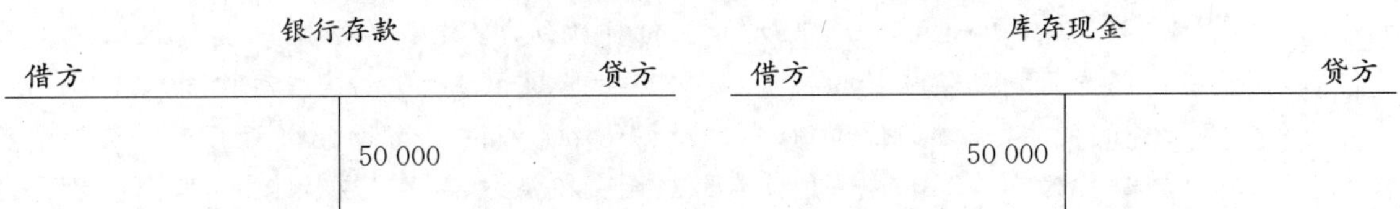

银行存款

借方	贷方
	50 000

库存现金

借方	贷方
50 000	

(6) 10 月 10 日，到期的一张商业汇票 100 000 元，因双方发生纠纷而未偿付，转为应付账款。

该笔经济业务的发生，一方面使负债要素应付票据减少，另一方面使得负债要素应付账款增加，增减额均为 100 000 元。负债类账户减少在借方，故在“应付票据”账户借方登记 100 000 元；负债类账户增加在贷方，故在“应付账款”账户贷方登记 100 000 元。负债内部不同账户有增有减相同金额，符合“有借必有贷，借贷必相等”。其登记结果如表 3－18 所示。

表 3－18　“应付账款”和“应付票据”账户的登记结果

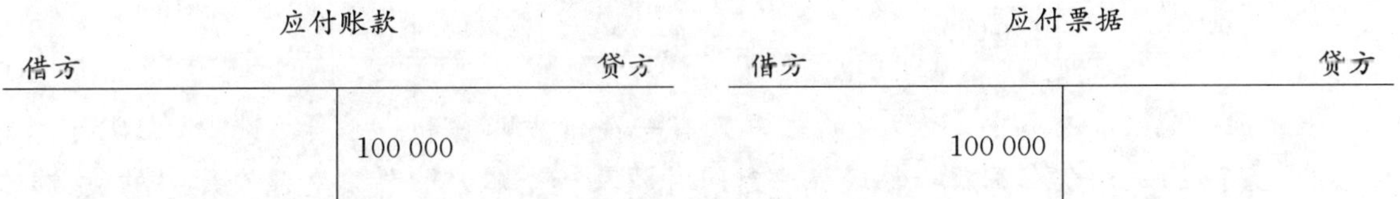

应付账款

借方	贷方
	100 000

应付票据

借方	贷方
100 000	

(7) 10 月 10 日，该公司决定将资本公积 500 000 元转增资本。

该笔经济业务的发生，一方面使所有者权益要素资本公积减少，另一方面使得所有者权益要素实收资本增加，增减额均为 500 000 元。所有者权益类账户减少在借方，故在“资本公积”账户借方登记 500 000 元；该类账户增加在贷方，故在“实收资本”账户贷方登记 500 000 元。所有者权益内部不同账户有增有减相同金额，符合“有借必有贷，借贷必相等”。其登记结果如表 3－19 所示。

表 3－19　“实收资本”和“资本公积”账户的登记结果

实收资本

借方	贷方
	500 000

资本公积

借方	贷方
500 000	

(8) 10 月 12 日,该公司将盈余公积 500 000 元分配给投资者。

该笔经济业务的发生,一方面使负债要素应付利润增加,另一方面使得所有者权益要素盈余公积减少,增减额均为 500 000 元。负债类账户增加在贷方,故在"应付利润"账户贷方登记 500 000 元;所有者权益类账户减少在借方,故在"盈余公积"账户借方登记 500 000 元。负债和所有者权益有增有减相同金额,符合"有借必有贷,借贷必相等"。其登记结果如表 3-20 所示。

表 3-20 "应付利润"和"盈余公积"账户的登记结果

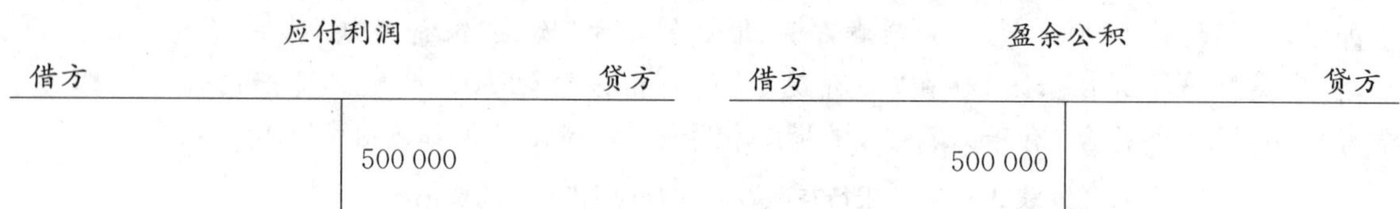

应付利润 借方	应付利润 贷方	盈余公积 借方	盈余公积 贷方
	500 000	500 000	

(9) 10 月 20 日,该公司一笔 500 000 元的应付货款到期,因无力偿债,与其债权人达成偿债协议,其债权人同意将到期债权转为投资,故将应付账款 500 000 元转增实收资本。

该笔经济业务的发生,一方面使负债要素应付账款减少,另一方面使得所有者权益要素实收资本增加,增减额均为 500 000 元。负债类账户减少在借方,故在"应付账款"账户借方登记 500 000 元;所有者权益类账户增加在贷方,故在"实收资本"账户贷方登记 500 000 元。负债和所有者权益有增有减相同金额,符合"有借必有贷,借贷必相等"。其登记结果如表 3-21 所示。

表 3-21 "实收资本"和"应付账款"账户的登记结果

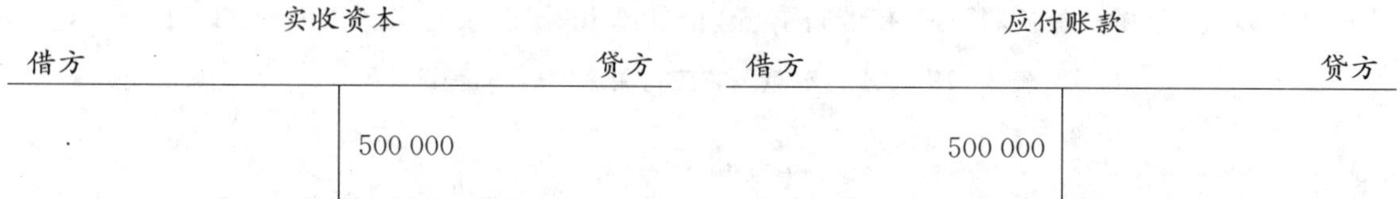

实收资本 借方	实收资本 贷方	应付账款 借方	应付账款 贷方
	500 000	500 000	

上述每一笔经济业务中,所涉及的账户只有一个借方账户和一个贷方账户,在实际工作中,对于复杂的经济业务,往往一笔经济业务同时涉及一个账户的借方和几个账户的贷方,或者是一个账户的贷方和几个账户的借方,甚至是多个账户的借方和多个账户的贷方。但无论经济业务的繁简,在借贷记账法下,都应遵循"有借必有贷,借贷必相等"的记账规则。

(10) 北京汇丰实业购买一批原材料 500 000 元,以银行存款支付 200 000 元,余款到 30 天后支付,材料已入库。

该笔经济业务的发生,一方面使资产要素银行存款减少 200 000 元,原材料增加 500 000 元,另一方面使得负债要素应付账款增加,增加额为 300 000 元。资产类账户增加在借方,减少在贷方,故在"原材料"账户借方登记 500 000 元,"银行存款"账户贷方登记 200 000 元;负债类账户增加在贷方,故在"应付账款"账户贷方登记 300 000 元。资产和负债同时增加相同金额,符合"有借必有贷,借贷必相等"。其登记结果如表 3-22 所示。

表 3-22　“银行存款”、“原材料”和“应付账款”账户的登记结果

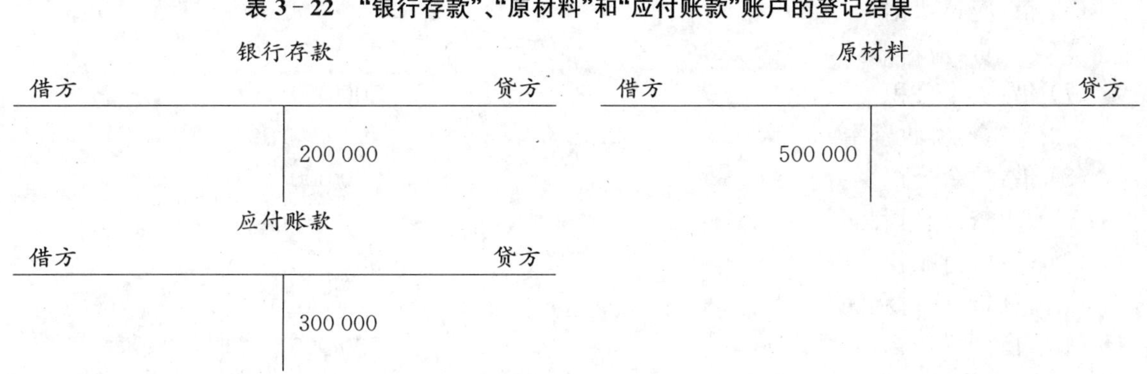

三、会计分录

(一) 会计分录及其分类

会计分录简称分录，是指用来反映每一笔经济业务所应借应贷的账户及其金额的记录。即按照复式记账法的要求，根据每项经济业务的内容，确定账户名称、记账方向和金额的记录。因此，每笔会计分录应包括 3 项基本要素，即会计科目、应借应贷的记账方向和记账金额。

会计分录按其所反映的经济业务的复杂程度、所涉及的会计账户的多少，分为简单分录和复合分录两种。其中简单会计分录是指只涉及两个会计账户，即一借一贷的会计分录；复合会计分录是指涉及 3 个或 3 个以上账户的会计分录，包括一借多贷、多借一贷或多借多贷的会计分录，实际上复合分录是多个简单分录的复合。

在实际工作中，会计分录是根据经济业务的原始凭证在记账凭证上编制的，它是保证会计记录正确可靠的重要环节，所以会计分录是会计凭证的抽象形式，需要按照规定的格式编制，必须是先借后贷，上借下贷，左右错开，一般“贷”字应对齐借方会计科目的第一个字，金额也要错开，不带单位，默认为元。

在实务工作中，编制会计分录的步骤大致可分为以下 4 步：

第一，确定会计科目名称，分析确定经济业务涉及的会计科目类别、特点及其名称；

第二，确定借贷方向，分析确定每个对应会计科目应记录的借贷方向；

第三，确定记录金额，分析计算计入每个对应会计科目的金额；

第四，编制会计分录，并检查是否符合记账规则。

现根据前面 10 笔经济业务所编制的会计分录列举如下：

(1) 借：银行存款　　500 000
　　贷：短期借款　　　　500 000

(2) 借：应付票据　　50 000
　　贷：银行存款　　　　50 000

(3) 借：固定资产　　100 000
　　贷：实收资本　　　　100 000

(4) 借：实收资本　　200 000
　　贷：银行存款　　　　200 000

(5) 借：库存现金　　50 000
　　贷：银行存款　　　　50 000

(6) 借:应付票据　　100 000
　　贷:应付账款　　100 000
(7) 借:资本公积　　500 000
　　贷:实收资本　　500 000
(8) 借:盈余公积　　500 000
　　贷:应付利润　　500 000
(9) 借:应付账款　　500 000
　　贷:应付利润　　500 000
(10) 借:原材料　　500 000
　　贷:银行存款　　200 000
　　　　应付账款　　300 000

(二) 账户对应关系

通过上面的经济业务举例,可以看出,在复式记账法下,运用借贷记账法的规则,对每一项经济业务都要在两个或两个以上的账户中进行登记。在账户中登记经济业务后,有关账户之间就形成了一种应借应贷的相互对应关系,或者是一个账户的借方与另一个账户的贷方相对应,或者是一个(或几个)账户的借方与另几个(或一个)账户的贷方相对应。这种会计分录中各账户间形成的应借应贷的关系称为账户的对应关系,存在对应关系的账户相互称为对应账户。如上述业务(1)中从银行借入短期借款的经济业务,使"银行存款"与"短期借款"账户形成了对应关系,"银行存款"账户的对应账户为"短期借款"账户,"短期借款"账户的对应账户为"银行存款"账户。这一对应关系说明银行存款的增加是由于从银行借入资金而形成的。在业务(10)中购买原材料的经济业务,使"原材料"与"银行存款"及"应付账款"账户形成了对应关系,"银行存款"账户的对应账户为"原材料"账户,"应付账款"账户的对应账户也是"原材料"账户,"原材料"账户的对应账户为"银行存款"和"应付账款"账户,而"银行存款"账户和"应付账款"账户之间没有对应关系。

可见,账户的对应关系是由特定经济业务形成的,通过账户的对应关系,可以反映经济业务的来龙去脉,便于检查经济业务本身是否合理合法,以及对经济业务的处理是否正确。由于多借多贷的会计分录不能清楚地反映账户之间的对应关系,不便于揭示经济业务的详细内容,所以,在实际工作中通常尽可能不编制多借多贷的会计分录,以清楚地反映账户的对应关系。

四、试算平衡

试算平衡是根据资产与权益之间的恒等关系以及借贷记账法的记账规则,通过对所有账户记录的汇总和计算,检查所有会计科目记录是否正确的一种方法。试算平衡工作是通过编制试算平衡表完成的。编制试算平衡表是为了在结计利润以前及时发现错误并予以更正。

试算平衡表可定期或不定期地编制,它是企业经常性的会计工作之一。因为试算平衡表使用频繁,所以企业大多事先印好企业名称、试算平衡表名称、账户名称,实际编制时只要填入各账户余额或发生额并予以汇总即可。

在借贷记账法下,对每笔经济业务都应遵从"有借必有贷,借贷必相等"的记账规律,因此,在一定时期内(如1个月),所有账户的借方本期发生额合计数与贷方本期发生额合计数必然相等,其用公式表示为:

全部账户借方发生额合计＝全部账户贷方发生额合计

以上公式称为发生额试算平衡公式，由于发生额属于动态的会计指标，因此，它又称为动态平衡公式。

此外，根据借贷记账法下的账户结构，只有资产类账户才有借方余额，所以全部总分类账户借方余额的合计数就表示全部资产总额，而只有负债类账户和所有者权益账户存在着贷方余额，因此全部总分类账户的贷方余额合计数就表示企业的负债和所有者权益总计，根据"资产＝负债＋所有者权益"的会计等式，资产总额等于负债加所有者权益之和，所以所有账户的借方余额合计与所有账户的贷方余额合计也必然相等。其用公式表示为：

全部账户期初借方余额合计＝全部账户期初贷方余额合计

全部账户期末借方余额合计＝全部账户期末贷方余额合计

以上公式称为余额试算平衡公式，由于余额是某一时点的静态会计指标，因此，它又称为静态平衡公式。

但是，在运用借贷记账法对经济业务进行记录的过程中，难免会发生各种记账错误，如会计分录编制错误，金额记录错误等，从而破坏了上述的各种平衡关系。为了及时发现账户记录中的错误，保证会计核算资料的正确性，需要定期对账户的发生额及余额做是否保持以上平衡关系的验算，即进行试算平衡。

编制试算平衡表时要遵循如下步骤：

第一，编制试算平衡表的框架(要具备"会计科目"、"期初借方余额"、"期初贷方余额"、"本期借方发生额"、"本期贷方发生额"、"期末借方余额"和"期末贷方余额"7 个专栏)，将会计科目及期初余额过入试算平衡表；

第二，利用 T 型账户汇总各会计科目的发生额；

第三，将汇总后的结果过入试算平衡表进行计算。

总账科目试算平衡表是借贷记账法最重要的试算平衡工具，它是将该企业的全部会计账户分别通过汇总计算后，以确定账簿记录的正确性。其格式见表 3－23。

表 3－23　总分类账户发生额及余额试算平衡表

会计科目	期初余额		本期发生额		期末余额	
	借方	贷方	借方	贷方	借方	贷方
库存现金						
银行存款						
⋮						
合　计	A1	A2	B1	B2	C1	C2

经过计算后，如果总分类账户本期发生额及余额表中的"期初借方余额"(A1)与"期初贷方余额"(A2)相等、"本期借方发生额"(B1)与"本期贷方发生额"(B2)相等、"期末借方余额"(C1)和"期末贷方余额"(C2)相等，说明过账基本正确；反之，说明存在着账簿登记错误。

通过总分类账户试算平衡表来试算，如果上述 3 对汇总数据相等，说明记账基本正确，但不是绝对正确，因为有些错误并不能通过试算平衡表检查出来，这些错误主要包括：

(1) 漏记或重记某项业务；

(2) 一笔经济业务的借贷双方在编制会计分录时,金额上发生同样的错误;

(3) 一笔业务在编制会计分录时,应借、应贷的账户颠倒或用错了账户;

(4) 一笔业务在过账时记账方向相反登录,或账户登记错误,或将借、贷方金额同时多记或少记;

(5) 两笔或多笔经济业务金额登记错误,但借方金额合计正好等于贷方金额合计,或恰好相互抵消。

对于这些记账错误,通过编制总分类账户本期发生额及余额表无法甄别,需要通过其他方法来进一步检查。

【例3-3】 已知宏伟公司2×12年10月1日的账户期初余额如表3-24所示:

表3-24 账户的期初余额

元

资　产	期初余额	负债及所有者权益	期初余额
库存现金	2 000	应付账款	40 000
银行存款	200 000	应交税费	26 000
应收账款	44 000	长期借款	190 000
原材料	50 000	实收资本	500 000
库存商品	60 000		
固定资产	400 000		
合　计	756 000	合　计	756 000

该公司本月发生如下经济业务:

(1) 投资人投入设备一台,双方评估价为100 000元,设备已交付使用。

企业收到投资者投入设备,一方面使固定资产增加,记入"固定资产"账户的借方;另一方面,投资者投入企业资本增加,记入"实收资本"账户的贷方,编制的会计分录如下:

借:固定资产　　　　100 000

　　贷:实收资本　　　　100 000

(2) 以银行存款购入原材料一批,计30 000元,材料已入库。

以银行存款购入原材料,一方面使企业的原材料增加,记入"原材料"账户的借方;另一方面使企业银行存款减少,记入"银行存款"账户的贷方,编制会计分录如下:

借:原材料　　　　30 000

　　贷:银行存款　　　　30 000

(3) 从银行提取现金10 000元。

从银行提取现金,一方面使库存现金增加,记入"库存现金"账户的借方;另一方面使银行存款减少,记入"银行存款"账户的贷方,编制会计分录如下:

借:库存现金　　　　10 000

　　贷:银行存款　　　　10 000

(4) 职工预借差旅费5 000元。

企业职工从企业借款,一方面使企业应从职工收回的款项增加,记入"其他应收款"账户的借方;另一方面使企业库存现金减少,记入"库存现金"账户的贷方,编制如下会计分录:

借:其他应收款　　　　　　　　　　　　　　5 000

　　贷:库存现金　　　　　　　　　　　　　　　5 000

(5) 以银行存款偿还所欠供货单位材料款 40 000 元。

企业偿还前欠购料款,一方面使应付账款这项负债减少,记入"应付账款"账户的借方;另一方面使企业银行存款减少,记入"银行存款"账户的贷方,编制如下会计分录:

借:应付账款　　　　　　　　　　　　　　40 000

　　贷:银行存款　　　　　　　　　　　　　　　40 000

(6) 以银行存款缴纳税金 26 000 元。

以银行存款缴纳相关税费,一方面使应交税费这项负债减少,记入"应交税费"账户的借方;另一方面使企业银行借款减少,记入"银行存款"账户的贷方,编制如下会计分录:

借:应交税费　　　　　　　　　　　　　　26 000

　　贷:银行存款　　　　　　　　　　　　　　　26 000

(7) 收到购货单位偿还前欠货款 24 000 元。

收到客户偿还前欠款项,一方面使企业银行存款增加,记入"银行存款"账户的借方;另一方面使应收账款减少,记入"应收账款"账户的贷方,编制如下会计分录:

借:银行存款　　　　　　　　　　　　　　24 000

　　贷:应收账款　　　　　　　　　　　　　　　24 000

(8) 以存款归还到期长期借款 100 000 元。

以存款归还到期长期借款,一方面使企业长期借款减少,记入"长期借款"账户的借方;另一方面使银行存款减少,记入"银行存款"账户的贷方,编制如下会计分录:

借:长期借款　　　　　　　　　　　　　　100 000

　　贷:银行存款　　　　　　　　　　　　　　　100 000

根据上述经济业务的资料及会计分录过账,在有关账户中进行登记,并结算出每个账户的本期发生额合计数和期末余额,如下表 3-25 所示:

表 3-25　有关账户的登记结果

银行存款

借方		贷方	
期初余额	200 000		
(7)	24 000	(2)	30 000
		(3)	10 000
		(5)	40 000
		(6)	26 000
		(8)	100 000
本期借方发生额	24 000	本期贷方发生额	206 000
期末余额	18 000		

库存现金

借方		贷方	
期初余额	2 000		
(3)	10 000	(4)	5 000
本期借方发生额	10 000	本期贷方发生额	5 000
期末余额	7 000		

应收账款

借方		贷方	
期初余额	44 000		
		(7)	24 000
		本期贷方发生额	24 000
期末余额	20 000		

其他应收款

借方		贷方	
期初余额	0		
(4)	5 000		
本期借方发生额	5 000		
期末余额	5 000		

原材料

借方		贷方	
期初余额	50 000		
(2)	30 000		
本期借方发生额	30 000		
期末余额	80 000		

库存商品

借方		贷方	
期初余额	60 000		

固定资产

借方		贷方	
期初余额	400 000		
(1)	100 000		
本期借方发生额	100 000		
期末余额	500 000		

应付账款

借方		贷方	
		期初余额	40 000
(5)	40 000		
本期借方发生额	40 000		

应交税费

借方		贷方	
		期初余额	26 000
(6)	26 000		
本期借方发生额	26 000		

长期借款

借方		贷方	
		期初余额	190 000
(8)	100 000		
本期借方发生额	100 000		
		期末余额	90 000

实收资本

借方		贷方	
		期初余额	500 000
		(1)	100 000
		本期贷方发生额	100 000
		期末余额	600 000

根据账簿记录,编制总分类账户试算平衡表进行试算平衡,如表 3-26 所示。

表 3-26 总分类账户试算平衡表

2×12 年 10 月 30 日 元

会计科目	期初余额		本期发生额		期末余额	
	借方	贷方	借方	贷方	借方	贷方
库存现金	2 000		10 000	5 000	7 000	
银行存款	200 000		24 000	206 000	18 000	
应收账款	44 000			24 000	20 000	
其他应收款			5 000		5 000	
原材料	50 000		30 000		80 000	
库存商品	60 000				60 000	
固定资产	400 000		100 000		500 000	
应付账款		40 000	40 000			
应交税费		26 000	26 000			
长期借款		190 000	100 000			90 000
实收资本		500 000		100 000		600 000
合　计	756 000	756 000	335 000	335 000	690 000	690 000

五、总分类账户与明细分类账户的平行登记

(一) 总分类账户与明细分类账户

为了满足企业经济管理的需要，在会计核算中，对于发生的所有经济业务都要在有关账户中进行登记，进行总分类核算和明细分类核算，以便提供总括和详细的数据核算资料。企业日常设置的账户，按其提供数据的详细程度及其统驭关系不同，可以分为总分类账户和明细分类账户。

总分类账户又称为一级账户、总账账户，简称总账，是指按照总分类会计科目(一级科目)开设的账户，用来反映某一类经济业务的总括资料，如"银行存款"、"固定资产"、"实收资本"等账户。

明细分类账户又称为明细账户，是指按照明细科目开设的，用来反映某一类经济业务详细资料的账户，简称明细账。比如，在"应收账款"总账账户下，可以按照购货单位的名称分别设置明细分类账户，以提供应收每一客户货款增减变动的详细资料。

设置总账账户和明细账户，提供不同详细程度的会计核算资料，主要是为了满足经营管理的需要。明细分类账户是在总分类账户的基础上，进一步按照更加详细的内容设置的账户，所以明细分类账户所提供的资料比较具体，它对总分类账户的资料起到具体的补充说明作用；总分类账户是按照会计要素具体内容设置的账户，提供的资料比较概括，它对明细分类账户起到控制和统驭的作用。在会计核算中，某一总分类账户及其所属明细分类账户的核算对象是相同的，所提供的核算数据是互相补充的。

在会计实务中，有时会在总分类账户和明细分类账户之间再增设二级账户，如流通企业的

库存商品在反映商品品种资料的基础上，按照商品大类来反映某一大类商品的经营数据。二级账户所提供的资料比总分类账户提供的资料要具体，但比明细账户提供的资料要概括，它是介于总分类账户和明细分类账户之间的账户。

(二) 总分类账户与明细分类账户的平行登记

由于总分类账户及其所属的明细分类账户所反映的经济内容是相同的，只是详略程度不同。根据二者的关系，为了便于对账户记录进行核对，保证账户记录的正确性和完整性，满足企业对总括会计信息和详细会计信息的需求，总分类账户与其明细分类账户必须进行平行登记。

所谓平行登记，是指对所发生的每一项经济业务都要以会计凭证为依据，一方面要记入有关总分类账户，另一方面也要记入有关总分类账户所属的明细分类账户的方法。为了保证二者提供资料的一致性，平行登记法的主要要点如下：

(1) 同依据登记。这是指总分类账户和所属的明细分类账户要同时反映同一笔经济业务，登账所依据的原始凭证必须是相同的。

(2) 同期间登记。一笔业务在登记到总分类账户的同时，在同一会计期间内(并非是指同一天)要在该总账账户所属的明细分类账户中进行登记。

(3) 同方向登记。如果在总分类账户的借方登记，也应在相应的明细分类账户的借方登记，如果在总分类账户的贷方登记，也应在明细分类账户的贷方登记，登记到总分类账户的方向应与登记到明细分类账户的借、贷方向相同。

(4) 等金额登记。一笔经济业务发生后，登记到总分类账户的金额应与登记到明细分类账户的金额相等，如果涉及多个明细分类账户，由各明细分类账户的金额合计数应等于总分类账户的金额。即总分类账户本期发生额与其所属的明细分类账户本期发生额合计数相等；总分类账户期初余额与其所属的明细分类账户期初余额合计数相等；总分类账户期末余额与其所属的明细分类账户期末余额合计数相等。

【例3-4】 已知宏伟公司2×12年10月1日的“应付账款”总账账户余额为86 000元，为企业应付其他公司的货款，其所属明细分类账户为新化工厂60 000元、瑞金工厂26 000元。

该公司本月发生的与应付账款相关的经济业务及会计分录如下(不考虑相关税费)：

(1) 3日，赊购新华工厂原材料100 000元，材料已入库。

借：原材料　　100 000

　　贷：应付账款——新华工厂　　100 000

(2) 10日，赊购瑞金工厂原材料50 000元，材料已入库。

借：原材料　　50 000

　　贷：应付账款——瑞金工厂　　50 000

(3) 15日，转账支付到期前欠新化工厂货款60 000元。

借：应付账款——新华工厂　　60 000

　　贷：银行存款　　60 000

(4) 23日，偿还到期前欠瑞金工厂货款26 000元。

借：应付账款——瑞金工厂　　26 000

　　贷：银行存款　　26 000

根据以上资料采用平行登记的方法，登记“应付账款”账户及其所属明细分类账户如下表3-27所示：

表 3-27　"应付账款"总分类账户及其所属明细分类账户的登记结果

应付账款

借方		贷方	
		期初余额	86 000
(3)	60 000	(1)	100 000
(4)	26 000	(2)	50 000
本期借方发生额	86 000	本期贷方发生额	150 000
		期末余额	150 000

应付账款——新华厂

借方		贷方	
		期初余额	60 000
(3)	60 000	(1)	100 000
本期借方发生额	60 000	本期贷方发生额	100 000
		期末余额	100 000

应付账款——瑞金厂

借方		贷方	
		期初余额	26 000
(4)	26 000	(2)	50 000
本期借方发生额	26 000	本期贷方发生额	50 000
		期末余额	50 000

(三) 总分类账与明细分类账平行登记的核对

为了保证账户记录的正确性,应经常将总分类账户和明细分类账户的记录进行核对,保持账账相符。核对的一般方法是先编制有关明细分类账户本期发生额及余额表,然后再将其与总分类账户核对。

总分类账户与其所属明细分类账户本期发生额及余额之间应有以下 4 个等式成立:

总分类账户期初借方(贷方)余额＝所属明细分类账户期初借方(贷方)余额之和

总分类账户本期借方发生额＝所属明细分类账户本期借方发生额之和

总分类账户本期贷方发生额＝所属明细分类账户本期贷方发生额之和

总分类账户期末借方(贷方)余额＝所属明细分类账户期末借方(贷方)余额之和

【例 3-5】　承例 3-4,根据宏伟公司"应付账款"总账账户及其明细分类账户的资料,编制明细分类账户本期发生额及余额表如表 3-28 所示。

表 3-28　"应付账款"明细分类账户本期发生额及余额表

2×12 年 10 月 31 日　　元

明细分类账户	期初余额	本期发生额		期末余额
		借方	贷方	
新化工厂	60 000	60 000	100 000	100 000
瑞金工厂	26 000	26 000	50 000	50 000
合　计	86 000	86 000	150 000	150 000

由上述计算可以发现,"应付账款"总账账户的两个明细分类账户金额合计后,期初余额合计等于其总账科目的期初余额,两个明细账本期借方发生额合计数等于总账科目借方发生额,两个明细账户贷方发生额合计数等于总账科目的贷方发生额,两个明细分类账户的期末余额合计数等于总账科目的期末余额,所以是按照平行登记的要求对总账和明细账进行了登记。

习　题

一、填空题

1. 账户是根据________开设的,具有一定的________,用来________、________、________地记录各项经济业务所引起的________增减变动过程和结果的________。

2. 借贷记账法下,账户的左边金额记录栏称为________,右边金额记录栏称为________。账户中借、贷方记录的反映经济业务所引起的该科目增减变化的金额称为________,其中记入借方的称为__________,记入贷方的称为________。本期发生额是一定会计期间该账户借方或贷方________的合计数。

3. 借贷记账法下,账户的哪一方登记增加额,哪一方登记减少额,是由账户的________决定的。资产账户的借方表示资产的________,贷方表示资产的________;负债及所有者权益账户的借方表示负债及所有者权益的________,贷方表示负债及所有者权益的________。

4. 借贷记账法下,成本类账户用来登记成本增加的一方是________,费用类账户用来登记费用增加的一方是________,收入类账户用来登记收入增加的一方是________。

5. 资产类账户的期末余额=________+本期________-本期________;负债及所有者权益类账户的期末余额=________+本期________-本期________。

6. 根据对每笔经济业务记录方式的不同,记账方法可分为________和________两类。

7. 复式记账是指对任何一笔经济业务都必须________在__________的有关账户中进行________地登记的记账方法。

8. 借贷记账法是以________为记账符号,根据__________的记账规则,对每一笔经济业务,同时在两个或两个以上的有关账户中以借贷相等的金额进行相互联系地登记的________记账方法。

9. 借贷记账法下,每一项经济业务都要在两个或两个以上的账户中进行登记,由此在账户中形成的应借应贷关系称为________,有这种对应关系的账户互相称为________。

10. 在会计分录中,凡涉及两个账户的分录为________,涉及________或________账户的分录称为________。

11. 账户按其提供资料的详细程度可分为________和________两类。

12. ________就是指对所发生的每一项经济业务都要以会计凭证为依据,一方面要记入有关________,另一方面也要记入有关总分类账户所属的________的方法。

二、单项选择题

1. 会计科目是(　　)的名称。

　A. 会计要素　　B. 会计账户　　C. 会计账簿　　D. 会计报表

2. 下列账户中,借方用来登记增加额的是(　　)。

　A. 实收资本　　B. 应付票据　　C. 应收账款　　D. 应付账款

3. 下列账户中,借方用来登记增加额的是(　　)。

　A. 生产成本　　B. 应交税费　　C. 资本公积　　D. 主营业务收入

4. 下列账户中,借方用来登记减少额的是(　　)。

　A. 其他应收款　　B. 其他应付款　　C. 制造费用　　D. 营业外支出

5. 下列账户中，与资产账户结构相同或类似的是(　　)。

A. 负债　　B. 所有者权益　　C. 费用　　D. 收入

6. 下列账户中，与所有者权益账户结构相同或类似的是(　　)。

A. 资产　　B. 成本　　C. 收入　　D. 费用

7. 借贷记账法下，账户的哪一方登记增加数，哪一方登记减少数，是由(　　)决定的。

A. 账户的类别　　B. 账户的性质　　C. 账户的结构　　D. 账户的余额方向

8. 借贷记账法下，资产、负债和所有者权益账户在一定时期内借方发生额和贷方发生额应该(　　)。

A. 相同　　B. 肯定不相同　　C. 一般不相同　　D. 无法确定

9. 采用借贷记账法记录经济业务时，会在有关账户中形成(　　)。

A. 从属关系　　B. 对应关系　　C. 平行关系　　D. 统驭与被统驭关系

10. 下列会计分录中，属于简单会计分录的是(　　)的会计分录。

A. 一借一贷　　B. 一借多贷　　C. 一贷多借　　D. 多借多贷

11. 借贷记账法下，总分类账户的发生额试算平衡是依据(　　)确定的。

A. 会计恒等式　　B. 借贷记账法的记账规则

C. 账户的性质　　D. 经济业务的内容

12. 借贷记账法下，总分类账户的余额试算平衡公式的理论依据是(　　)。

A. 会计恒等式　　B. 借贷记账法的记账规则

C. 账户的性质　　D. 经济业务的内容

三、多项选择题

1. 下列账户中，与资产类账户结构相同或类似的有(　　)。

A. 负债　　B. 所有者权益

C. 成本　　D. 收入

E. 费用

2. 下列账户中，与“应收账款”账户性质相同的有(　　)。

A. 累计折旧　　B. 应付账款

C. 利润分配　　D. 坏账准备

E. 固定资产

3. 下列账户中，与“应付账款”账户性质相同的有(　　)。

A. 累计折旧　　B. 应付利润

C. 固定资产　　D. 长期借款

E. 本年利润

4. 下列账户中，与负债类账户结构相同或类似的有(　　)。

A. 资产　　B. 所有者权益

C. 收入　　D. 成本

E. 费用

5. 下列账户中，借方用来登记增加额的有(　　)。

A. 应收账款　　B. 累计折旧

C. 固定资产　　D. 应付票据

E. 实收资本

6. 以下关于借贷记账法的表述中,正确的有(　　)。

A. 是一种复式记账法

B. 以“借”和“贷”为记账符号

C. 以“有借必有贷、借贷必相等”为记账规则

D. 可以通过试算平衡发现所有记账错误

E. 是一种单式记账法

7. 借贷记账法下,总分类账户的试算平衡公式包括(　　)。

A. 全部账户期初借方余额合计=全部账户期初贷方余额合计

B. 期末借方余额=期初借方余额+本期借方发生额-本期贷方发生额

C. 期末贷方余额=期初贷方余额+本期贷方发生额-本期借方发生额

D. 全部账户本期借方发生额合计=全部账户本期贷方发生额合计

E. 全部账户期末借方余额合计=全部账户期末贷方余额合计

8. 下列记账错误中,不能通过试算平衡发现的有(　　)。

A. 重记经济业务　　B. 漏记经济业务

C. 会计分录记错应借应贷科目　　D. 会计分录漏记借方科目

E. 会计分录中借、贷方同时多记相同金额

9. 借贷记账法中允许编制的会计分录有(　　)。

A. 一借一贷　　B. 一借多贷

C. 一贷多借　　D. 多借多贷

E. 只借不贷

10. 总分类账户和明细分类账户平行登记的内容可以概括为(　　)。

A. 记账原理相同　　B. 记账依据相同

C. 同时登记　　D. 同方向登记

E. 等金额登记

四、判断题

1. 企业的会计账户可以根据自身的业务特点自行设定。(　　)

2. 所有的总分类账户都必须下设明细分类账户。(　　)

3. 会计账户的设置必须全面涵盖会计对象,各账户的核算内容可以相互交叉。(　　)

4. 会计账户按其所反映的经济内容划分的类别,与相同名称会计要素所反映的内容是相同的。(　　)

5. “生产成本”账户反映的是正在加工中的在产品的实际生产成本,属于资产类账户。(　　)

6. 一般来说,账户的余额应在其登记增加额的一方。(　　)

7. 账户是按照规定的会计科目设置的,会计科目是账户的名称。(　　)

8. 在借贷记账法下,账户中登记增加额的一方为借方,登记减少额的一方为贷方。(　　)

9. 若会计期末总分类账户的发生额和余额试算平衡,则说明账簿记录是正确的。(　　)

10. 任何一笔复合会计分录都可以分解成若干笔简单会计分录。(　　)

11. 总分类账户和明细分类账户是对同一核算内容从不同详细程度进行反映,所以相互之

间存在统驭和被统驭关系。（　　）

12. 某总分类账户的余额在借方，其所属的明细分类账户的余额也全部在借方。（　　）

五、综合业务题

1. 根据各类账户结构的要求，将下表 3－29 中"?"处的数据填齐。

表 3－29　各类账户的数据

元

账户名称	期初余额	本期借方发生额	本期贷方发生额	期末余额
应收账款	20 000	56 900	43 800	?
短期借款	50 000	?	40 000	60 000
盈余公积	40 000	25 400	?	48 300
原材料	60 000	?	127 600	85 000
生产成本	?	234 100	218 600	65 000
库存商品	13 420	178 290	152 100	?
应付账款	7 890	?	41 320	5 800
应交税费	23 100	45 600	?	25 000
固定资产	?	879 000	100 000	1 521 000
主营业务收入		?	654 000	
营业税金及附加		?	23 100	
管理费用		34 500	?	
财务费用		19 800	?	

2. 根据各账户的结构，将下表 3－30 中 T 型账户中（　　）处的数据填写完整。

表 3－30　T 型账户

库存现金

借		贷	
期初余额	1 240		
(1)	600	(3)	800
(2)	1 500		
本期借方发生额	（　　）	本期贷方发生额	（　　）
期末余额	（　　）		

应收账款

借		贷	
期初余额	56 780		
(2)	12 600	(1)	23 800
(3)	（　　）		
本期借方发生额	34 500	本期贷方发生额	（　　）
期末余额	（　　）		

销售费用

借		贷	
(1)	15 000	(4)	（　　）
(2)	50 000		
(3)	60 000		
本期借方发生额	（　　）	本期贷方发生额	（　　）

3. 江山公司期初有关账户的余额如下表3-31所示：

表3-31　江山公司期初有关账户的余额

万元

会计科目	金　额	会计科目	金　额
库存现金	1.7	短期借款	50
银行存款	250	应付账款	260
应收账款	54	应付职工薪酬	10.7
原材料	120	应交税费	5
生产成本	65	长期借款	300
库存商品	185	实收资本	500
固定资产	650	盈余公积	200
资产总计	1 325.7	负债及所有者权益总计	1 325.7

本月发生如下经济业务：

(1) 接受投资者投入资本50万元，存入银行。

(2) 经批准，将盈余公积100万元转为资本金。

(3) 以银行存款支付广告费8万元。

(4) 以银行存款缴纳前期税款5万元。

(5) 以银行存款50万元购买机器设备，交付使用。

(6) 以银行存款偿还到期的短期借款30万元。

(7) 收回外单位原欠的销货款34万元，存入银行。

(8) 职工预借差旅费0.5万元，以现金支付。

(9) 从银行提取1万元现金备用。

(10) 以银行存款支付职工工资10.7万元。

要求：

(1) 根据上述资料，编制相应的会计分录。

(2) 开设T型账户，登记期初余额资料。

(3) 根据会计分录登录有关T型账户，并结算出本期发生额和期末余额。

(4) 编制总分类账户试算平衡表。

4. 某公司5月1日"其他应收款"账户及其所属明细账户资料如下：

其他应收款	金额	备注
徐亮	8 000	预借出差广州差旅费
陈浩	5 000	预借出差郑州差旅费
合　计	13 000	

5月份，该厂发生下列相关经济业务：

(1) 陈浩报销出差郑州差旅费4 800元，交回现金200元。

(2) 陈浩出差上海，预借差旅费6 000元。

(3) 徐亮报销出差广州差旅费 8 300 元,补付现金 300 元。

(4) 陈浩、徐亮出差北京,各借差旅费 5 000 元。

(5) 陈浩报销出差上海、北京差旅费共 9 800 元,交回现金 1 200 元。

(6) 徐亮出差杭州,预借差旅费 4 000 元。

要求:

(1) 开设"其他应收款"T 型总分类账户和相关明细分类账户,并登记期初余额资料;

(2) 根据 5 月份发生的经济业务编制相关的会计分录,并按照平行登记的方法过入已开设的 T 型账户中;

(3) 计算出有关 T 型账户的本期发生额和期末余额;

(4) 编制"其他应收款"明细分类账户本期发生额及余额表,并进行试算平衡。

第四章　企业基本经济业务的核算

由于工业企业的生产经营活动复杂，涉及的环节多，本章将以工业企业的基本经济业务为例，阐述账户和借贷记账法的应用。

工业企业是从事商品生产和经营，并通过经营活动取得利润的单位。

企业要开展经营活动完成经营目标，就需要从各种渠道筹集一定的资金。投资者投入的资本金是一个重要的资金来源，另外，企业还可以通过负债方式向债权人借入资金。这些资金进入企业后，会随着企业经营过程的开展和经济业务的发生，转换其占用形态。

工业企业的经营过程包括供应过程、生产过程和销售过程，企业的经营资金，依次顺序经过这三个过程不断地循环和周转，如图 4－1 所示。而会计核算就是要反映、监督经营资金的循环和周转，以及其保值和增值情况。

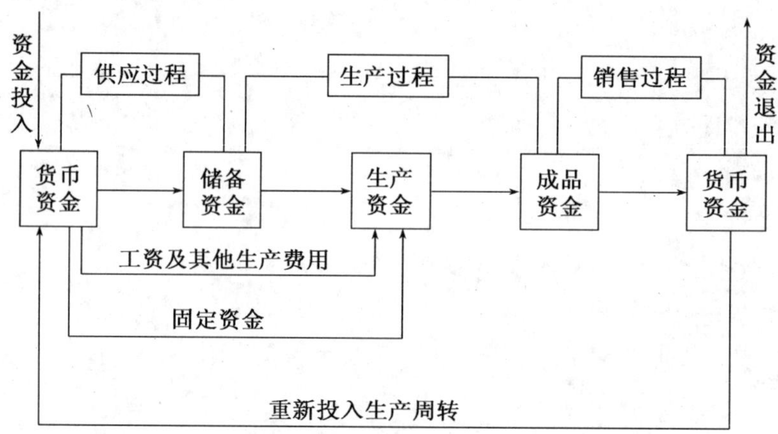

图 4－1　企业的生产过程与资金循环

在供应过程，企业要购置生产所需的机器设备，以及为生产采购准备各种材料，企业经营资金由货币资金转化成储备资金。其主要的经济业务是固定资产购建，材料采购成本的计算和结转，以及由此产生的相关账款的结算。

在生产过程，企业为制造产品会发生各种耗费，在供应过程采购的原材料随着生产的领用，由材料储备资金变成生产资金，固定资产随着在生产中的损耗，以折旧的形式逐渐变成生产资金；生产工人在生产中的活劳动形成了工资及福利费等人工费；生产车间为管理和组织生产而发生各种间接耗费。最终经过生产制造过程，形成产成品，生产资金转化为成品资金。其主要的经济业务是生产制造过程中发生的各种费用的归集和分配，以及产品生产成本的计算和结转。

在销售过程，企业销售产品，收回货款，一方面，企业产品的生产成本等形成了产品的销售成本，在销售中发生的各种耗费形成销售费用；另一方面，取得了销售收入，企业的销售成本和销售费用得到了补偿，其超出部分则形成了企业的利润。企业的产品资金转化为货币资金，实现了经营资金的保值和增值。其主要的经济业务为产品销售收入及销售成本的确认，以及由此形成的销售账款的结算，并在此基础上确定利润，按规定的办法和分配顺序进行利润的分配。

第一节　资金投入和退出业务的核算

【学习目标】

1. 理解资金投入和退出业务核算所涉及的账户的结构。
2. 掌握资金投入和退出业务核算的账务处理。
3. 会熟练运用借贷记账法进行资金投入业务的账务处理。
4. 能熟练运用借贷记账法进行资金退出业务的账务处理。

【重点难点】

1. 重点：资金投入和资金退出业务的核算。
2. 难点："资本公积"账户的结构；接受超额投资的账务处理。

每个企业从事生产经营活动都必须拥有一定数量的资金，它是企业进行生产经营活动的物质基础。工业企业的资金投入主要包括投资者投入的资本金，以及通过负债方式向债权人借入资金两种渠道。而上缴税费、向投资者支付利润、偿还各项到期债务等业务，会导致经营资金退出企业。

一、资金投入和退出业务核算设置的账户

为了反映投资者投入企业的资本金，以及债务的借入及偿还情况，企业应设置以下账户：

（一）"实收资本"账户

它根据所有者权益类"实收资本"科目设置，用以核算投资者投入资本的增减变动情况及其结果。当收到投资者投入的实收资本时，记入该账户的贷方；投资者按相关规定履行相关手续后收回投资时，记入该账户的借方；该账户的期末余额在贷方，表示期末所有者投资的实有数额。该账户应按投资者的名称设置明细分类账户进行明细分类核算。如果为股份公司，"实收资本"账户应改为"股本"账户。

（二）"资本公积"账户

它根据所有者权益类"资本公积"科目设置，用以核算企业资本公积的增减变动及其结果。当收到投资者超出其在企业注册资本（或股本）中所占份额的投资，以及其他原因导致资本公积增加时，计入该账户的贷方；当按规定将资本公积转增资本，以及其他原因导致资本公积减少时，计入该账户的借方；该账户的期末余额在贷方，表示企业期末实有的资本公积数额。该账户应设置"资本溢价（或股本溢价）"等明细分类账户进行明细核算。

（三）"短期借款"、"长期借款"账户

它们分别根据负债类"短期借款"及"长期借款"科目设置，用以核算企业向银行或其他金融机构等借入的各种借款，其中借款期限在1年以下（含1年）的为短期借款，借款期限在1年以上的为长期借款。企业借入的各种借款，记入该账户的贷方；归还借款时，记入该账户的借方；该账户的期末余额在贷方，表示企业尚未偿还的各项借款。

(四)"应交税费"账户

它根据负债类"应交税费"科目设置,用以核算企业按照税法等规定计算应缴纳的各种税费。企业按照税法等规定计算出应缴的各项税费,记入该账户的贷方;企业实际缴纳的各项税费,记入该账户的借方。该账户的期末余额一般在贷方,反映企业尚未缴纳的税费;期末余额若在借方,反映企业多缴或尚未抵扣的税费。该账户应按应交税费的种类设置明细分类账户进行明细分类核算。

(五)"应付股利"账户

它根据负债类"应付股利"科目设置,用以核算企业分配的现金股利或利润。企业根据股东大会或类似机构审议批准的利润分配方案,按应支付的现金股利或利润,记入该账户的贷方;实际支付的现金股利或利润,记入该账户的借方;该账户的期末余额在贷方,反映企业应付未付的现金股利或利润。该账户应按投资者设置明细分类账户进行明细分类核算。

(六)"应付利息"账户

它根据负债类"应付利息"科目设置,用以核算企业向银行等金融机构借款或发行公司债券等应付而未付的利息。其贷方登记期末计提计入各成本费用的利息额;其借方登记实际支付的利息;该账户的期末余额在贷方,表示应付未付的利息。该账户应按债权人设置明细分类账户进行明细分类核算。

二、资金投入业务的核算

(一)投入资本

资本是投资者为开展生产经营活动而投入的资金。会计上的资本专指所有者投入的资本,我国《公司法》规定,股东可以货币资金、实物资产和无形资产等形式进行投资。

为了反映和监督投资者投入资本的增减变动情况,除股份有限公司外,其他各类企业应通过"实收资本"科目核算,股份有限公司应通过"股本"科目核算。实收资本(或股本)的构成比例或股东的股份比例,是确定所有者在企业所有者权益中份额的基础,也是企业进行利润或股利分配的主要依据。

对于一般企业(如有限责任公司等),在企业最初创立时,投资者认缴的出资额与注册资本一致,一般不会产生资本溢价。但企业经营一段时间后,若有新的投资者加入时,常常会出现资本溢价。

1. 接受现金资产投资

(1)有限责任公司在最初创立时接受现金资产投资,应该按照实际收到或者存入企业开户银行的金额借记"银行存款"科目;贷记"实收资本"科目。

【例4-1】 甲、乙两位投资者各投资2 000 000元设立朝阳有限责任公司(以下简称朝阳公司),注册资本为4 000 000元,甲、乙投资比例各为50%。该投资已全部存入银行。

这是一笔接受投资者投资的业务,摘要为:接受投资者投入货币资金。此项经济业务一方面使企业银行存款增加,应借记"银行存款"科目;另一方面,收到了投资者投入的货币资金,投资者投入的实收资本增加,应贷记"实收资本"科目。根据银行存款收款凭证和投资合同或协议证明编制会计分录如下:

借:银行存款　　　　4 000 000

　　贷:实收资本——甲　　　　2 000 000

——乙　　　　2 000 000

（2）有限责任公司在以后经营期间若有新投资者加入，应按照实际收到或者存入企业开户银行的金额借记“银行存款”科目；按照双方约定的份额贷记“实收资本”科目，两者之间的差额应当计入“资本公积——资本溢价”科目。

【例4-2】 上述朝阳公司在经过3年的经营后，丙投资者愿意投资该公司，为获得1/3与甲、乙两位投资者相同的投资比例，丙愿意出2 500 000元。

这是一笔接受投资者投资的业务，摘要为：接受投资者投入银行存款。此项经济业务一方面使企业银行存款增加，应借记“银行存款”科目；另一方面，收到了投资者投入的货币资金，投资者投入的实收资本增加，应按照丙投资者在该公司中的投资份额，贷记“实收资本”科目。对于实际收到的款项大于计入实收资本的部分，应贷记“资本公积”科目。根据银行存款收款凭证和投资合同或协议证明编制会计分录如下：

借：银行存款　　　　2 500 000

　贷：实收资本——丙　　　　2 000 000

　　资本公积——资本溢价　　　　500 000

2.接受非现金资产投资

企业接受以固定资产、原材料、无形资产等方式投入的资本，应按照投资合同或协议约定价值确认接受的非现金资产的价值（投资合同或协议约定价值不公允的除外），并确定在注册资本中应该享受的份额。借记相应的资产类科目，按照应享有的份额贷记“实收资本”或“股本”科目，两者之间的差额记入“资本公积——资本（股本）溢价”科目。

【例4-3】 朝阳有限责任公司收到A公司投入机器设备一台，原值500 000元，已提折旧200 000元，投资协议作价280 000元（假设不产生溢价），该设备已运达并办理了财产移交手续。

这是一笔接受投资者投资的业务，摘要为：接受投资者投入固定资产。此项经济业务一方面使得企业固定资产增加，应按固定资产的成本借记“固定资产”科目；另一方面，收到了A公司投入的实物资产，投资者投入的实收资本增加，应贷记“实收资本”科目。而投资者投入的固定资产的成本，应当按照投资合同或协议约定的价值确定。根据有关资产评估报告、固定资产验收单和投资合同或协议证明编制会计分录如下：

借：固定资产　　　　280 000

　贷：实收资本——A公司　　　　280 000

【例4-4】 朝阳有限责任公司收到B公司投入专利权一项，投资协议作价150 000元（假设不产生溢价）。

这是一笔接受投资者投资的业务，摘要为：接受投资者投入无形资产。此项经济业务一方面使得企业无形资产增加，应按无形资产的成本借记“无形资产”科目；另一方面，收到了丙公司投入的无形资产，投资者投入的实收资本增加，应贷记“实收资本”科目。投资者投入的无形资产的成本，应当按照投资合同或协议约定的价值确定。根据有关资产评估报告、投资合同或协议证明编制会计分录如下：

借：无形资产　　　　150 000

贷:实收资本——B公司　　150 000

(二) 借款

借款是指企业向银行等金融机构以及其他单位借入的资金。按照偿还期限的长短,借款可分为短期借款和长期借款。

1. 短期借款

短期借款是指企业用来维持正常的生产经营所需资金而向银行或其他金融机构等外单位借入的、还款期限在1年或超过1年的一个经营周期内的各种借款。企业应设置"短期借款"科目来核算短期借款的取得、偿还情况。

【例4-5】 朝阳公司因生产经营的临时需要,2×12年12月1日向银行借入短期借款500 000元,期限3个月,年利率4.8%,按季支付利息。

这是一笔借款业务,摘要为:借入短期借款。根据相关规定,企业向银行借入的贷款,应先转入企业在贷款银行开立的账户后再支用,因而,此项经济业务一方面使得企业银行存款增加,应借记"银行存款"科目;另一方面,企业向银行借入的期限在1年以下的借款增加,应贷记"短期借款"科目。根据借款凭证收账通知编制会计分录如下:

借:银行存款　　500 000

　贷:短期借款　　500 000

2. 长期借款

长期借款是指企业从银行或其他金融机构借入的偿还期限在1年以上的债务。

企业发生的借款费用,有两种方法可供选择,一是可直接归属于符合资本化条件的资产的购建或者生产的,应当予以资本化,计入相关资产成本;二是其他借款费用,应当在发生时直接计入当期损益。

【例4-6】 朝阳公司2×10年12月1日借入期限为两年的流动资金借款1 000 000元,款项已存入银行,借款利率为6%,利息每年支付一次,本金到期归还。

这是一笔借款业务,摘要为:借入长期借款。此项经济业务一方面使企业银行存款增加,应借记"银行存款"科目;另一方面,企业向银行借入的期限在1年以上的借款增加,应贷记"长期借款"科目。根据借款凭证收账通知编制会计分录如下:

借:银行存款　　1 000 000

　贷:长期借款　　1 000 000

三、资金退出业务的核算

(一) 上缴税费

【例4-7】 朝阳公司以银行存款上缴增值税110 000元、消费税30 000元以及营业税1 500元。

这是一笔缴纳税款业务,摘要为:缴纳各项税款。此项经济业务一方面使企业银行存款减少,应贷记"银行存款"科目;另一方面,企业实际缴纳了增值税、消费税、营业税,使得应交税费这项负债减少,应借记"应交税费"科目。根据有关税收缴款书编制会计分录如下:

借:应交税费——应交增值税(已交税金)　　110 000

——应交消费税　　30 000
——应交营业税　　1 500
贷:银行存款　　141 500

(二) 支付股利

【例 4－8】　朝阳公司以银行存款向甲、乙、丙 3 位投资者分别支付股利 100 000 元。

这是一笔支付股利业务,摘要为:向投资者支付股利。此项经济业务一方面使企业银行存款减少,应贷记"银行存款"科目;另一方面,企业实际向投资者支付了现金股利,使得应付股利这项负债减少,应借记"应付股利"科目。根据银行存款付款凭证、股利发放计算表等编制会计分录如下:

借:应付股利——甲　　100 000
——乙　　100 000
——丙　　100 000
贷:银行存款　　300 000

(三) 偿还债务

【例 4－9】　朝阳公司 2×12 年 12 月 1 日以银行存款偿还到期的短期借款 1 000 000 元。

这是一笔偿还贷款业务,摘要为:偿还短期借款。此项经济业务一方面使企业的银行存款减少,应贷记"银行存款"科目;另一方面,企业偿还了到期的借款,使得短期借款这项负债减少,应借记"短期借款"科目。根据偿还贷款凭证编制会计分录如下:

借:短期借款　　1 000 000
贷:银行存款　　1 000 000

【例 4－10】　朝阳公司 2×12 年 12 月 1 日以银行存款偿还到期的长期借款本金和最后一年的利息分别为 1 000 000 元和 60 000 元。

这是一笔偿还贷款业务,摘要为:偿还长期借款本金和利息。此项经济业务一方面使企业的银行存款减少,应贷记"银行存款"科目;另一方面,企业偿还了到期的长期借款本金和利息,使得长期借款和应付利息这两项负债减少,应借记"长期借款"和"应付利息"科目。根据偿还贷款凭证和贷款利息凭证编制会计分录如下:

借:长期借款　　1 000 000
应付利息　　60 000
贷:银行存款　　1 060 000

(四) 减少实收资本

企业的实收资本不能随意减少,投资者在存续期内不能随意抽回投资。但在某些特定情况下,如企业因资本过剩需要减资或者投资者因为某些原因需要撤出投资等,实收资本也可能发生增减变动。

企业因资本过剩等而减资,一般要发还股款。一般企业按发还投资的数额,借记"实收资本"科目;按照实际支付的金额贷记"银行存款"等科目。

【例 4－11】　经股东会同意,朝阳公司决定减少公司的注册资本 600 000 元,企业以银行存款发还投资款。

这是一笔减资业务,摘要为:以银行存款发还投资款。此项经济业务一方面使企业的银行存款减少,应贷记“银行存款”科目;另一方面,企业发还了投资款,使得实收资本减少,应借记“实收资本”科目。根据银行存款付款凭证和股东会有关文件的复印件编制会计分录如下:

借:实收资本　　600 000

　贷:银行存款　　600 000

第二节　供应过程业务的核算

【学习目标】

1. 理解材料采购业务核算所涉及的账户的结构。
2. 掌握材料采购业务核算的账务处理。
3. 能熟练计算材料的采购成本和本期应纳增值税税额。
4. 会熟练运用借贷记账法进行材料采购业务的账务处理。

【重点难点】

1. 重点:材料采购业务的核算。
2. 难点:“应交税费——应交增值税”明细分类账户的结构;材料采购业务的核算。

工业企业在供应过程的主要经济活动是购建机器设备形成固定资产,根据生产的需要采购各种原材料,并根据经济合同和相关结算制度进行账款的结算。因此,供应过程的主要核算任务是归集、计算和结转固定资产购建成本以及材料采购成本,并反映由此产生的相关账款的结算情况。

一、材料采购业务的核算

(一) 材料采购成本的计算

1. 材料采购成本的构成

材料采购成本是指为采购原材料而发生的各项费用,具体包括:

(1) 材料的买价。它是指供货发票上列明的价款,但不包括按规定可以抵扣的增值税税额。

(2) 运杂费。它是指材料在运输过程中发生的运输费、装卸费、保险费、包装费、仓储费等。

(3) 运输途中的合理损耗。它是指材料在采购过程中发生的,在合理损耗范围内的损毁、短缺等。

(4) 入库前的挑选整理费。它是指需要经过挑选整理才能使用的购入材料,在挑选过程中发生的工资、费用支出以及物资损耗的价值。

(5) 其他费用。它是指其他可直接归属于材料采购成本的费用,如企业购买材料发生的进口关税、消费税、资源税和不能抵扣的增值税进项税额等。

以上(2)至(5)项又称为采购费用,材料的买价加上采购费用就构成了材料的采购成本。

2. 材料采购费用的分配

材料在采购过程中发生的采购费用，凡由某种材料负担的直接计入该材料的采购成本；由几种材料共同负担的采购费用，则需按材料的数量、重量、体积、买价等标准，在这几种材料之间进行分配，根据分配的各材料应负担的采购费用计入材料的采购成本。

例如，某企业从 A 公司购入甲材料 200 千克，价格 20 000 元，乙材料 600 千克，价格 30 000 元，将两种材料运回企业时，发生运杂费 3 200 元。

此笔采购业务中，甲材料的买价 20 000 元和乙材料的买价 30 000 元，均可直接记入甲材料的采购成本和乙材料的采购成本，而运杂费是为采购两种材料发生的，需采用合理的标准进行分配，此处选择按采购材料的重量进行如下分配：

每千克材料应负担的运杂费＝3 200÷(200＋600)＝4(元/千克)

甲材料负担的运杂费＝200×4＝800(元)

乙材料负担的运杂费＝600×4＝2 400(元)

甲材料采购成本＝20 000＋800＝20 800(元)

乙材料采购成本＝30 000＋2 400＝32 400(元)

原材料的日常收发及结存可以采用实际成本核算，也可以采用计划成本核算。

(二) 原材料核算的实际成本法

实际成本法一般适用于规模较小、材料品种少且收发业务量不大的企业。材料按实际成本核算的特点是，材料的收发及结存无论是总分类核算还是明细分类核算，均按照实际成本计价。

1. 账户设置

在实际成本法下，核算原材料应设置的账户有“原材料”和“在途物资”等。

(1) “原材料”账户。它根据资产类“原材料”科目设置，用以核算企业库存各种材料的收发与结存情况。其借方登记入库材料的实际成本；其贷方登记发出材料的实际成本；期末余额在借方，反映企业库存材料的实际成本。该账户可按材料的品种、规格设置明细分类账户进行明细分类核算。

(2) “在途物资”账户。它根据资产类“在途物资”科目设置，用以核算企业货款已付但尚未验收入库的各种物资(即在途物资)的采购成本。其借方登记企业购入的在途物资的实际成本；其贷方登记验收入库在途物资的实际成本；期末余额在借方，反映企业在途物资的采购成本。

(3) “应付账款”账户。它根据负债类“应付账款”科目设置，用以核算企业因购买材料、商品等经营活动应支付的款项。其贷方登记企业因购入材料、商品和接受劳务等尚未支付的款项；其借方登记已偿还的应付账款；期末余额一般在贷方，反映企业尚未支付的应付账款。该账户可按债权人设置明细分类账户进行明细分类核算。

(4) “应付票据”账户。它根据负债类“应付票据”科目设置，用以核算企业购买材料时开出、承兑的商业汇票，包括银行承兑汇票和商业承兑汇票。企业开出、承兑商业汇票或以承兑商业汇票抵付货款、应付账款时，按票面金额记入该账户的贷方；商业汇票到期支付票款时，按票面金额记入该账户的借方。该账户的期末余额在贷方，反映企业尚未到期的商业汇票的票面金额。

(5) “预付账款”账户。它根据资产类“预付账款”科目设置，用来核算按照购货合同规定预付给供应单位的款项。该账户的借方登记企业向供货商预付的货款及补付的货款；贷方登记企业收到所购物品应结转的预付货款。期末余额若在借方,反映企业向供货单位实际预付的款项;期末余额若在贷方,则反映企业应付或应补付的款项。对于预付账款业务不多的企业,可不单独设置"预付账款"账户,而将此业务在"应付账款"账户中核算。

(6)"应交税费——应交增值税"账户。它根据负债类"应交税费——应交增值税"明细科目设置,用以核算增值税的发生、抵扣及缴纳等情况。

增值税是对我国境内销售、进口货物,或者提供加工、修理修配劳务的增值额征收的一种流转税。按税法的规定,凡在我国境内销售、进口货物,或提供加工、修理修配劳务的单位和个人为增值税的纳税义务人,应依法缴纳增值税。按照纳税人的经营规模及会计核算的健全程度,增值税纳税人分为一般纳税人和小规模纳税人。一般纳税人增值税应纳税额,根据当期销项税额抵扣当期进项税额后的差额确定;小规模纳税人增值税应纳税额,根据销售额和规定的征收率计算确定。本书以下均以一般纳税人为例,说明应交增值税的核算方法。

根据税法的规定,一般纳税人增值税应纳税额的计算公式为:

应纳税额=销项税额-进项税额

纳税人在销售货物或提供应税劳务时,应按销售额和规定的税率计算并向购买方收取的增值税税额为销项税额。

纳税人在购进货物或接受劳务时,所支付的增值税税额为进项税额。准予从销项税额中抵扣的进项税额通常包括:① 从销售方取得的增值税专用发票上注明的增值税税额;② 从海关取得的完税凭证上注明的增值税税额。当期的进项税额若抵扣不完,可以留待下期继续抵扣。

为了核算企业应交增值税的发生、抵扣、缴纳等情况,应在"应交税费——应交增值税"明细分类账内设置"进项税额"、"已交税金"、"销项税额"等专栏。企业采购物资等,按可抵扣的增值税税额,记入该账户的借方(进项税额);销售货物或提供应税劳务时,按应收取的增值税税额,记入该账户的贷方(销项税额);企业缴纳的增值税,按实际上缴税额记入该账户的借方(已交税金)。该账户的期末余额若在贷方,反映企业应缴纳的增值税;期末余额若在借方,反映企业尚未抵扣的进项税额。

2. 实际成本法下购买原材料的核算

企业核算时应根据支付方式不同、原材料入库与付款时间是否一致等情况,采用不同的会计处理方法。

(1) 货款已付,同时材料已验收入库。

【例4-12】 2×12年12月1日,朝阳公司向蓝天公司购入甲材料1 000千克,增值税专用发票上注明的货款为50 000元,增值税税额为8 500元。蓝天公司替朝阳公司代垫运杂费500元(假定运费不考虑增值税抵扣问题,下同),全部款项已用转账支票付讫,材料已验收入库。

这是一笔采购业务,摘要为:购入甲材料,货款已付。朝阳公司根据增值税专用发票、运杂费发票、收料单以及转账支票存根联编制会计分录如下:

借:原材料——甲材料	50 500	
应交税费——应交增值税(进项税额)	8 500	
贷:银行存款		59 000

(2) 货款已付，材料尚未验收入库。

【例 4-13】 2×12 年 12 月 3 日，朝阳公司采用汇兑(电汇)结算方式向天地公司购入乙材料 200 千克，发票及账单已收到。货款为 40 000 元，增值税税额为 6 800 元，运费为 400 元，全部款项已支付，材料尚未到达。

这是一笔采购业务，摘要为：采购乙材料，货款已付。该公司根据增值税专用发票、运费发票以及银行盖章退回的电汇凭证第一联回单联编制会计分录如下：

借：在途物资——乙材料　　40 400

　　应交税费——应交增值税(进项税额)　　6 800

　　贷：银行存款　　47 200

【例 4-14】 承例 4-13，12 月 8 日，企业购入的乙材料已收到，并验收入库。

这是一笔材料入库业务，摘要为：乙材料验收入库。该公司根据收料单编制会计分录如下：

借：原材料——乙材料　　40 400

　　贷：在途物资——乙材料　　40 400

(3) 货款尚未支付，材料已验收入库。

【例 4-15】 2×12 年 12 月 9 日，朝阳公司采用托收承付结算方式向大阳公司购入丙材料 2 000 千克，货款为 400 000 元，增值税税额为 68 000 元，对方代垫运费 2 000 元，银行转来的结算凭证已到，款项尚未支付，材料已验收入库。

这是一笔采购业务，摘要为：购入丙材料，货款尚未支付。该公司根据增值税专用发票、运费发票、收料单以及银行盖章退回的托收承付凭证第一联回单联编制会计分录如下：

借：原材料——丙材料　　402 000

　　应交税费——应交增值税(进项税额)　　68 000

　　贷：应付账款——大阳公司　　470 000

【例 4-16】 承例 4-15，12 月 15 日，收到上述托收承付凭证第五联(付款通知联)，款项已用银行存款支付。

这是一笔偿还前欠货款业务，摘要为：偿还大阳公司货款。该公司根据托收承付凭证第五联(付款通知联)编制会计分录如下：

借：应付账款——大阳公司　　470 000

　　贷：银行存款　　470 000

【例 4-17】 2×12 年 11 月 30 日，朝阳公司向环球公司购入丁材料 300 千克，材料已验收入库，月末发票账单尚未收到，暂估价为 90 000 元。

这是一笔暂估入库业务，摘要为：丁材料暂估入库。月末，该公司根据收料单(暂估价)编制会计分录如下：

借：原材料——丁材料　　90 000

　　贷：应付账款——暂估应付账款　　90 000

下月初，该公司用红字将上述分录予以冲回，摘要为：冲销上月丁材料暂估入库。

借:原材料——丁材料　　90 000

　贷:应付账款——暂估应付账款　　90 000

【例4-18】 承例4-17,12月16日,公司购入的丁材料收到发票账单,货款100 000元,增值税17 000元,对方代垫运杂费2 800元,款项通过信汇结算方式支付。

这是一笔采购业务,摘要为:购入丁材料,货款已付。该公司根据增值税专用发票、运杂费发票、收料单以及银行盖章退回的信汇凭证第一联回单联编制会计分录如下:

借:原材料——丁材料　　102 800

　应交税费——应交增值税(进项税额)　　17 000

　贷:银行存款　　119 800

(4) 货款已经预付,材料尚未验收入库。为了核算按照购货合同规定预付给供应单位的款项,企业应设置“预付账款”账户。对于预付账款业务不多的企业,可不单独设置“预付账款”账户,而将预付的货款记入“应付账款”账户。预付货款时,借记“应付账款”账户,等收到材料或商品时再从贷方予以冲销。但这种处理办法,可能在有些期末使“应付账款”的某些明细账户出现借方余额,所以,在编制资产负债表时,仍然要将“预付账款”和“应付账款”的金额分别列示。

【例4-19】 根据购销合同,2×12年11月6日,朝阳公司采用电汇结算方式向大阳公司预付50 000元货款的80%,共计40 000元。

这是一笔预付款业务,摘要为:向大阳公司预付账款。该公司根据银行盖章退回的电汇凭证第一联回单联编制会计分录如下:

借:预付账款——大阳公司　　40 000

　贷:银行存款　　40 000

【例4-20】 承例4-19,2×12年12月18日,该公司收到大阳公司发运来的戊材料200千克,已验收入库。有关发票账单记载,该批货物的货款40 000元,增值税6 800元,对方代垫运杂费320元,剩余款项已采用电汇结算方式支付。

这是一笔预付款购入材料业务,摘要为:预付款购入戊材料。该公司根据增值税专用发票、运费发票、收料单编制会计分录如下:

借:原材料——戊材料　　40 320

　应交税费——应交增值税(进项税额)　　6 800

　贷:预付账款——大阳公司　　47 120

补付货款时,根据银行盖章退回的电汇凭证第一联回单联编制会计分录如下:

借:预付账款——大阳公司　　7 120

　贷:银行存款　　7 120

(三) 原材料核算的计划成本法

材料按计划成本核算时,材料的实际采购成本的确定原则与实际成本法相同,但“原材料”账户核算入库、发出业务均按照事先确定的计划成本计价。计划成本法一般适用于材料品种繁多、收发频繁、计划管理水平较高的企业。在计划成本法下,核算原材料应设置的账户有“原材料”、“材料采购”、“材料成本差异”等。关于这一部分内容会在以后的专业课中介绍。

二、固定资产业务的核算

固定资产是指同时具有以下特征的有形资产：第一，为生产商品、提供劳务、出租或经营管理而持有的；第二，使用年限超过一个会计年度。

（一）账户设置

为了核算固定资产的取得、计提折旧、处置等情况，企业一般需要设置以下账户：

（1）“固定资产”账户。它根据资产类“固定资产”科目设置，用以核算企业固定资产原始价值的增减变动情况。其借方登记企业增加的固定资产原始价值；其贷方登记企业减少的固定资产原始价值；期末余额在借方，反映企业期末持有的固定资产原始价值。

（2）“累计折旧”账户。它根据资产类“累计折旧”科目设置，是“固定资产”账户的备抵账户，用以反映企业固定资产的累计折旧。其贷方登记企业计提的固定资产折旧；其借方登记企业处置固定资产转出的累计折旧；期末余额在贷方，反映企业持有的固定资产已计提的累计折旧，即已损耗的价值。“固定资产”账户的期末借方余额减去“累计折旧”账户的期末贷方余额，即为企业持有的固定资产的净值。

（3）“固定资产清理”账户。它根据资产类“固定资产清理”科目设置，用以核算企业固定资产的出售、报废、毁损等处置情况。其借方登记因处置而转出的固定资产价值和发生的清理费用，以及出售不动产应缴纳的营业税；其贷方登记出售固定资产的收入和报废、毁损固定资产的变价收入，以及应由保险公司或过失人赔偿的损失。期末余额在借方，反映企业尚未清理完毕的固定资产清理净损失；期末余额在贷方，反映企业尚未清理完毕的固定资产清理净收益。清理完毕，将该账户的余额转入营业外收支后，该账户无余额。

（二）账务处理

1. 购入不需要安装的固定资产的账务处理

企业购入不需要安装的固定资产，是指企业购置的不需要安装即能直接达到预定可使用状态的固定资产。购入不需要安装的固定资产，应按购入时实际支付的全部价款，包括支付的买价，进口关税等相关税费，以及为使固定资产达到预定可使用状态所发生的可直接归属于该资产的其他支出，作为固定资产的入账价值，借记“固定资产”科目；贷记“银行存款”等科目。

根据《国家税务总局关于全国实施增值税转型改革若干问题的通知》的规定，自 2009 年 1 月 1 日起，增值税一般纳税人购进（包括接受捐赠、实物投资，下同）或者自制（包括改扩建、安装，下同）的用于生产、经营的固定资产（动产）的进项税额可以抵扣，不计入固定资产成本。2009 年 1 月 1 日以后取得的除生产、经营用固定资产（动产）以外的固定资产进项税额不可以抵扣，应该计入固定资产成本。

【例 4-21】 2×12 年 12 月 18 日，朝阳公司向南方机械厂购入不需要安装的生产设备一台，价款 100 000 元，增值税专用发票上注明的增值税税额为 17 000 元（符合增值税抵扣条件），另支付运杂费 800 元。设备已运至企业并交付使用，款项以银行存款支付。

这是一笔购买固定资产业务，摘要为：购买生产设备。该公司根据增值税专用发票、运杂费发票和固定资产验收单编制会计分录如下：

借：固定资产　　100 800

　　应交税费——应交增值税（进项税额）　　17 000

　贷：银行存款　　117 800

2.固定资产处置的账务处理

固定资产的处置包括固定资产的出售、报废、毁损、对外投资等。企业在生产经营过程中,可能将不适用或不需用的固定资产对外出售转让,或因磨损、技术进步等原因将固定资产进行报废,还可能由于遭受自然灾害等而对毁损的固定资产进行处理等。

企业的固定资产由于各种原因进行处置时,应当将处置收入扣除账面价值和相关税费后的金额计入当期损益。固定资产的账面价值是固定资产成本扣减累计折旧和累计减值准备后的金额。处置固定资产应通过"固定资产清理"科目核算。处置固定资产的会计核算具体包括以下几个环节:

(1) 固定资产转入清理。企业因出售、报废、毁损、对外投资等转出的固定资产,按该项固定资产的账面价值,借记"固定资产清理"科目,按已计提的累计折旧,借记"累计折旧"科目,按已计提的减值准备,借记"固定资产减值准备"科目;按其账面原价,贷记"固定资产"科目。

(2) 发生清理费用等。固定资产清理过程中应支付的相关税费及其他费用,借记"固定资产清理"科目;贷记"银行存款"、"应交税费——应交营业税"等科目。

(3) 收回出售固定资产的价款、残料价值和变价收入等,借记"银行存款"、"原材料"等科目;贷记"固定资产清理"科目。

(4) 保险赔偿等的处理。应由保险公司或过失人赔偿的损失,借记"其他应收款"等科目;贷记"固定资产清理"科目。

(5) 结转净损益的处理。固定资产清理完成后的净损失,借记"营业外支出"科目,贷记"固定资产清理"科目;固定资产清理完成后的净收益,借记"固定资产清理"科目,贷记"营业外收入"科目。

【例4-22】 2×12年12月,朝阳公司出售一建筑物,原价2 000 000元,已提折旧300 000元,未计提减值准备,用银行存款支付清理费用20 000元,出售收入为1 900 000元,已存入银行,营业税税率为5%。

这是一笔固定资产处置业务,应分以下几个环节编制会计分录:

(1) 固定资产转入清理。根据固定资产清理出售转移单编制会计分录如下:

借:固定资产清理　　1 700 000
　　累计折旧　　300 000
　　贷:固定资产　　2 000 000

(2) 支付清理费用。根据银行存款付款凭证编制会计分录如下:

借:固定资产清理　　20 000
　　贷:银行存款　　20 000

(3) 收回出售固定资产的价款。根据银行存款收款凭证编制会计分录如下:

借:银行存款　　1 900 000
　　贷:固定资产清理　　1 900 000

(4) 确认应缴的营业税。根据营业税计算表编制会计分录如下:

借:固定资产清理　　95 000
　　贷:应交税费——应交营业税　　95 000

(5) 结转固定资产处置净收益。根据固定资产清理损益计算表编制会计分录如下:

借:固定资产清理　　85 000

贷:营业外收入　　85 000

【例 4-23】 2×12 年 12 月,朝阳公司现有一台设备由于性能等原因决定提前报废,原价 500 000 元,已计提折旧 450 000 元,未计提减值准备,报废时的残值变价收入为 20 000 元,报废清理过程中发生清理费用 3 500 元。有关收入、支出均通过银行办理结算,不考虑相关税费。

这是一笔固定资产处置业务,应分以下几个环节编制会计分录:

(1) 固定资产转入清理。根据固定资产清理报废单编制会计分录如下:

借:固定资产清理　　50 000

　　累计折旧　　450 000

　　贷:固定资产　　500 000

(2) 收回残值变价收入。根据银行存款收款凭证编制会计分录如下:

借:银行存款　　20 000

　　贷:固定资产清理　　20 000

(3) 支付清理费用。根据银行存款付款凭证编制会计分录如下:

借:固定资产清理　　3 500

　　贷:银行存款　　3 500

(4) 结转固定资产处置净损失。根据固定资产清理损益计算表编制会计分录如下:

借:营业外支出　　33 500

　　贷:固定资产清理　　33 500

第三节　生产过程业务的核算

【学习目标】

1. 了解职工薪酬的内容。
2. 理解生产过程核算业务所涉及的账户的结构和费用的核算基础。
3. 掌握费用的归集、制造费用的分配以及产品生产成本的计算。
4. 会运用借贷记账法进行生产过程业务的账务处理。

【重点难点】

1. 重点:费用的核算基础;费用的归集;制造费用的分配;产品生产成本的计算。
2. 难点:"固定资产"账户和"累计折旧"账户的关系;产品生产成本的计算。

生产过程是生产工人利用固定资产等劳动手段对劳动对象进行加工,从而生产出企业产品的过程。因此,生产过程是一个资源消耗的过程,其主要核算任务是对生产过程中发生的各项耗费进行归集和分配,最终计算并结转完工产品的生产成本。

一、费用的核算基础

根据《企业会计准则》的规定,企业应当以权责发生制为基础进行会计确认、计量和报告。根据权责发生制,某项耗费是否应作为本期费用进行确认、计量和报告,不取决于该项耗费是否在本期实际支付,而决定于本期是否受益。凡是本期受益的耗费,不管其款项是否已经支付,都应作为当期的费用进行确认;凡是本期未受益的耗费,即使款项已经在当期支付,也不应作为当期的费用处理;凡是由多个会计期间共同受益的耗费,应当在相关期间内采用适当方法进行合理计量。

因此,企业在生产过程中发生的各项耗费可分为以下三种情况:

(一) 本期支付,本期受益

对于此类耗费,应在其支付时直接作为当期费用处理。

例如,以银行存款支付本月电费 5 000 元。该项支出为本月受益的耗费,并已在本月实际支付,应在其支付时,直接确认为本月的费用。

(二) 本期支付,由本期和以后各期受益

对于此类耗费,应在支付时将该项支出确认为资产,再采用折旧、摊销等方法,将该项支出在受益期内进行分摊,分别确认为各期费用。

例如,企业租入办公用房一套,租期为 2 年,支付该房屋装修费用 60 000 元。由于此项耗费在办公用房的租赁期间均有受益,因此,在实际支付时,不能确认为当月的费用,而是先将其确认为长期待摊费用,并在房屋的租赁期内按月摊销,即每月确认应负担的装修费用2 500 元。

(三) 本期受益,在以后期间支付

对于此类耗费,应在受益期内,采用计提的方式,确认本期应负担的费用,一方面计入当期费用;另一方面增加当期负债。在实际支付时,冲减前期确认的负债。

例如,企业月初从银行借入短期借款 1 000 000 元,利率 6%,按季付息,到期还本。

从款项借入起,企业即占用了该项资金,发生了相应的借款利息,因此,月末应根据借款的本金和利率计算出当月应负担的利息 5 000 元,确认为当月的财务费用,同时增加当期的“应付利息”这项负债。季末根据约定实际支付利息时,冲减应付利息这项负债。

二、费用的归集

企业在一定期间发生的各项耗费按其与当期产品生产的关联程度,分别计入生产成本和期间费用中。

1. 生产成本

生产成本又称制造成本,指企业为生产一定种类和数量的产品所发生的各种经济资源的耗费。根据生产特点和管理要求,企业一般可以设立以下几个成本项目:

(1) 直接材料。它是指企业在生产产品过程中消耗的、直接用于产品生产、构成产品实体的原料及主要材料、辅助材料和其他直接材料。

(2) 直接人工。它是指企业直接从事产品生产工人的各种薪酬。

(3) 制造费用。它是指企业为生产产品而发生的各种间接费用,包括车间管理和技术人员的各种薪酬、车间使用固定资产的折旧、车间的办公费、水电费、机物料消耗、劳动保护费等。

企业在生产过程中发生的各种资源耗费,最终转化成了企业产品,在企业内部表现为一种资产转变为另一种资产,是企业资产形式的内部转换。因此,当期发生的生产成本不能直接计入当期损益,而须根据企业自身产品的生产特点,选择适当的成本计算方法,按照成本核算对象进行归集和分配,计算出各产品的总成本和单位成本,并在产品完工后结转为库存商品。在产品实际销售并确认销售收入时，再将已销售产品的生产成本计入该期损益。

2. 期间费用

期间费用是指不能直接归属于某个特定产品成本的费用，它随着时间的推移而发生，一般与企业当期的产品销售和经营活动的组织与管理有关，而与当期产品生产过程无直接关系，即容易判断其应归属的会计期间，而难以判断其应归属的产品。因此，对于此类费用，按其发生的期间归集，直接计入当期损益。期间费用包括：

(1) 销售费用。它是指企业为销售产品和材料而发生的各种费用。

(2) 管理费用。它是指企业为组织和管理生产经营而发生的各种费用。

(3) 财务费用。它是指企业为筹集生产经营所需资金而发生的筹资费用。

三、制造费用的分配

在生产一种产品的车间中，制造费用可直接计入该种产品成本。在生产多种产品的车间中，须采用合理的分配方法，将制造费用分配计入各种产品成本。

制造费用的分配方法主要有以下几种：

(1) 按生产工人工资比例分配；

(2) 按生产工人工时比例分配；

(3) 按机器工时比例分配；

(4) 按耗用原材料的数量或成本比例分配；

(5) 按直接成本(原材料、燃料、动力、生产工人工薪费用)比例分配；

(6) 按产品产量比例分配。

制造费用分配的计算公式如下：

分配率＝待分配制造费用总额÷各种产品的分配标准之和

某产品应分摊的制造费用＝分配率×该种产品的分配标准

企业应当根据制造费用的性质、产品的性质以及生产方式，结合自身的实际情况，合理选择分配方法。所谓的合理，是指选择的制造费用分配方法与制造费用的发生具有较密切的相关性，采用该方法分配到各种产品中的制造费用金额基本合理，同时还应适当考虑计算手续的简便。制造费用的分配方法一经确定，不得随意变更。如需变更，则须在财务会计报告的附注中予以说明。

例如，企业生产车间生产A、B两种产品，本月归集的成本费用如下：

A产品：直接材料　210 000元　　直接人工　50 000元

B产品：直接材料　120 000元　　直接人工　30 000元

制造费用：150 000元

若企业的制造费用按产品的机器工时比例进行分配，根据生产记录，A产品耗用的机器工时为6 000小时，B产品耗用的机器工时为4 000小时，则：

每机器工时应分摊的制造费用＝150 000÷(6 000＋4 000)＝15(元/小时)

A产品分摊的制造费用＝6 000×15＝90 000(元)

B产品分摊的制造费用＝4 000×15＝60 000(元)

A产品的生产成本＝210 000＋50 000＋90 000＝350 000(元)

B产品的生产成本＝120 000＋30 000＋60 000＝210 000(元)

四、生产过程核算应设置的账户

为完成生产成本的核算和期间费用的归集任务,需设置以下账户:

(一)"生产成本"账户

它根据成本类"生产成本"科目设置,用以归集和计算产品生产过程中发生的各项生产费用,包括直接材料、直接人工、其他直接费用以及期末按照一定的标准分配计入产品生产成本的制造费用。其借方登记企业在产品制造过程中所发生的各项生产费用;其贷方登记结转完工入库产品的生产成本;期末余额在借方,反映企业尚未加工完成的各种在产品的实际生产成本。该账户应按成本核算对象(产品的品种等)设置明细账,并按照规定的成本项目设置专栏进行明细分类核算。

(二)"制造费用"账户

它是根据成本类"制造费用"科目设置,用以归集和分配企业为生产产品而发生的各项间接费用。当企业发生各项间接费用时,记入该账户的借方;期末,按该账户借方归集的间接费用总额,采用一定的方法在各种产品间进行分配,按各种产品分摊的制造费用金额从该账户的贷方转入"生产成本"账户的借方,结转后该账户无余额。该账户可按不同的生产车间、部门设置明细账,并按照费用项目设置专栏进行明细分类核算。

(三)"库存商品"账户

它根据资产类"库存商品"科目设置,用以核算企业库存商品的增减变动及其结存情况。企业产品生产完工并验收入库时,按其实际生产成本记入该账户的借方;企业对外销售产品出库,结转销售成本时,按销售产品的实际生产成本记入该账户的贷方。该账户的期末余额在借方,反映企业库存商品的实际成本。该账户可按产品的种类、品种和规格设置明细账进行明细分类核算。

(四)"销售费用"账户

它根据损益类"销售费用"科目设置,用以核算企业销售产品和材料过程中发生的各种费用,包括保险费、包装费、展览费和广告费、商品维修费、预计产品质量保证损失、运输费、装卸费,以及为销售本企业产品而专设的销售机构(含销售网点、售后服务网点等)的职工薪酬、业务费、固定资产折旧及修理费等经营费用。企业在产品和材料销售过程中发生的各项销售费用,记入该账户的借方;期末,应将该账户的余额转入"本年利润"账户,结转后该账户无余额。该账户可按费用项目设置专栏进行明细分类核算。

(五)"管理费用"账户

它根据损益类"管理费用"科目设置,用以核算企业为组织和管理生产经营所发生的管理费用,包括企业在筹建期间发生的开办费、董事会和行政管理部门在企业经营管理中发生的或者应由企业统一负担的公司经费(包括行政管理部门职工薪酬、固定资产折旧及修理费、物料消耗、低值易耗品摊销、办公费和差旅费等)、工会经费、董事会费(包括董事会成员津贴、会议费和差旅费等)、聘请中介机构费、咨询费、诉讼费、业务招待费、房产税、车船使用税、土地使用税、印花税、技术转让费、研究费用、排污费用等。企业发生的各项管理费用,记入该账户的借方;期末,应将该账户的余额转入"本年利润"账户,结转后该账户无余额。该账户可按费用项目设置专栏进行明细分类核算。

(六)"财务费用"账户

它根据损益类"财务费用"科目设置,用以核算企业为筹集生产经营所需资金而发生的筹资费用,包括利息支出、汇兑损益以及相关的手续费等。企业发生的各项财务费用,记入该账户的借方;期末,应将该账户的余额转入"本年利润"账户,结转后该账户无余额。该账户可按费用项目设置专栏进行明细分类核算。

另外,在对生产成本和期间费用进行归集时,还会涉及其他相关账户,如"长期待摊费用"、"应付职工薪酬"、"应付利息"等账户,以下将结合相关经济业务对其进行说明。

五、生产过程主要经济业务的核算

(一)材料费用的核算

【例4-24】 2×12年12月月末,根据本月领料凭证进行汇总,编制发出材料汇总表,如表4-1所示。

根据本月材料发出汇总表中的资料,本月发出的材料费用包括:

(1) A产品耗用:为A产品生产耗费的直接材料,应直接计入A产品生产成本,借记"生产成本——A产品"科目;

(2) B产品耗用:为B产品生产耗费的直接材料,应直接计入B产品生产成本,借记"生产成本——B产品"科目;

(3) 生产车间一般耗用:为生产A、B两种产品共同耗费的间接材料,应先归集在制造费用中,待期末采用一定的方法在A、B两种产品间进行分配,借记"制造费用"科目;

(4) 销售部门领用:为销售部门发生的物料消耗,应计入当期销售费用,借记"销售费用"科目;

(5) 行政管理部门领用:为行政管理部门发生的物料消耗,应计入当期的管理费用,借记"管理费用"科目。

表4-1 发出材料汇总表

元

项 目	甲材料		丙材料		合 计
	数量(千克)	金额	数量(千克)	金额	
生产A产品耗用	1 000	50 400	160	31 200	81 600
生产B产品耗用	1 200	60 480	40	8 320	68 800
生产车间一般耗用	1 600	80 640	60	12 480	93 120
销售部门领用	50	2 520			2 520
行政管理部门领用				1 208	208
合 计	3 850	194 040	261	52 208	246 248

这是一笔材料出库业务,摘要为:消耗材料。由于各部门领用了原材料,使得仓库中库存的原材料减少,应贷记"原材料"科目。因此,根据发出材料汇总表编制会计分录如下:

借:生产成本——A　　81 600

　　　　　——B　　68 800

制造费用	93 120	
销售费用	2 520	
管理费用	208	
贷:原材料——甲材料		194 040
——丙材料		52 208

(二) 职工薪酬的核算

1. 职工薪酬的内容

职工薪酬是指企业为获得职工提供的服务而给予的各种形式的报酬以及其他相关支出。它包括:

(1) 职工工资、奖金、津贴和补贴。它是指构成职工工资总额的各个部分。

(2) 职工福利费。它是指为职工集体提供的福利,如补助生活困难职工等,对于非独立法人和非对外营利性的职工医院、浴室、食堂餐饮等支出均可在福利费中列支。

(3) 社会保险费。它是指企业按国家规定的基准和比例计算,向社会保险经办机构缴纳的医疗保险金、基本养老保险金、补充养老保险金、失业保险费、工伤保险费和生育保险费等社会保险,以及以商业保险形式提供给职工的各种保险待遇。

(4) 住房公积金。它是指企业按国家规定的基准和比例计算,向住房公积金管理机构缴纳的住房公积金。

(5) 工会经费和职工教育经费。它是指根据国家规定的基准和比例计算,用于开展工会活动和职工教育及技能培训的开支。

(6) 非货币性福利。它是指企业提供给职工的实物福利、服务性福利、优惠性福利及有偿休假性福利等。

(7) 其他职工薪酬。它包括职工福利费、工会经费和职工教育经费、非货币性福利、因解除与职工的劳动关系而给予的补偿,以及其他与获得职工提供服务相关的支出。

2. 职工薪酬核算的账户设置

为了反映职工薪酬的提取、结算、使用等情况,企业应设置“应付职工薪酬”账户。

“应付职工薪酬”账户根据负债类“应付职工薪酬”科目设置,用以核算企业根据有关规定应付给职工的各种薪酬,企业计算出的应付各项职工薪酬记入该账户的贷方;实际发放职工薪酬时记入该账户的借方;该账户的期末余额在贷方,反映企业应付未付的职工薪酬。该账户可按“工资”、“职工福利”、“社会保险费”、“工会经费”、“职工教育经费”、“非货币性福利”等设置明细账进行明细分类核算。

3. 职工薪酬核算的账务处理

企业应在职工为其服务的会计期间,将应付的职工薪酬确认为负债,并根据职工提供服务的受益对象,分别计入产品生产成本或当期损益。具体分别以下情况进行处理:

(1) 直接生产工人的职工薪酬:为产品生产耗费的直接人工,直接计入产品生产成本,借记“生产成本”科目;

(2) 生产车间管理及技术人员的职工薪酬:为产品生产耗费的间接人工,计入制造费用,借记“制造费用”科目;

(3) 销售人员的职工薪酬:借记“销售费用”科目;

(4) 行政管理人员的职工薪酬以及因解除与职工的劳动关系而给予的补偿,借记“管理费用"科目；

（5）应由在建工程、研发支出负担的职工薪酬：借记"在建工程"、"研发支出"科目。

企业在确认各项应付职工薪酬这项负债时，应注意区分其是否有国家明确规定的相关计提标准分别计量。对于国家规定了计提基础和计提比例的，应当按照国家规定的标准计提。例如，应向社会保险经办机构等缴纳的医疗保险费、养老保险费、失业保险费、工伤保险费、生育保险费等社会保险费，应向住房公积金管理机构缴存的住房公积金，以及工会经费和职工教育经费等。国家没有规定计提的基础和计提比例的，企业应当根据历史数据和实际情况，合理预计当期应付职工薪酬。当期实际发生金额大于预计金额的，应当补提应付职工薪酬；当期实际发生的金额小于预计金额的，应当冲回多提的应付职工薪酬。

【例 4-25】 月末，结算本月应付职工工资 103 000 元，其中，A 产品生产工人 25 人，工资 40 000元；B 产品生产工人 10 人，工资 15 000 元；车间管理人员 5 人，工资 20 000 元；销售部门人员 2 人，工资 10 000 元；行政管理部门 4 人，工资 18 000 元。

这是一笔分配工资业务，摘要为：分配工资。企业结算出的职工工资应在职工为其服务的当月，一方面，将其确认为应付职工薪酬这项负债，贷记"应付职工薪酬——工资"科目；另一方面，根据职工提供服务的受益对象，分别计入产品生产成本或当期损益，其中，从事产品生产的直接生产工人工资借记"生产成本"科目，车间管理人员工资借记"制造费用"科目，销售部门人员工资借记"销售费用"科目，行政管理部门人员工资借记"管理费用"科目。因此，企业根据工资费用分配表编制会计分录如下：

借：生产成本——A 产品　　40 000
　　　　　　——B 产品　　15 000
　　制造费用　　20 000
　　销售费用　　10 000
　　管理费用　　18 000
　贷：应付职工薪酬——工资　　103 000

【例 4-26】 月末，根据国家规定的计提标准，分别按职工工资总额的 9%、20%计提本月应向社会保险经办机构缴纳的职工社会医疗保险和社会养老保险。

这是一笔计提职工薪酬业务，摘要为：计提社会保险费。根据国家规定的计提基础和计提标准，本月应计提的社会保险费为：

A 产品生产工人社会保险费＝40 000×(9%＋20%)＝11 600(元)

B 产品生产工人社会保险费＝15 000×(9%＋20%)＝4 350(元)

车间管理人员社会保险费＝20 000×(9%＋20%)＝5 800(元)

销售部门人员社会保险费＝10 000×(9%＋20%)＝2 900(元)

行政管理部门人员社会保险费＝18 000×(9%＋20%)＝5 220(元)

本月应计提的社会保险费＝11 600＋4 350＋5 800＋2 900＋5 220＝29 870(元)

企业计提的社会保险费，一方面，作为应付职工薪酬的构成部分，贷记"应付职工薪酬"科目；另一方面，根据职工提供服务的受益对象，分别计入产品生产成本或当期损益。其中，从事产品生产的直接生产工人社会保险费借记"生产成本"科目，车间管理人员社会保险费借记"制造费用"科目，销售部门人员社会保险费借记"销售费用"科目，行政管理部门人员社会保险费

借记“管理费用”科目。因此,企业根据社会保险费计提表编制会计分录如下:

借:生产成本——A产品　　11 600
　　　　　——B产品　　4 350
　　制造费用　　5 800
　　销售费用　　2 900
　　管理费用　　5 220
　　贷:应付职工薪酬——社会保险费　　29 870

【例4-27】 月末,朝阳公司委托银行代发工资103 000元,并以银行存款向社保局缴纳职工社会保险费16 480元。

发放工资业务的摘要为:发放工资。此项经济业务为企业用银行存款发放了职工工资,一方面使得应付职工薪酬这项负债减少,应借记“应付职工薪酬”科目;另一方面,企业银行存款减少,应贷记“银行存款”科目。因此,企业根据银行存款付款凭证和工资结算汇总表编制会计分录如下:

借:应付职工薪酬——工资　　103 000
　　贷:银行存款　　103 000

缴纳社会保险费业务的摘要为:缴纳社会保险费。此项经济业务一方面使得应付职工薪酬这项负债减少,应借记“应付职工薪酬”科目;另一方面,企业银行存款减少,应贷记“银行存款”科目。因此,企业根据社保局的缴费单据和银行存款付款凭证编制会计分录如下:

借:应付职工薪酬——社会保险费　　16 480
　　贷:银行存款　　16 480

【例4-28】 朝阳公司下设一所职工食堂,每月按在岗职工人数每人补贴食堂300元。

这是一笔计提职工薪酬的业务,摘要为:计提职工福利费。对职工的伙食补贴,国家并无规定的计提基础和计提标准,企业每月应根据在岗职工人数及岗位分布情况、相关历史经验数据等计算需要补贴食堂的金额,确定本月因职工工作餐而需要承担的福利费金额。

A产品生产工人福利费=25×300=7 500(元)

B产品生产工人福利费=10×300=3 000(元)

车间管理人员福利费=5×300=1 500(元)

销售部门人员福利费=2×300=600(元)

行政管理部门人员福利费=4×300=1 200(元)

合　计　　13 800元

企业计提的福利费,一方面,作为应付职工薪酬的构成部分,贷记“应付职工薪酬”科目;另一方面,根据职工提供服务的受益对象,分别计入产品生产成本或当期损益,其中,从事产品生产的直接生产工人福利费借记“生产成本”科目,车间管理人员福利费借记“制造费用”科目,销售部门人员福利费借记“销售费用”科目,行政管理部门人员福利费借记“管理费用”科目。因此,企业根据职工福利费计提表编制会计分录如下:

借:生产成本——A产品　　7 500
　　　　　——B产品　　3 000
　　制造费用　　1 500

销售费用　　　　600
管理费用　　　　1 200
贷：应付职工薪酬——职工福利　　　　13 800

【例 4-29】 以现金支付职工王林生活困难补助 2 000 元。

这是一笔职工福利的开支业务，摘要为：支付生活困难补助。此项经济业务一方面实际支付了职工福利，使得应付职工薪酬这项负债减少，应借记"应付职工薪酬"科目；另一方面，企业现金减少，应贷记"库存现金"科目。因此，企业应根据职工生活困难补助发放表编制会计分录如下：

借：应付职工薪酬——职工福利　　　　2 000
　贷：库存现金　　　　2 000

（三）固定资产费用的核算

固定资产的费用包括固定资产折旧费用，以及固定资产在使用过程中发生的更新改造、修理费用等后续支出。

固定资产在其使用寿命内，虽然能够保持其原有的实物形态，但其价值却在使用中逐渐损耗，这部分损耗的价值称为折旧。

企业对每项固定资产应在其使用寿命内，根据确定的折旧方法，计算该项固定资产本月折旧额，一方面，减少固定资产账面价值，贷记"累计折旧"科目；另一方面，根据固定资产的用途，分别计入产品成本和期间费用。其借记的相关成本费用科目如下：

（1）生产车间使用的固定资产所计提的折旧应计入制造费用，借记"制造费用"科目；

（2）行政管理部门使用的固定资产所计提的折旧应计入管理费用，借记"管理费用"科目；

（3）销售部门使用的固定资产所计提的折旧应计入销售费用，借记"销售费用"科目；

（4）经营租出的固定资产所计提的折旧应计入其他业务成本，借记"其他业务成本"科目；

（5）未使用的固定资产所计提的折旧应计入管理费用，借记"管理费用"科目。

此外，企业生产车间和行政管理部门发生的固定资产修理费用，计入管理费用；销售机构发生的固定资产修理费用，计入销售费用。

【例 4-30】 月末，按确定的方法计提本月固定资产折旧 20 000 元，其中，生产车间使用固定资产折旧 8 000 元，行政管理部门使用固定资产折旧 6 000 元，销售机构使用的固定资产折旧 4 000 元，经营租出固定资产折旧 2 000 元。

这是一笔计提折旧的业务，摘要为：计提折旧。企业按月计提的折旧，一方面，根据固定资产的用途计入相关的成本费用，其中，生产车间的固定资产折旧借记"制造费用"科目，行政管理部门的固定资产折旧借记"管理费用"科目，销售机构的固定资产折旧借记"销售费用"科目，经营租出固定资产折旧借记"其他业务成本"；另一方面，固定资产因使用而损耗的价值应贷记"累计折旧"科目。因此，编制会计分录如下：

借：制造费用　　　　8 000
　管理费用　　　　6 000
　销售费用　　　　4 000
　其他业务成本　　　　2 000
　贷：累计折旧　　　　20 000

【例4-31】 对生产车间的一台生产机器进行日常修理,以银行存款支付修理费1 600元。

这笔业务是固定资产修理业务,摘要为:支付固定资产修理费。此项经济业务一方面发生了生产车间的固定资产修理费,应计入本期管理费用,借记"管理费用"科目;另一方面,企业的银行存款减少,应贷记"银行存款"科目。因此,企业根据修理费发票和银行存款付款凭证编制会计分录如下:

借:管理费用　　1 600
　贷:银行存款　　1 600

(四)其他费用的核算

【例4-32】 行政管理人员李明报销差旅费3 500元,原预借5 000元,余款交回现金。

这是一笔报销差旅费的业务,摘要为:报销差旅费,余款交回。此项经济业务一方面使当期期间费用增加,由于是行政管理人员的差旅费用,应计入管理费用,借记"管理费用"科目,同时,原预借差旅费剩余部分交回现金,企业现金增加,借记"库存现金"科目;另一方面,由于报销了差旅费并交回余款,职工预借企业款项已结清,贷记"其他应收款"科目。因此,企业根据差旅费报销单、现金收款收据编制会计分录如下:

借:管理费用　　3 500
　库存现金　　1 500
　贷:其他应收款——李明　　5 000

【例4-33】 以银行存款支付本月电费8 580元,其中,生产车间应负担8 180元,行政管理部门应负担400元。

这是一笔支付电费业务,摘要为:支付本月电费。此项经济业务一方面发生了生产车间和行政管理部门的电费,其中,生产车间的电费应计入制造费用,借记"制造费用"科目,行政管理部门的电费应计入管理费用,借记"管理费用"科目;另一方面,企业的银行存款减少,贷记"银行存款"科目。因此,根据电费发票、银行存款付款凭证编制会计分录如下:

借:制造费用　　8 180
　管理费用　　400
　贷:银行存款　　8 580

【例4-34】 以银行存款支付以后两个年度房屋租赁费8 000元。

预付以后两个年度房屋租赁费,虽然款项在本月实际支付,但其受益期为以后两个年度各月份,此时,企业应设置"长期待摊费用"账户。该账户根据资产类"长期待摊费用"科目设置,用以核算已经支付但应由本期和以后各期负担的分摊期限在1年以上的各项费用,如以经营租赁方式租入的固定资产发生的改良支出等。企业发生的长期待摊费用,记入该账户的借方;在受益期内摊销时,记入该账户的贷方;该账户的期末余额在借方,反映企业尚未摊销完毕的长期待摊费用。该账户可按费用项目设置明细账进行明细分类核算。

这是一笔长期待摊费用业务,摘要为:预付房屋租赁费。该业务一方面使企业长期待摊费用增加,借记"长期待摊费用"科目;另一方面,企业银行存款减少,贷记"银行存款"科目。企业根据银行存款付款凭证、租赁费发票(或收据)编制会计分录如下:

借:长期待摊费用　　8 000

　　贷:银行存款　　　　　　　　　　　　　　8 000

在以后两个年度,对此项长期待摊费用应按月摊销计入各月的损益。

【例 4-35】 摊销应由本月负担的租入行政办公用房装修费 2 500 元。

这是一笔长期待摊费用业务,摘要为:摊销房屋装修费。租入行政办公用房屋装修费属于经营租入固定资产的改良支出,在发生时记入"长期待摊费用"账户,在房屋的租赁期内按月摊销计入各月损益。摊销时一方面本期的相关成本费用增加,行政办公用房的费用应计入管理费用,借记"管理费用"科目;另一方面,长期待摊费用减少,贷记"长期待摊费用"科目。因此,企业根据房屋装修费摊销计算表编制会计分录如下:

借:管理费用　　　　　　　　　　　　　　2 500

　　贷:长期待摊费用　　　　　　　　　　　　2 500

【例 4-36】 月末,计提按季支付利息的短期借款及按年支付利息的长期借款利息,假定本期利息均不符合资本化条件。

这是一笔计提借款利息的业务,摘要为:计提长短期借款利息。企业的借款利息可直接归属于符合资本化条件的资产的购建或者生产的,应当予以资本化,计入符合资本化条件的资产成本。其他借款利息应当在发生时根据其发生额确认为财务费用,计入当期损益。

借款从借入时起即开始发生利息费用,因此,对于按季支付利息的短期借款,以及按年支付利息的长期借款,企业一般采用月末计提的方式进行处理。在借入借款后的每月月末,根据借款的本金和利率计算出当月应负担的利息,对于不符合资本化条件的,借记"财务费用"科目;同时,增加当期应付利息这项负债,贷记"应付利息"科目。

根据例 4-5、例 4-6 的资料,本月应计提的利息费用为:

短期借款利息=500 000×4.8%÷12=2 000(元)

长期借款利息=1 000 000×6%÷12=5 000(元)

企业根据借款利息计算表编制会计分录如下:

借:财务费用　　　　　　　　　　　　　　7 000

　　贷:应付利息　　　　　　　　　　　　　　7 000

【例 4-37】 月末,以银行存款支付本季度短期借款利息 6 000 元和本年度长期借款利息 60 000 元。

这是一笔支付借款利息的业务,摘要为:支付本季度短期借款利息。此项经济业务一方面使企业银行存款减少,应贷记"银行存款"科目;另一方面,由于企业按月计提了短期借款利息,所以在实际支付借款利息时,冲减应付利息这项负债,借记"应付利息"科目。因此,企业根据贷款利息凭证编制会计分录如下:

借:应付利息　　　　　　　　　　　　　　66 000

　　贷:银行存款　　　　　　　　　　　　　　66 000

(五) 制造费用的分配

【例 4-38】 月末,将本月制造费用按机器工时比例在 A、B 产品之间进行分配。根据生产车间工时记录,本月 A 产品机器工时为 7 000 工时,B 产品机器工时为 3 000 工时。

这是一笔分配制造费用的业务,摘要为:分配制造费用。根据"制造费用"账户记录,本月

共发生制造费用136 600元,按A、B两种产品的机器工时比例进行分配,则:

制造费用分配率=136 600÷(7 000+3 000)=13.66(元/工时)

A产品分摊的制造费用=7 000×13.66=95 620(元)

B产品分摊的制造费用=3 000×13.66=40 980(元)

“制造费用”账户中归集的是A、B两种产品的间接成本,也属于产品成本的重要构成部分。因此,计算出A、B两种产品应负担的制造费用后,应将其从“制造费用”账户的贷方结转到A、B两种产品的“生产成本”账户的借方,结转后“制造费用”账户应无余额。同时,A、B两种产品“生产成本”账户中才能反映其直接材料、直接人工及制造费用等全部成本构成项目,从而进一步计算出产品的实际生产成本。因此,根据制造费用分配计算表编制会计分录如下:

借:生产成本——A产品　　95 620

　　　　　　——B产品　　40 980

　贷:制造费用　　136 600

(六) 计算并结转完工产品成本

通过以上各项费用的归集与分配,应计入产品成本的各项费用均已记入了各产品“生产成本”账户的借方。但这些费用仅是本月发生的生产成本,对于在以前月份投产的产品,还必须考虑该产品在以前月份已发生的生产成本,即将本期发生的生产成本加上期初在产品成本,才是该产品至本月所发生的全部生产成本,然后再采用适当的方法,将其在本期完工产品和期末在产品之间进行分配,从而计算并结转本期完工产品的实际生产成本。

【例4-39】 A产品本月初在产品1 000件,成本80 700元,其中,直接材料51 700元,直接人工13 000元,制造费用16 000元,月末全部完工验收入库。B产品无期初在产品,本月投产800件,月末尚未完工。

这是一笔计算并结转本月完工产品成本的业务,摘要为:产品完工验收入库。

根据A产品的“生产成本”账户记录,至本月末共归集了A产品的生产成本311 820元,其中,直接材料133 300元,直接人工66 900元,制造费用111 620元。由于A产品1 000件期末全部完工,因此,这1 000件A产品的总成本为311 820元,单位成本为311.82元。A产品完成了加工过程并验收入库,在计算出实际成本后,应将其从“生产成本”账户的贷方结转到“库存商品”账户的借方,按A产品的实际生产成本反映库存商品的增加。

假如根据B产品的“生产成本”账户记录,至本月末共归集了B产品的生产成本130 180元,其中,直接材料68 800元,直接人工20 400元,制造费用40 980元。由于B产品800件全部未完工,因此,其“生产成本”账户中归集的为B产品期末在产品的成本,保留在B产品“生产成本”账户的借方,待下期继续归集B产品的生产成本。

企业根据产品入库单、产品成本计算单编制会计分录如下:

借:库存商品——A产品　　311 820

　贷:生产成本——A产品　　311 820

根据以上会计分录登记成本类账户如表4-2所示。

表 4-2　成本类账户的登记结果

制造费用

借方		贷方	
(24)	93 120	(38)	136 600
(25)	20 000		
(26)	5 800		
(28)	1 500		
(30)	8 000		
(33)	8 180		
本期借方发生额	136 600	本期贷方发生额	136 600

生产成本——A 产品

借方		贷方	
期初余额	80 700		
(24)	81 600	(39)	311 820
(25)	40 000		
(26)	6 400		
(28)	7 500		
(38)	95 620		
本期借方发生额	231 120	本期贷方发生额	311 820

生产成本——B 产品

借方		贷方	
(24)	68 800		
(25)	15 000		
(26)	2 400		
(28)	3 000		
(38)	40 980		
本期借方发生额	130 180		
期末余额	130 180		

第四节　销售过程业务的核算

【学习目标】

1. 理解销售过程核算业务所涉及的账户的结构。
2. 掌握销售过程核算业务的账务处理。

【重点难点】

1. 重点：销售过程核算业务的账务处理。
2. 难点：应收款项发生坏账的核算。

在销售过程中，企业通过出售产品或材料取得营业收入，并按销售额和规定的税率向购买方收取增值税销项税额，因此，销售过程核算的首要任务是反映营业收入的取得、增值税销项税额的发生和销售账款的结算情况，并归集在销售过程中发生的各项销售费用。另一方面，随着产品或材料的销售收入的确认，已销售产品或材料的实际生产成本或采购成本也须计入当期损益，形成营业成本；同时，企业在取得营业收入时，还应按税法的相关规定，计缴相关税费，形成营业税金。因此，销售过程的核算还需反映企业当期的营业成本及营业税金，以便计算企业的营业利润。

一、销售过程的业务核算应设置的账户

为了完成销售过程的核算任务,企业须设置以下账户:

(一)"主营业务收入"账户

它根据损益类"主营业务收入"科目设置,用以核算企业确认的销售商品等主营业务的收入。该账户贷方登记已实现的商品销售收入;借方登记期末结转到"本年利润"账户的数额;期末结转后该账户无余额。

(二)"其他业务收入"账户

它根据损益类"其他业务收入"科目设置,用以核算企业确认的除主营业务活动以外的其他经营活动实现的收入,包括出租固定资产、出租无形资产、出租包装物和商品、销售材料等实现的收入。该账户贷方登记取得的其他业务收入;借方登记期末结转到"本年利润"账户的数额;期末结转后该账户无余额。

(三)"主营业务成本"账户

它根据损益类"主营业务成本"科目设置,用以核算企业确认销售产品等主营业务收入时应结转的成本。该账户借方登记已经实现销售的商品的成本;贷方登记期末结转到"本年利润"账户的数额;期末结转后该账户无余额。

(四)"其他业务成本"账户

它根据损益类"其他业务成本"科目设置,用以核算企业确认的除主营业务活动以外的其他经营活动所发生的成本,包括销售材料的成本、出租固定资产的折旧额、出租无形资产的摊销额、出租包装物的成本或摊销额等。该账户借方登记其他业务发生的成本;贷方登记期末结转到"本年利润"账户的数额;期末结转后该账户无余额。

(五)"营业税金及附加"账户

它根据损益类"营业税金及附加"科目设置,用以核算企业经营活动发生的营业税、消费税、城市维护建设税、资源税和教育费附加等相关税费。其借方登记企业按规定计算确定的与经营活动相关的税费;贷方登记期末结转到"本年利润"账户的数额;期末结转后该账户无余额。

(六)"应收账款"账户

它根据资产类"应收账款"科目设置,用以核算企业因销售商品等经营活动应收取的款项。企业发生应收账款时按应收金额,记入该账户的借方;收回应收账款以及因故确认为坏账转销应收账款时,记入该账户的贷方。该账户的期末余额在借方,反映企业尚未收回的应收账款。该账户可按债务人设置明细账进行明细分类核算。

(七)"应收票据"账户

它根据资产类"应收票据"科目设置,用以核算企业因销售商品等收到的商业汇票,包括银行承兑汇票和商业承兑汇票。企业因销售商品收到商业汇票时,按其票面金额,记入该账户的借方;商业汇票到期,按其票面金额记入该账户的贷方。该账户的期末余额在借方,反映企业持有的商业汇票的票面金额。

二、销售过程主要经济业务的核算

【例4-40】 2×12年12月2日,销售给明华公司A产品2 000件,开具的增值税专用发票上注明的售价为1 000 000元,增值税税额为170 000元,收到明华公司开具的银行承兑汇票一张。

这是一笔销售业务，摘要为：销售产品，收到一张银行承兑汇票。此项经济业务一方面使企业收到了一张银行承兑汇票，应按其票面金额即销售产品的价税合计额借记“应收票据”科目；另一方面，企业通过销售产品取得的收入属于主营业务收入，应按增值税专用发票上的销售金额贷记“主营业务收入”科目，应向购货方收取的增值税销项税额，贷记“应交税费——应交增值税”科目。因此，企业根据增值税专用发票的记账联和收据编制会计分录如下：

借：应收票据　　1 170 000

　贷：主营业务收入　　1 000 000

　　应交税费——应交增值税（销项税额）　　170 000

【例 4-41】　2×12 年 12 月 5 日，以银行存款支付本月广告费 6 000 元。

这是一笔销售费用业务，摘要为：支付广告费。此项经济业务一方面发生了广告费，应计入销售费用，借记“销售费用”科目；另一方面，企业银行存款减少，应贷记“银行存款”科目。因此，根据银行存款付款凭证、广告费发票编制会计分录如下：

借：销售费用　　6 000

　贷：银行存款　　6 000

【例 4-42】　2×12 年 12 月 18 日，销售甲材料 100 千克，开具的增值税专用发票上注明的售价为 8 000 元，增值税税额为 1 360 元，款项已收存银行。

这是一笔销售业务，摘要为：销售材料，货款收到。此项经济业务一方面使企业收到销售价款及增值税销项税额，银行存款增加，应借记“银行存款”科目；另一方面，企业通过销售材料取得的收入属于其他业务收入，应按增值税专用发票上的售价贷记“其他业务收入”科目，向购货方收取的增值税销项税额，贷记“应交税费——应交增值税”科目。因此，企业根据增值税专用发票的记账联、银行存款收款凭证编制会计分录如下：

借：银行存款　　9 360

　贷：其他业务收入　　8 000

　　应交税费——应交增值税（销项税额）　　1 360

【例 4-43】　2×12 年 12 月 20 日，向鸣海公司销售 A 产品 300 件，开具的普通发票上注明价款175 500元，以银行存款代垫运费 3 000 元，款项尚未收到。

这是一笔销售业务，摘要为：销售产品，货款尚未收到。企业将产品销售给小规模纳税人或消费者时，只能开具普通发票，普通发票中的价款为含增值税的销售价格，此时，须将含税销售价格换算成不含税销售价格，换算公式如下：

不含税售价＝含税售价÷(1＋增值税税率)＝175 500÷(1＋17%)＝150 000(元)

增值税税额＝不含税售价×增值税税率＝150 000×17%＝25 500(元)

企业销售产品过程中支付的运杂费有两种情况，一是由销售方负担，应计入当期销售费用；二是由购买方负担，销售方代为垫付，该款项应从购买方收回，计入应向购买方收取的款项总额中。

因此，企业根据普通发票的记账联、银行存款付款凭证等编制会计分录如下：

借：应收账款——鸣海公司　　178 500

　贷：主营业务收入　　150 000

　　应交税费——应交增值税（销项税额）　　25 500

　　银行存款　　3 000

【例4-44】 本月共销售A产品2 300件,A产品的实际生产成本为310元/件。月末,结转本月销售A产品的生产成本。

这是一笔结转已销产品生产成本业务,摘要为:结转已销产品的生产成本。随着该产品的销售,一方面,企业库存A产品减少,应贷记"库存商品"科目;另一方面,需在本期损益中确认的已销售A产品的生产成本增加,应借记"主营业务成本"科目。因此,根据已销产品销售成本计算表编制会计分录如下:

借:主营业务成本　　713 000

　　贷:库存商品——A产品　　713 000

【例4-45】 本月共销售甲材料100千克,若甲材料的实际采购成本为50.5元/千克。月末,结转本月销售甲材料的采购成本。

这是一笔结转已销材料采购成本业务,摘要为:结转已销材料采购成本。随着该材料的销售,一方面,企业库存甲材料减少,应贷记"原材料"科目;另一方面,需在本期损益中确认的已销售甲材料的实际采购成本增加,应借记"其他业务成本"科目。因此,根据已销甲材料采购成本计算表编制会计分录如下:

借:其他业务成本　　5 050

　　贷:原材料——甲材料　　5 050

【例4-46】 企业本月共销售A产品1 150 000元,销售的A产品属消费税应税产品,适用税率为5%。月末,计算本月销售A产品应负担的消费税。

这是一笔计算应交税费业务,摘要为:计算本月应交消费税。

根据相关账户记录,本月共销售A产品1 150 000元,按5%的税率计算应交消费税57 500元,一方面,应计入当期损益,借记"营业税金及附加"科目;另一方面,由于消费税尚未实际缴纳,企业应交税费这项负债增加,贷记"应交税费"科目。因此,根据应交消费税计算表编制会计分录如下:

借:营业税金及附加　　57 500

　　贷:应交税费——应交消费税　　57 500

【例4-47】 该企业的车队对外提供运输劳务,当月收入50 000元全部收到存入银行。

这是一笔劳务收入业务,摘要为:运输劳务收入收到存入银行。该企业的车队对外提供运输劳务取得的收入属于经营活动取得的收入,此项经济业务一方面使企业收到运输劳务收入,银行存款增加,应借记"银行存款"科目;另一方面,企业通过提供运输劳务取得的收入属于其他业务收入,应贷记"其他业务收入"科目。因此,根据劳务收入发票、银行存款付款凭证编制会计分录如下:

借:银行存款　　50 000

　　贷:其他业务收入　　50 000

【例4-48】 承例4-46,该企业适用的营业税税率为3%。计算本月企业应负担的营业税。

这是一笔计算应交税费业务,摘要为:计算本月应交营业税。该企业的车队对外提供运输劳务取得的收入属于经营活动取得的收入,根据计算,企业本月应缴纳的营业税为1 500元,因此一方面应计入当期损益,借记"营业税金及附加"科目;另一方面,由于营业税尚未实际缴纳,企业应交税费这项负债增加,贷记"应交税费"科目。因此,根据应交营业税计算表编制会计分录如下：

借：营业税金及附加　　1 500

　　贷：应交税费——应交营业税　　1 500

【例4-49】 月末，计提本月的城市维护建设税及教育费附加。本企业适用的城市维护建设税税率及教育费附加的征收比率分别为7%和3%。

这是一笔计算应交税费业务，摘要为：计算本月应交城建税和教育费附加。城市维护建设税和教育费附加是以企业缴纳的增值税、消费税、营业税税额为依据所征收的附加税费，分别用于城市的公用事业和公共设施的维护建设及教育支出。

根据账户记录登记应交税费相关账户如表4-3所示。

表4-3　应交税费相关账户的登记结果

应交税费——应交增值税

借方		贷方	
		期初余额	110 000
		(39)	170 000
(7)	110 000	(41)	1 360
(12)	8 500	(42)	25 500
(13)	6 800		
(15)	68 000		
(18)	17 000		
(20)	6 800		
(21)	17 000		
本期借方发生额	172 900	本期贷方发生额	196 860
		期末余额	133 960

应交税费——应交消费税

借方		贷方	
		期初余额	30 000
(7)	30 000	(45)	57 500
本期借方发生额	30 000	本期贷方发生额	57 500
		期末余额	57 500

应交税费——应交营业税

借方		贷方	
		期初余额	1 500
(7)	1 500	(22)	95 000
		(47)	1 500
本期借方发生额	1 500	本期贷方发生额	96 500
		期末余额	96 500

本月应交增值税为133 960元，应交消费税为57 500元，应交营业税为96 500元，则：

应交城建税＝(133 960＋57 500＋96 500)×7%＝20 157.2(元)

应交教育费附加＝(133 960＋57 500＋96 500)×3%＝8 638.8(元)

本月应负担的城建税及教育费附加一方面应计入当期损益，借记“营业税金及附加”科目；另一方面，由于城建税及教育费附加尚未实际缴纳，企业应交税费这项负债增加，应贷记“应交税费”科目。因此，根据应交城建税和教育费附加计算表编制会计分录如下：

借：营业税金及附加　　28 796

　　贷：应交税费——应交城建税　　20 157.20

　　　　　　　　——应交教育费附加　　8 638.80

三、应收款项发生坏账的核算

企业的各项应收款项可能会因购货人拒付、破产、死亡等原因而无法收回,这类无法收回的应收款项就是坏账,因坏账而遭受的损失为坏账损失。企业应当在资产负债表日对应收款项的账面价值进行检查,有客观证据表明应收款项发生减值的,应当将减记的金额确认减值损失,计提坏账准备。

(一) 账户设置

1.“资产减值损失”账户

它根据损益类“资产减值损失”科目设置,用以核算企业计提各项资产减值准备所形成的损失,包括坏账损失、存货跌价损失、固定资产减值损失等。其借方登记相关资产减值的损失金额;贷方登记相关资产的价值得以恢复时,在原已计提减值准备金额内,恢复增加的金额;期末应将该账户的余额转入“本年利润”账户,结转后该账户无余额。

2.“坏账准备”账户

它根据资产类“坏账准备”科目设置,是“应收账款”、“其他应收款”等账户的备抵账户,用以核算应收款项的坏账准备计提、转销等情况。企业当期计提的坏账准备应当计入资产减值损失。该账户贷方登记当期计提的坏账准备金额;借方登记实际发生的坏账损失金额和冲减的坏账准备金额;期末余额一般在贷方,反映企业已计提但尚未转销的坏账准备。

(二) 应收款项减值(坏账准备)的账务处理

坏账准备可按以下公式计算:

本期应提取的坏账准备=当期按应收款项计算应计提坏账准备金额－
“坏账准备”账户的贷方余额

当期按应收款项计算应计提坏账准备的金额大于“坏账准备”账户的贷方余额时,应按其差额提取坏账准备;如果当期按应收款项计算应计提坏账准备的金额小于“坏账准备”账户的贷方余额时,应按其差额冲减已计提的坏账准备。

企业计提坏账准备时,按应减记的金额,借记“资产减值损失”科目;贷记“坏账准备”科目。冲减多计提的坏账准备时,借记“坏账准备”科目;贷记“资产减值损失”科目。企业发生坏账损失时,借记“坏账准备”科目;贷记“应收账款”、“其他应收款”等科目。

【例4-50】 朝阳公司2×09年年末应收账款余额为900 000元,假设从该年起企业开始计提坏账准备,坏账准备的提取比例为应收账款的3‰。2×10年年末,应收深云公司账款发生坏账损失1 000元,年末应收账款余额为500 000元;2×11年年末,应收账款余额为800 000元。该企业采用应收账款余额百分比法计提坏账准备。

这是一笔坏账准备业务。其会计处理分以下几个环节:

(1) 2×09年年末提取坏账准备时:

2×09年应计提的坏账准备=900 000×3‰=2 700(元)

借:资产减值损失　　　　2 700

　　贷:坏账准备　　　　　　2 700

(2) 2×10年发生坏账损失时:

借:坏账准备　　　　1 000

　　贷:应收账款——深云公司　　　　1 000

(3) 2×10 年年末提取坏账准备时：

2×10 年年末“坏账准备”账户应保持的贷方余额为 1 500(500 000×3‰)元，而计提坏账准备前该账户已有贷方余额为 1 700 元，因此，应冲销坏账准备 200 元。

借：坏账准备　　200
　　贷：资产减值损失　　200

(4) 2×11 年年末提取坏账准备时：

2×11 年年末，“坏账准备”账户应保持的贷方余额为 2 400(800 000×3‰)元，而计提坏账准备前该账户已有贷方余额为 1 500 元，因此，应补提坏账准备 900 元。

借：资产减值损失　　900
　　贷：坏账准备　　900

第五节　利润形成过程及分配业务的核算

【学习目标】

1. 理解利润形成过程及分配业务核算所涉及的账户的结构。
2. 掌握利润形成过程及分配业务核算的账务处理。

【重点难点】

1. 重点：利润形成过程及分配业务核算的账务处理。
2. 难点：“利润分配”账户的结构；利润形成过程及分配业务核算的账务处理。

追求利润的最大化是企业的经营目标之一，因此，在本期收入与费用核算的基础上，需要进一步计算反映企业利润的形成及其分配情况。

一、利润的构成与计算

利润是指企业在一定会计期间的财务成果。利润包括收入减去费用后的净额、直接计入当期利润的利得和损失等。

直接计入当期利润的利得和损失，是指应当计入当期损益、会导致所有者权益发生增减变动的、与所有者投入资本或者向所有者分配利润无关的利得或者损失。

收入、费用与利得、损失作为企业利润的构成部分，均会导致所有者权益发生变动，并与所有者投入资本或向所有者分配利润无关，但二者有着本质的区别。收入与费用是企业在日常活动中形成的经济利益的总流入及总流出，而利得与损失是与企业日常活动没有直接关联的经济利益净流入或净流出。日常活动是指企业为完成其经营目标所从事的经常性活动以及与之相关的活动。例如，工业企业制造并销售产品，属于企业为完成其经营目标所从事的经常性活动，由此产生的经济利益总流入及总流出，构成企业的收入与费用；而其出售原材料、出租固定资产等，属于与经常性活动相关的活动，由此产生的经济利益的总流入与总流出，也构成企业的收入与费用；对其处置固定资产、对外投资等活动，不是企业为完成其经营目标所从事的经常性活动，也不属于与经常性活动相关的活动，由此产生的经济利益的净流入与净流出，不构成企业的收入与费用，形成企业的利得或损失。

利润的相关计算公式如下:

1. 营业利润

营业利润=营业收入-营业成本-营业税金及附加-销售费用-管理费用-财务费用-资产减值损失+公允价值变动收益(-公允价值变动损失)+投资收益(-投资损失)

其中,营业收入是指企业经营业务所确认的收入总额,包括主营业务收入与其他业务收入;营业成本是指企业经营业务所发生的实际成本总额,包括主营业务成本和其他业务成本。

2. 利润总额

利润总额=营业利润+营业外收入-营业外支出

其中,营业外收入是指企业发生的与其日常活动无直接关系的各项利得;营业外支出是指企业发生的与其日常活动无直接关系的各项损失。

3. 净利润

企业实现的利润总额必须按税法的规定计缴企业所得税,从利润总额中扣除了企业确认的所得税费用后,形成企业的净利润。

净利润=利润总额-所得税费用

二、利润核算应设置的账户

为了反映利润的形成及分配情况,企业应设置以下账户:

1. "营业外收入"账户

它根据损益类"营业外收入"科目设置,用以核算企业发生的与其日常活动无直接关系的各项利得,主要包括非流动资产处置利得、盘盈利得、捐赠利得、确实无法支付而按规定程序经批准后转作营业外收入的应付款项等。该账户贷方登记发生的营业外收入额;借方登记期末转入"本年利润"账户的数额;结转后,该账户期末无余额。该账户可按营业外收入项目设置明细账进行明细分类核算。

2. "营业外支出"账户

它根据损益类"营业外支出"科目设置,用以核算企业发生的与其日常活动无直接关系的各项损失,主要包括非流动资产处置损失、盘亏损失、罚款支出、公益性捐赠支出、非常损失等。该账户借方登记企业发生的各项营业外支出;贷方登记期末转入"本年利润"账户的营业外支出数;结转后,该账户期末无余额。该账户可按营业外支出项目设置明细账进行明细分类核算。

3. "投资收益"账户

它根据损益类"投资收益"科目设置,用以核算企业对外投资所取得的收益或发生的损失。该账户贷方登记投资获取的收益;借方登记投资发生的损失以及期末转入"本年利润"账户的数额;结转后,该账户期末无余额。

4. "本年利润"账户

它根据所有者权益类"本年利润"科目设置,用以核算企业当期实现的净利润(或发生的净亏损)。企业期末结转利润时,应将各损益类账户的余额转入该账户,结平各损益类账户。结转后,该账户的贷方余额为本年度实现的净利润,借方余额为本年度发生的净亏损。年度终了,应将该账户的余额转入"利润分配——未分配利润"账户,结转后该账户应无余额。

5.“所得税费用”账户

它根据损益类“所得税费用”科目设置，用以核算企业确认的应从当期利润总额中扣除的所得税费用。企业按照税法规定计算确定的当期所得税费用，记入该账户的借方。期末，应将该账户的余额转入“本年利润”账户，结转后该账户无余额。

6.“利润分配”账户

它根据所有者权益类“利润分配”科目设置，用以核算企业利润的分配和历年分配后的余额。该账户应当分别设置“提取法定盈余公积”、“应付现金股利或利润”和“未分配利润”等明细账进行明细分类核算。企业按规定提取的法定盈余公积，记入“利润分配——提取法定盈余公积”明细账户的借方；经股东大会或类似机构决议，分配给股东或投资者的现金股利或利润，记入“利润分配——应付现金股利(或应付利润)”明细账户的借方。年度终了，企业应将本年实现的净利润或发生的净亏损，自“本年利润”账户转入“利润分配——未分配利润”明细账户；同时，将“利润分配”账户所属的其他明细账户的余额，转入“利润分配——未分配利润”明细账户，结转后，除“利润分配——未分配利润”明细账户外，“利润分配”账户所属的其他明细账户应无余额。“利润分配——未分配利润”明细账户的年末贷方余额，反映企业本年度末的累积未分配利润；若出现借方余额，反映企业本年度末的累积未弥补亏损。

7.“盈余公积”账户

它根据所有者权益类“盈余公积”科目设置，用以核算企业从净利润中提取的盈余公积。企业按规定提取盈余公积时，记入该账户的贷方；经股东大会或类似机构决议，用盈余公积弥补亏损、转增资本或派送新股时，记入该账户的借方。该账户的期末余额在贷方，反映企业期末结存的盈余公积数额。

8.“应付股利”账户

它根据负债类“应付股利”科目设置，用以核算企业分配的现金股利或利润。根据股东大会或类似机构审议批准的利润分配方案，按应支付的现金股利或利润，记入该账户的贷方；实际支付的现金股利或利润，记入该账户的借方。该账户的期末余额在贷方，反映企业应付未付的现金股利或利润。该账户可按投资者设置明细账进行明细分类核算。

三、利润形成过程的核算

1.营业外收支的核算

【例4-51】 2×12年12月16日，接受外单位捐赠机器设备一台，价值33 500元。

这是一笔营业外收入业务，摘要为：接受捐赠机器设备。此项经济业务一方面使得企业机器设备增加，应借记“固定资产”科目；另一方面，企业接受捐赠获得了捐赠利得，应贷记“营业外收入”科目。因此，固定资产发票、固定资产验收单编制会计分录如下：

借：固定资产　　33 500

　　贷：营业外收入　　33 500

【例4-52】 2×12年12月19日，以银行存款交纳违章罚款4 830元。

这是一笔营业外支出业务，摘要为：交纳违章罚款。此项经济业务一方面由于被罚款处罚发生了罚款支出，应借记“营业外支出”科目；另一方，企业以银行存款支付了罚款，应贷记“银

行存款"科目。因此,根据银行存款付款凭证、罚款单据编制会计分录如下:

借:营业外支出　　4 830

　　贷:银行存款　　4 830

2.投资收益的核算

实际工作中,企业有时会将暂时闲置的资金用来投资以获取投资收益,如购买股票、债券、基金等。为了核算企业为交易目的所持有的债券投资、股票投资、基金投资等交易性金融资产的公允价值,企业应设置"交易性金融资产"账户。该账户可按交易性金融资产的类别和品种,分别"成本"、"公允价值变动"等进行明细分类核算,其借方登记交易性金融资产的取得成本、资产负债表日其公允价值高于账面余额的差额;贷方登记资产负债表日其公允价值低于账面余额的差额,以及企业出售交易性金融资产时结转的成本和公允价值变动损益;期末余额在借方,表示企业期末持有的交易性金融资产的公允价值。对方科目为"公允价值变动损益"。

公允价值变动损益是指企业各种交易性金融资产等公允价值变动所形成的应计入当期损益的利得或损失,即公允价值与账面价值之间的差额。由于新的会计制度引入了公允价值计量观念,新增加了一个一级科目,也是新利润表上"公允价值变动收益"项目的填列依据。该账户是属于损益类账户。其借方核算因公允价值变动而形成的损失金额和贷方发生额的转出额;贷方核算因公允价值变动而形成的收益金额和借方发生额的转出额。资产负债表日,企业应按交易性金融资产的公允价值高于其账面余额的差额,借记"交易性金融资产——公允价值变动"科目,贷记本科目;公允价值低于其账面余额的差额,做相反的会计分录。出售交易性金融资产时,应按实际收到的金额,借记"银行存款"等科目,按其账面余额,贷记"交易性金融资产——成本、公允价值变动"科目;同时,按"公允价值变动损益"科目的余额,借记或贷记本科目,贷记或借记"投资收益"科目。

交易性金融资产在初始确认时,应按其公允价值计入成本,所发生的交易费用,则计入投资收益;持有期间所获得的股利等收益计入当期损益。

【例4-53】 朝阳公司2×12年12月发生如下经济业务:

(1) 18日,从二级市场购入A上市公司股票100 000股,每股8元,另支付相关的交易费用2 000元。该公司将该股票划分为交易性金融资产。

(2) 28日,将所持有的股票以每股8.1元的价格全部售出,所得价款810 000元已存入银行,另支付相关的交易费用2 500元。

假定不考虑其他因素。这是一笔投资业务,该公司应做会计分录如下:

(1) 12月18日,购入A上市公司股票时,根据银行存款付款凭证和有关投资交割凭证编制会计分录如下:

借:交易性金融资产——成本　　800 000

　　投资收益　　2 000

　　贷:银行存款　　802 000

(2) 12月28日,将A上市公司股票全部售出时,根据银行存款收款凭证和有关投资交割凭证编制会计分录如下:

借:银行存款　　807 500

贷:交易性金融资产——成本　　　　800 000

投资收益　　　　7 500

3. 利润的核算

在会计期末,企业应将"主营业务收入"、"其他业务收入"、"投资收益"、"营业外收入"等收入类账户的期末余额,分别转入"本年利润"账户的贷方;将"主营业务成本"、"营业税金及附加"、"其他业务成本"、"销售费用"、"管理费用"、"财务费用"、"资产减值损失"、"营业外支出"、"所得税费用"等费用类账户的期末余额,分别转入"本年利润"账户的借方。

【例 4-54】 2×12 年 12 月月末,将各损益类账户的余额结转到"本年利润"账户,见表 4-4。

表 4-4　结转各损益类账户的余额

主营业务收入

借方		贷方	
(53)	1 150 000	(39)	1 000 000
		(42)	150 000
本期借方发生额	1 150 000	本期贷方发生额	1 150 000

其他业务收入

借方		贷方	
(53)	58 000	(41)	8 000
		(46)	50 000
本期借方发生额	58 000	本期贷方发生额	58 000

投资收益

借方		贷方	
(52)	2 000	(52)	7 500
(53)	5 500		
本期借方发生额	7 500	本期贷方发生额	7 500

营业外收入

借方		贷方	
(53)	118 500	(22)	85 000
		(50)	33 500
本期借方发生额	118 500	本期贷方发生额	118 500

主营业务成本

借方		贷方	
(43)	713 000	(53)	713 000
本期借方发生额	713 000	本期贷方发生额	713 000

其他业务成本

借方		贷方	
(29)	2 000	(53)	7 050
(44)	5 050		
本期借方发生额	7 050	本期贷方发生额	7 050

营业税金及附加

借方		贷方	
(45)	57 500	(53)	87 796
(47)	1 500		
(48)	28 796		
本期借方发生额	87 796	本期贷方发生额	87 796

销售费用

借方		贷方	
(24)	2 520	(53)	26 020
(25)	10 000		
(26)	2 900		
(28)	600		
(29)	4 000		
(40)	6 000		
本期借方发生额	26 020	本期贷方发生额	26 020

管理费用

借方		贷方	
(24)	208	(53)	38 628
(25)	18 000		
(26)	5 220		
(28)	1 200		
(29)	6 000		
(30)	1 600		
(31)	3 500		
(32)	400		
(34)	2 500		
本期借方发生额	38 628	本期贷方发生额	38 628

财务费用

借方		贷方	
(35)	7 000	(53)	7 000
本期借方发生额	7 000	本期贷方发生额	7 000

资产减值损失

借方		贷方	
(49)	900	(53)	900
本期借方发生额	900	本期贷方发生额	900

营业外支出

借方		贷方	
(23)	33 500	(53)	38 330
(51)	4 830		
本期借方发生额	38 330	本期贷方发生额	38 330

这是一笔结转损益类账户业务。根据以上账户记录,将各损益类账户余额从相反方向转出,编制会计分录如下:

(1) 结转收入时:

借:主营业务收入　　1 150 000
　　其他业务收入　　58 000
　　投资收益　　5 500
　　营业外收入　　118 500
　　贷:本年利润　　1 342 000

(2) 结转费用时:

借:本年利润　　918 724
　　贷:主营业务成本　　713 000
　　　　其他业务成本　　7 050
　　　　营业税金及附加　　87 796
　　　　销售费用　　26 020
　　　　管理费用　　38 628
　　　　财务费用　　7 000
　　　　资产减值损失　　900
　　　　营业外支出　　38 330

本月实现的利润总额=1 342 000-918 724=423 276(元)

【例4-55】 承例4-53,已知企业适用的所得税税率为25%,计提并结转本月所得税费用。

这是一笔应交税费业务,摘要为:计算应交所得税。

应交所得税＝423 276×25%＝105 819(元)

本期实现的净利润＝423 276－105 819＝317 457(元)

计算出的本月应交所得税，一方面增加了应从当期利润总额中扣除的所得税费用，应借记“所得税费用”科目；另一方面，由于该项税费尚未实际缴纳，企业应交税费这项负债增加，应贷记“应交税费”科目。

另外，“所得税费用”账户的期末余额应转入“本年利润”账户，以反映当期的净利润。因此，编制会计分录如下：

(1) 计提当期所得税费用，根据所得税计算表编制会计分录如下：

借：所得税费用　　105 819

　　贷：应交税费——应交所得税　　105 819

(2) 结转所得税费用时：

借：本年利润　　105 819

　　贷：所得税费用　　105 819

若“本年利润”账户的期初贷方余额为 182 543 元(即企业本年度 1—11 月份实现的净利润)，12 月份实现的净利润为 317 457 元，12 月月末，“本年利润”账户贷方余额 500 000 元即该企业本年度实现的净利润。

四、利润分配业务的核算

利润分配是指企业根据国家有关规定和企业章程、投资者协议等，对企业当年可供分配的利润所进行的分配。当年可供分配的利润包括当年实现的净利润与年初未分配利润。

未分配利润是经过提取法定盈余公积、提取任意盈余公积和向投资者分配利润等利润分配后剩余的利润。它是企业留待以后年度进行分配的历年结存的利润，相对于本年度实现的利润来说，企业对未分配利润的使用有较大的自主权。

企业利润分配的顺序依次是：① 弥补亏损；② 提取法定盈余公积；③ 提取任意盈余公积；④ 向投资者分配利润。

根据《公司法》的规定，公司制企业应当按照净利润的 10%计提法定盈余公积，法定盈余公积累计额已达注册资本的 50%时可以不再提取。应注意的是，由于年初未分配利润为已提取法定盈余后的留存利润，因此，在计算提取法定盈余公积的基数时，不应包括年初未分配利润。

公司制企业可以根据股东大会的决议提取任意盈余公积，计提的基数与比例由企业自行决定。

公司制企业可经股东大会或类似机构决议，向投资者分配现金股利或利润。

【例 4-56】 2×12 年 12 月月末，朝阳公司本年度税后利润为 500 000 元，根据规定按本年税后利润的 10%提取法定盈余公积；经股东会决议，按本年税后利润的 8%提取任意盈余公积。

这是一笔利润分配业务，摘要为：提取法定和任意盈余公积。

法定盈余公积计提额＝500 000×10%＝50 000(元)

任意盈余公积计提额＝500 000×8%＝40 000(元)

提取法定盈余公积、任意盈余公积属于企业利润分配,该项业务一方面使企业已分配利润增加、未分配利润减少,应借记"利润分配——提取法定盈余公积"和"利润分配——提取任意盈余公积"科目;另一方面,所有者权益中来自于企业盈利的积累增加,应贷记"盈余公积"科目。因此,根据盈余公积计提计算表编制会计分录如下:

借:利润分配——提取法定盈余公积　　50 000
　　　　　　——提取任意盈余公积　　40 000
　贷:盈余公积　　90 000

【例4-57】 根据股东会决议,按投资者出资比例向投资者分配现金利润210 000元。企业甲、乙、丙三位投资者各占1/3的出资比例。

这是一笔利润分配业务,摘要为:分配现金股利。向投资者分配现金利润,一方面使企业已分配利润增加、未分配利润减少,应根据股东大会的决议,借记"利润分配——应付现金股利(或应付利润)"科目;另一方面,由于分配的利润尚未实际支付给投资者,企业应付股利这项负债增加,应贷记"应付股利"科目。因此,根据现金股利分配计算表编制会计分录如下:

借:利润分配——应付现金股利或利润　　210 000
　贷:应付股利——甲　　70 000
　　　　　　——乙　　70 000
　　　　　　——丙　　70 000

【例4-58】 年末,结转"本年利润"及"利润分配"各明细账户。结转前,"本年利润"账户贷方余额为500 000元,"利润分配——提取法定盈余公积"明细账户借方余额为50 000元,"利润分配——提取任意盈余公积"明细账户借方余额为40 000元,"利润分配——应付现金股利(或应付利润)"明细账户的借方余额为210 000元。

这是一笔利润分配业务。应将各账户余额从相反方向结转到"利润分配——未分配利润"账户。因此,编制会计分录如下:

(1) 结转"本年利润"账户时:

借:本年利润　　500 000
　贷:利润分配——未分配利润　　500 000

(2) 结转"利润分配"所属各明细账户时:

借:利润分配——未分配利润　　300 000
　贷:利润分配——提取法定盈余公积　　50 000
　　　　　　——提取法定盈余公积　　40 000
　　　　　　——应付现金股利或利润　　210 000

若"利润分配——未分配利润"明细账户的期初贷方余额为220 000元(即本年年初的累积未分配利润),从以上账户记录可以看出,年末转入其贷方500 000元为本年度实现的净利润,转入其借方的是本年度已分配的利润300 000元,则年末贷方余额420 000元为本年末的累积未分配利润。

本章小结

本章是该教材的主要内容和核心章节。它以工业企业为例，详细阐述了企业日常所发生的基本经济业务的会计处理。它既是对以前几个章节内容的综合运用，同时也为后面章节内容的介绍及以后各专业会计中的会计核算奠定了坚实的基础。

工业企业的日常经营过程主要有供应过程、生产过程和销售过程三个环节。在供应过程和生产过程中，会计核算上既要对其基本的经济业务进行会计处理，同时又要进行成本计算，以确定外购材料的成本和所产产品的成本；在销售过程中，既要确定收入，又要确定相关的成本、费用。

除了上述三个环节之外，工业企业还包括资金筹集、利润的计算与分配等其他环节。企业资金的筹集渠道无外乎所有者投资和借款两个方面。会计基础中的账务处理相对来说较为简单，而企业利润的计算及分配则较为复杂。

在本章中，因会计分录较多，所以在学习时，首先要对前面章节的基本内容——会计科目的名称、账户的结构、借贷记账法等有一个深入的了解，然后对本章中所涉及的基本经济业务的会计处理在理解的基础上加以掌握，同时，辅之以大量的课后练习。为便于复习理解各账户的结构，现将本章所涉及的有关账户的结构加以归纳，汇总如下：

1.“实收资本”账户

它根据所有者权益类“实收资本”科目设置，用以核算投资者投入资本的增减变动情况及其结果。当收到投资者投入的实收资本时，记入该账户的贷方；投资者按相关规定履行相关手续后收回投资时，记入该账户的借方。该账户的期末余额在贷方，表示期末所有者投资的实有数额。该账户应按投资者的名称设置明细分类账户进行明细分类核算。如果为股份公司，“实收资本”账户应改为“股本”账户。

2.“资本公积”账户

它根据所有者权益类“资本公积”科目设置，用以核算企业资本公积的增减变动及其结果。当收到投资者超出其在企业注册资本（或股本）中所占份额的投资，以及其他原因导致资本公积增加时，计入该账户的贷方；当按规定将资本公积转增资本，以及其他原因导致资本公积减少时，计入该账户的借方。该账户的期末余额在贷方，表示企业期末实有的资本公积数额。该账户应设置“资本溢价（或股本溢价）”等明细分类账户进行明细分类核算。

3.“短期借款”、“长期借款”账户

它们根据负债类“短期借款”及“长期借款”科目设置，用以核算企业向银行或其他金融机构等借入的各种借款，其中，借款期限在 1 年以下（含 1 年）的为短期借款；借款期限在 1 年以上的为长期借款。企业借入各种借款时，记入该账户的贷方；归还借款时，记入该账户的借方。该账户的期末余额在贷方，反映企业尚未偿还的各项借款。

4.“应交税费”账户

它根据负债类“应交税费”科目设置，用以核算企业按照税法等规定计算应缴纳的各种税费。企业按照税法等规定计算出应缴的各项税费，记入该账户的贷方；企业实际缴纳的各项税费，记入该账户的借方。该账户的期末余额一般在贷方，反映企业尚未缴纳的税费；期末余额若在借方，则反映企业多缴或尚未抵扣的税费。该账户应按应交税费的种类设置明细分类账户进行明细分类核算。

5.“应付股利”账户

它根据负债类“应付股利”科目设置,用以核算企业分配的现金股利或利润。企业根据股东大会或类似机构审议批准的利润分配方案,按应支付的现金股利或利润,记入该账户的贷方;实际支付的现金股利或利润,记入该账户的借方。该账户的期末余额在贷方,反映企业应付未付的现金股利或利润。该账户应按投资者设置明细分类账户进行明细分类核算。

6.“应付利息”账户

它根据负债类“应付利息”科目设置,用以核算企业向银行等金融机构借款或发行公司债券等应付而未付的利息。其贷方登记期末计入各成本费用的利息额;借方登记实际支付的利息;期末余额在贷方,表示应付未付的利息。该账户应按债权人设置明细分类账户进行明细分类核算。

7.“原材料”账户

它根据资产类“原材料”科目设置,用以核算企业库存各种材料的收发与结存情况。其借方登记入库材料的实际成本;贷方登记发出材料的实际成本;期末余额在借方,反映企业库存材料的实际成本。该账户可按材料的品种、规格设置明细分类账户进行明细分类核算。

8.“在途物资”账户

它根据资产类“在途物资”科目设置,用以核算企业货款已付但尚未验收入库的各种物资(即在途物资)的采购成本。其借方登记企业购入的在途物资的实际成本;贷方登记验收入库在途物资的实际成本;该账户的期末余额在借方,反映企业在途物资的采购成本。

9.“应付账款”账户

它根据负债类“应付账款”科目设置,用以核算企业因购买材料、商品等经营活动应支付的款项。其贷方登记企业因购入材料、商品和接受劳务等尚未支付的款项;借方登记偿还的应付账款;期末余额一般在贷方,反映企业尚未支付的应付账款。该账户可按债权人设置明细分类账户进行明细核算。

10.“应付票据”账户

它根据负债类“应付票据”科目设置,用以核算企业购买材料时开出、承兑的商业汇票,包括银行承兑汇票和商业承兑汇票。企业开出、承兑商业汇票或以承兑商业汇票抵付货款、应付账款时,按票面金额记入该账户的贷方;商业汇票到期支付票款时,按票面金额记入该账户的借方。该账户的期末余额在贷方,反映企业尚未到期的商业汇票的票面金额。

11.“预付账款”账户

它根据资产类“预付账款”科目设置,用来核算按照购货合同规定预付给供应单位的款项。该账户借方登记企业向供货商预付的货款及补付的货款;贷方登记企业收到所购物品应结转的预付货款。期末余额在借方,反映企业向供货单位实际预付的款项;期末余额若在贷方,则反映企业应付或应补付的款项。

12.“固定资产”账户

它根据资产类“固定资产”科目设置,用以核算企业固定资产的原始价值的增减变动情况。其借方登记企业增加的固定资产原始价值;贷方登记企业减少的固定资产原始价值;期末余额在借方,反映企业期末持有的固定资产原始价值。

13.“累计折旧”账户

它根据资产类“累计折旧”科目设置,是“固定资产”账户的备抵账户,用以反映企业固定资产的累计折旧。其贷方登记企业计提的固定资产折旧;借方登记企业处置固定资产转出的累计折旧;期末余额在借方,反映企业持有的固定资产已计提的累计折旧,即已损耗的价值。“固定资产”账户的期末借方余额减去“累计折旧”账户的期末贷方余额,即为企业持有的固定资产的净值。

14.“固定资产清理”账户

它根据资产类“固定资产清理”科目设置,用以核算企业固定资产的出售、报废、毁损等处置情况。其借方登记因处置而转出的固定资产价值和发生的清理费用,以及出售不动产应缴纳的营业税;贷方登记出售固定资产的收入和报废、毁损固定资产的变价收入,以及应由保险公司或过失人赔偿的损失。该账户的期末余额在借方,反映企业尚未清理完毕固定资产清理净损失;期末余额在贷方,反映企业尚未清理完毕固定资产清理净收益。清理完毕,将该账户的余额转入营业外收支后,该账户无余额。

15.“生产成本”账户

它根据成本类“生产成本”科目设置,用以归集和计算产品生产过程中发生的各项生产费用,包括直接材料、直接人工、其他直接费用,以及期末按照一定的标准分配计入产品生产成本的制造费用。其借方登记企业在产品制造过程中所发生的各项生产费用;贷方登记结转完工入库产品的生产成本;期末余额在借方,反映企业尚未加工完成的各种在产品的实际生产成本。该账户应按成本核算对象(产品的品种等)设置明细账,并按照规定的成本项目设置专栏进行明细分类核算。

16.“制造费用”账户

它根据成本类“制造费用”科目设置,用以归集和分配企业为生产产品而发生的各项间接费用。当企业发生各项间接费用时,记入该账户的借方;期末,按该账户借方归集的间接费用总额,采用一定的方法在各种产品间进行分配,按各种产品分摊的制造费用金额从该账户的贷方转入“生产成本”账户的借方;结转后,该账户无余额。该账户可按不同的生产车间、部门设置明细账,并按照费用项目设置专栏进行明细分类核算。

17.“库存商品”账户

它根据资产类“库存商品”科目设置,用以核算企业库存商品的增减变动及其结存情况。企业产品生产完工并验收入库时,按其实际生产成本记入该账户的借方;企业对外销售产品出库,结转销售成本时,按销售产品的实际生产成本记入该账户的贷方。该账户的期末余额在借方,反映企业库存商品的实际成本。该账户可按产品的种类、品种和规格来设置明细账进行明细分类核算。

18.“销售费用”账户

它根据损益类“销售费用”科目设置,用以核算企业销售产品和材料过程中发生的如广告费、展览费等各种销售费用。企业在产品和材料销售过程中发生的各项销售费用,记入该账户的借方;期末,应将该账户的余额转入“本年利润”账户,结转后该账户无余额。该账户可按费用项目设置专栏进行明细分类核算。

19.“管理费用”账户

它根据损益类“管理费用”科目设置,用以核算企业行政管理部门为组织和管理生产经营活动所发生的各项管理费用。企业发生的各项管理费用,记入该账户的借方;期末,应将该账户的余额转入“本年利润”账户,结转后该账户无余额。该账户可按费用项目设置专栏进行明细分类核算。

20.“财务费用”账户

它根据损益类“财务费用”科目设置,用以核算企业为筹集生产经营所需资金而发生的筹资费用,包括利息支出、汇兑损益以及相关的手续费等。企业发生的各项财务费用,记入该账户的借方;期末,应将该账户的余额转入“本年利润”账户,结转后该账户无余额。该账户可按费用项目设置专栏进行明细分类核算。

21.“应付职工薪酬”账户

它根据负债类“应付职工薪酬”科目设置,用以核算企业根据有关规定应付给职工的各种薪酬,企业计算出的应付各项职工薪酬记入该账户的贷方;实际发放职工薪酬时,记入该账户的借方。该账户的期末余额在贷方,反映企业应付未付的职工薪酬。该账户可按“工资”、“职工福利”、“社会保险费”、“工会经费”、“职工教育经费”、“非货币性福利”等设置明细账进行明细分类核算。

22.“长期待摊费用”账户

它根据资产类“长期待摊费用”科目设置,用以核算已经支付但应由本期和以后各期负担的分摊期限在1年以上的各项费用。企业发生的长期待摊费用,记入该账户的借方;在受益期内摊销时,记入该账户的贷方。该账户的期末余额在借方,反映企业尚未摊销完毕的长期待摊费用。该账户可按费用项目设置明细账进行明细分类核算。

23.“主营业务收入”账户

它根据损益类“主营业务收入”科目设置,用以核算企业确认的销售商品等主营业务的收入。该账户贷方登记已实现的商品销售收入;借方登记期末结转到“本年利润”账户的数额;期末结转后,该账户无余额。

24.“其他业务收入”账户

它根据损益类“其他业务收入”科目设置,用以核算企业确认的除主营业务活动以外的其他经营活动实现的收入,包括出租固定资产、出租无形资产、出租包装物和商品、销售材料等实现的收入。该账户贷方登记取得的其他业务收入;借方登记期末结转到“本年利润”账户的数额;期末结转后,该账户无余额。

25.“主营业务成本”账户

它根据损益类“主营业务成本”科目设置,用以核算企业确认销售产品等主营业务收入时应结转的成本。该账户借方登记已经实现销售的商品的成本;贷方登记期末结转到“本年利润”账户的数额;期末结转后,该账户无余额。

26.“其他业务成本”账户

它根据损益类“其他业务成本”科目设置,用以核算企业确认的除主营业务活动以外的其他经营活动所发生的成本,包括销售材料的成本、出租固定资产的折旧额、出租无形资产的摊销额、出租包装物的成本或摊销额等。该账户借方登记其他业务发生的成本;贷方登记期末结转到“本年利润”账户的数额;期末结转后,该账户无余额。

27.“营业税金及附加”账户

它根据损益类“营业税金及附加”科目设置,用以核算企业经营活动发生的营业税、消费税、城市维护建设税、资源税和教育费附加等相关税费。其借方登记企业按规定计算确定的与经营活动相关的税费;贷方登记期末结转到“本年利润”账户的数额;期末结转后,该账户无余额。

28.“应收账款”账户

它根据资产类“应收账款”科目设置，用以核算企业因销售商品等经营活动应收取的款项。企业发生应收账款时按应收金额，记入该账户的借方；收回应收账款以及因故确认为坏账转销应收账款时，记入该账户的贷方。该账户的期末余额在借方，反映企业尚未收回的应收账款。该账户可按债务人设置明细账进行明细分类核算。

29.“应收票据”账户

它根据资产类“应收票据”科目设置，用以核算企业因销售商品等收到的商业汇票，包括银行承兑汇票和商业承兑汇票。企业因销售商品收到商业汇票时，按其票面金额，记入该账户的借方；商业汇票到期，按其票面金额记入该账户的贷方。该账户的期末余额在借方，反映企业持有的商业汇票的票面金额。

30.“资产减值损失”账户

它根据损益类“资产减值损失”科目设置，用以核算企业计提各项资产减值准备所形成的损失，包括坏账损失、存货跌价损失、固定资产减值损失等。其借方登记相关资产减值的损失金额；贷方登记相关资产的价值得以恢复时，在原已计提减值准备的金额内，恢复增加的金额，期末应将该账户的余额转入“本年利润”账户；结转后，该账户无余额。

31.“坏账准备”账户

它根据资产类“坏账准备”科目设置，是“应收账款”、“其他应收款”等账户的备抵账户，用以核算应收款项的坏账准备计提、转销等情况。企业当期计提的坏账准备应当计入资产减值损失。该账户贷方登记当期计提的坏账准备金额；借方登记实际发生的坏账损失金额和冲减的坏账准备金额；期末余额一般在贷方，反映企业已计提但尚未转销的坏账准备。

32.“营业外收入”账户

它根据损益类“营业外收入”科目设置，用以核算企业发生的与其日常活动无直接关系的各项利得，主要包括非流动资产处置利得、盘盈利得、捐赠利得、确实无法支付而按规定程序经批准后转作营业外收入的应付款项等。该账户贷方登记发生的营业外收入额；借方登记期末转入“本年利润”账户的数额；结转后，该账户期末无余额。该账户可按营业外收入项目设置明细账进行明细分类核算。

33.“营业外支出”账户

它根据损益类“营业外支出”科目设置，用以核算企业发生的与其日常活动无直接关系的各项损失，主要包括非流动资产处置损失、盘亏损失、罚款支出、公益性捐赠支出、非常损失等。该账户借方登记企业发生的各项营业外支出；贷方登记期末转入“本年利润”账户的营业外支出数；结转后，该账户期末无余额。该账户可按营业外支出项目设置明细账进行明细分类核算。

34.“投资收益”账户

它根据损益类“投资收益”科目设置，用以核算企业对外投资所取得的收益或发生的损失。该账户贷方登记投资获取的收益；借方登记投资发生的损失以及期末转入“本年利润”账户的数额；结转后，该账户期末无余额。

35.“本年利润”账户

它根据所有者权益类“本年利润”科目设置，用以核算企业当期实现的净利润（或发生的净亏损)。企业期末结转利润时,应将各损益类账户的余额转入该账户,结平各损益类账户。结转后,该账户的贷方余额为本年度实现的净利润;借方余额为本年度发生的净亏损。年度终了,应将该账户的余额转入"利润分配——未分配利润"账户,结转后该账户应无余额。

36."所得税费用"账户

它根据损益类"所得税费用"科目设置,用以核算企业确认的应从当期利润总额中扣除的所得税费用。企业按照税法规定计算确定的当期所得税费用,记入该账户的借方;期末,应将该账户的余额转入"本年利润"账户,结转后该账户无余额。

37."利润分配"账户

它根据所有者权益类"利润分配"科目设置,用以核算企业利润的分配和历年分配后的余额。该账户贷方登记企业年末从"本年利润"账户结转来的可供分配的利润总额;借方登记按有关规定分配的利润数额;期末余额如在贷方,表示企业未分配的利润,如在借方,则表示未弥补的亏损。该账户应当分别设置"提取法定盈余公积"、"应付现金股利或利润"和"未分配利润"等明细账进行明细分类核算。

38."盈余公积"账户

它根据所有者权益类"盈余公积"科目设置,用以核算企业从净利润中提取的盈余公积。企业按规定提取盈余公积时,记入该账户的贷方;经股东大会或类似机构决议,用盈余公积弥补亏损、转增资本或派送新股时,记入该账户的借方。该账户的期末余额在贷方,反映企业期末结存的盈余公积数额。

39."交易性金融资产"账户

它根据资产类"交易性金融资产"科目设置,用以核算企业为交易目的而持有的债券投资、股票投资、基金投资等交易性金融资产的公允价值。该账户借方登记交易性金融资产的取得成本、资产负债表日其公允价值高于账面余额的差额;贷方登记资产负债表日其公允价值低于账面余额的差额,以及企业出售交易性金融资产时结转的成本和公允价值变动损益;期末余额在借方,表示企业期末持有的交易性金融资产的公允价值。该账户可按交易性金融资产的类别和品种,分别"成本"、"公允价值变动"等进行明细分类核算。

习　题

一、填空题

1. ________和________账户用来核算企业向银行或其他金融机构等借入的各种借款。

2. 材料的采购成本由________和________构成。

3. "固定资产"账户的借方余额反映企业持有的固定资产的________,"累计折旧"账户的贷方余额反映企业持有固定资产已计提的________,"固定资产"账户借方余额与"累计折旧"的贷方余额的差额反映企业持有固定资产的________。

4. 凡在我国境内销售货物或者提供加工、修理、修配劳务以及进口货物的单位和个人为增值税的纳税义务人,其应纳税额=____________-____________。

5. 对各项会计要素进行确认、计量和报告的基础有________和________,企业应以________为基础。

6. 企业产品的成本构成项目包括________、________和________。

7. 期间费用是指不能直接归属于某个特定产品成本的费用，包括________、________和________。

8. 企业销售产品和材料过程中发生的各种费用为________，企业为组织和管理生产经营所发生的费用为________，企业为筹集生产经营所需资金而发生的筹资费用为________。

9. 不能直接计入产品成本，需要采用合理分配方法分配计入各种产品成本的费用，称为________。

10. “应付职工薪酬”账户设置________、________、________、________、________和“非货币性福利”等明细分类账户。

11. 生产工人的薪酬费用应计入________账户，车间技术及管理人员的薪酬费用应计入________账户，销售机构人员的薪酬费用应计入________账户，行政管理人员的薪酬费用应计入________账户。

12. “营业税金及附加”账户用以核算企业经营活动发生的________、________、________、________和________等相关税费。

13. 利润是企业在一定会计期间的经营成果，包括________减去________后的净额，直接计入当期利润的________和________等。

14. “本年利润”账户的借方余额为企业本年度__________，贷方余额为企业本年度__________。

15. 企业的营业利润＝__________－__________－__________－__________－__________－__________－资产减值损失＋公允价值变动收益＋投资收益。

16. 企业的利润总额－__________＋__________ __________。

17. 企业的净利润＝________－________。

二、单项选择题

1. 下列账户中，期末一般无余额的是(　　)。

A. “应交税费”　　B. “本年利润”　　C. “应付利息”　　D. “营业外收入”

2. 下列项目中，不构成材料采购成本的是(　　)。

A. 买价　　B. 增值税　　C. 消费税　　D. 关税

3. 法定盈余公积的计提比例为税后净利润的(　　)。

A. 7%　　B. 5%　　C. 10%　　D. 16%

4. 某企业购买甲材料 500 千克，取得增值税专用发票，单价 20 元，价款 10 000 元，增值税税额 1 700 元，发生运杂费 500 元，材料运输途中发生合理损耗 20 千克，入库前发生挑选整理费 300 元，则甲材料的采购成本为(　　)元。

A. 10 800　　B. 11 200　　C. 12 900　　D. 10 400

5. 经营租入的固定资产的改良支出应记入(　　)账户。

A. “在建工程”　　B. “固定资产”

C. “长期待摊费用”　　D. “营业外支出”

6. “应付职工薪酬”是(　　)科目。

A. 资产类　　B. 负债类　　C. 所有者权益类　　D. 损益类

7. “材料采购”账户期末若有余额，表示(　　)。

A. 已购入但尚未验收入库的材料
B. 企业本月及以前各期累计购买的材料
C. 企业目前尚存的原材料
D. 企业已入库和已耗用材料的差额

8. 工业企业将多余闲置的固定资产出租,收取的租金收入应计入(　　)科目。
A. “主营业务收入”　　B. “其他业务收入”
C. “投资收益”　　D. “营业外收入”

9. 以下属于所有者权益的项目是(　　)。
A. 著作权　　B. 固定资产　　C. 投入资本　　D. 应收账款

10. 甲企业从银行借款10万元归还原欠B公司的购货款,借款和还款手续办妥后,企业(　　)。
A. 资产和负债都增加了　　B. 权益和资产都增加了
C. 一项负债减少,另一项负债增加　　D. 负债减少,资产增加

11. 企业出售无形资产取得的净收益应计入(　　)科目。
A. “主营业务收入”　　B. “其他业务收入”
C. “营业外收入”　　D. “投资收益”

12. 甲企业经股东大会批准后,决定将10万元盈余公积转增为资本金,这项业务发生后该企业(　　)。
A. 资产总额增加了
B. 负债总额减少了
C. 所有者权益减少,资产增加
D. 原有的资产、负债、所有者权益总额均未变化

13. 企业利润的分配顺序为(　　)。
① 提取任意盈余公积　　② 弥补亏损
③ 提取法定盈余公积　　④ 向投资者分配利润
A. ①→②→③→④　　B. ②→③→①→④
C. ③→①→②→④　　D. ②→①→③→④

14. 企业处置固定资产发生的净损失应计入(　　)科目。
A. “主营业务成本”　　B. “其他业务成本”
C. “营业外收入”　　D. “营业外支出”

15. 企业其他业务缴纳的营业税金应借记的科目是(　　)。
A. “其他业务成本”　　B. “应交税费”
C. “营业税金及附加”　　D. “营业外支出”

16. 企业的应付款项确实无法支付,经确认后转作(　　)。
A. 主营业务收入　　B. 其他业务收入　　C. 营业外收入　　D. 资本公积

17. 企业支付工会经费和职工教育经费用于工会活动和职工培训,应借记的科目是(　　)。
A. “其他应收款”　　B. “应付职工薪酬”
C. “管理费用”　　D. “其他应付款”

18. 下列各项中，应计入管理费用的是(　　)。
A. 审计费　B. 广告费　C. 采购运费　D. 自然灾害损失
19. 企业生产车间发生的固定资产修理费应计入(　　)科目。
A. “生产成本”　B. “制造费用”
C. “管理费用”　D. “营业外支出”
20. 企业出租固定资产计提的折旧应计入(　　)科目。
A. “制造费用”　B. “管理费用”
C. “其他业务成本”　D. “营业外支出”

三、多项选择题

1. 下列项目中，构成材料采购成本的有(　　)。
A. 买价　B. 运杂费
C. 广告费　D. 挑选整理费
E. 进口关税
2. 企业的期间费用包括(　　)。
A. 制造费用　B. 销售费用
C. 管理费用　D. 财务费用
E. 长期待摊费用
3. 企业产品的构成项目包括(　　)。
A. 生产成本　B. 制造费用
C. 直接材料　D. 直接人工
E. 间接费用
4. 下列账户中，期末无余额的是(　　)。
A. “生产成本”　B. “制造费用”
C. “本年利润”　D. “管理费用”
E. “利润分配”
5. 工业企业的下列收入中，应计入其他业务收入的有(　　)。
A. 销售产品收入　B. 销售材料收入
C. 固定资产盘盈　D. 固定资产出租收入
E. 处置固定资产净收益
6. 工业企业的下列支出中，应计入营业外支出的是(　　)。
A. 罚款支出　B. 固定资产盘亏
C. 公益性捐赠　D. 租入固定资产租金
E. 非常损失
7. 下列费用不能全部计入当期损益的有(　　)。
A. 生产成本　B. 制造费用
C. 销售费用　D. 管理费用
E. 财务费用
8. 下列支出不得列入成本费用的是(　　)。
A. 支付给金融机构的手续费　B. 支付给银行的借款利息

C. 偿还银行的长期借款本金　　D. 支付给投资者利润
E. 支付给供应商的购货款

9. 下列账户中,年末无余额的是(　　)。
A. "生产成本"　　B. "应交税费"
C. "制造费用"　　D. "本年利润"
E. "利润分配"

10. 下列费用中,应计入销售费用的是(　　)。
A. 广告费　　B. 销售机构人员工资
C. 销售机构人员差旅费　　D. 销售产品运杂费
E. 销售原材料成本

11. 下列费用中,应计入财务费用的是(　　)。
A. 支付给金融机构手续费　　B. 利息支出
C. 汇兑损益　　D. 财务人员工资
E. 财务部门办公费

12. 工业企业的下列税金中,应计入营业税金及附加的是(　　)。
A. 增值税　　B. 消费税
C. 所得税　　D. 城建税
E. 教育费附加

13. 计提固定资产折旧可能涉及的账户包括(　　)。
A. "固定资产"　　B. "累计折旧"
C. "制造费用"　　D. "销售费用"
E. "财务费用"

14. 工业企业的下列项目中,应计入营业外收入的是(　　)。
A. 材料销售　　B. 固定资产出租
C. 确实无法支付的应付账款　　D. 接受捐赠
E. 处置固定资产利得

四、判断题

1. 材料采购成本中的买价是指向购买方支付的采购费用。　　(　　)

2. 财务费用是一种期间费用,按月归集,月末全部转入"本年利润"账户。　　(　　)

3. 由于损益类账户的期末余额须全额转入"本年利润"账户,因此,损益类账户期末无余额。　　(　　)

4. 增值税对企业的经营成本和损益核算没有影响。　　(　　)

5. "累计折旧"账户是固定资产的备抵账户,表示固定资产的累计损耗价值。　　(　　)

6. 企业预付下一年度保险费,应记入"管理费用"账户。　　(　　)

7. "本年利润"借方余额表示本年度累计实现的净利润,贷方余额表示本年度累计发生的净亏损。　　(　　)

8. "利润分配——未分配利润"账户的贷方余额表示本年度的未分配利润金额。　　(　　)

9. "累计折旧"属于资产类科目,因此累计折旧的增加记入"累计折旧"账户的借方。　　(　　)

10. 相对于本年度实现的利润,企业对未分配利润有较大的自主使用权。（　　）

11. 企业销售产品若开具了普通发票,会计核算时不需反映销售产品的销项税额。（　　）

12. 本期支付本期受益的费用,应在其支付时直接作为当期费用处理。（　　）

13. 当期发生的产品生产成本不能直接计入当期损益,而应在产品实际销售并确认销售收入时,再将已销售产品的生产成本计入该期损益。（　　）

14. 企业按职工工资总额一定比例计提的工会经费及职工教育经费应计入管理费用。（　　）

15. 企业专设销售机构的固定资产修理费用应计入销售费用。（　　）

16. "生产成本"账户若有余额应在借方,反映期末自制半成品的实际生产成本。（　　）

17. 企业当年可供分配的利润包括当年实现的净利润和年初未分配利润。（　　）

18. 企业计提当年盈余公积的基数不包括年初未分配利润。（　　）

19. 年度终了,"利润分配"账户所属的各明细账户中,除"未分配利润"明细账户可能有余额外,其他明细账户均无余额。（　　）

20. 利得与损失是与企业日常活动直接关联的经济利益总流入或总流出。（　　）

21. 营业外收入是企业发生的与其日常活动无直接关系的各项收入。（　　）

22. 营业外支出是企业发生的与其日常活动无直接关系的各项费用。（　　）

五、综合业务题

1. 某企业某月发生如下经济业务:

(1) 以银行存款偿付到期的 3 年期借款 3 000 000 元。

(2) 以银行存款缴纳增值税 32 600 元、所得税 9 000 元。

(3) 安通实业公司以商标权投资,作价 250 000 元。

(4) 以银行存款偿付前欠甲公司货款 78 500 元。

(5) 从银行借入 6 个月期限贷款 500 000 元。

(6) 将盈余公积 800 000 元转为资本金。

(7) 收到长发投资公司投入资本金 100 000 元,存入银行。

(8) 职工李佳预借差旅费 2 000 元,以现金支付。

(9) 以银行存款支付分配给投资者的利润 200 000 元,其中,安通实业公司 80 000 元,长发投资公司 120 000 元。

(10) 长发投资公司以机器设备一台投资,账面原值 500 000 元,已计提折旧 80 000 元,协议作价 450 000 元。

(11) 收到利达公司交来的借用包装物押金 3 000 元,存入银行。

(12) 以银行存款支付到期的商业汇票款 1170 000 元。

(13) 经股东大会同意,决定减少公司的注册资本 150 000 元,企业以银行存款发还投资款。

要求:编制以上经济业务相应的会计分录。

2. 某企业某月发生如下经济业务:

(1) 从 A 公司购入甲材料 4 000 千克,增值税专用发票上注明的单价为 18 元,价款为 72 000元,增值税税额为 12 240 元,乙材料 6 000 千克,单价为 50 元,价款为 300 000 元,增值税税额为 51 000 元,材料尚在途中,货款以银行承兑汇票支付。

(2) 向B公司购买丙材料5 000千克,增值税专用发票上注明的单价为10元,价款为50 000元,增值税税额为8 500元,永昌贸易代垫了1 000元运费(假定运费不考虑增值税抵扣问题,下同),货款尚未支付,材料已验收入库。

(3) 上述签发给A公司的商业汇票到期,以银行存款支付票款。

(4) 以银行存款支付前欠上述B公司货款。

(5) 以银行存款购入生产用不需安装的机器设备一台,取得的增值税专用发票上注明的价款为300 000元,增值税为51 000元。

(6) 向M公司购入甲材料一批,增值税专用发票上注明的货款为100 000元,增值税为17 000元。M公司替我公司代垫运杂费800元,全部款项已通过电汇结算方式付讫,材料已验收入库。

(7) 向N公司购入乙材料一批,发票及账单已收到。货款为50 000元,增值税为8 500元,运费600元,全部款项已用转账支票支付,材料尚未到达。

(8) 上述购入的乙材料已收到,并验收入库。

(9) 向S公司购入丁材料一批,材料已验收入库,月末发票账单尚未收到,暂估价为80 000元。

(10) 下月月初,该公司用红字将上述暂估丁材料入库的分录予以冲回。

(11) 该公司上述购入的丁材料于次月收到发票账单,货款为90 000元,增值税为15 300元,对方代垫运杂费2700元,款项已通过信汇结算方式支付。

(12) 该企业按照确定的方法计提本月固定资产折旧。2×15年9月份的"固定资产折旧计算表"中确定的应计提折旧额为:生产车间30 000元,行政管理部门8 000元,销售部门5 000元,经营租出的固定资产2 000元。

(13) 企业出售一建筑物,原价1 000 000元,已计提折旧200 000元,未计提减值准备,用银行存款支付清理费用6 000元,出售收入为1200 000元,已存入银行,营业税税率为5%。

要求:编制以上经济业务相应的会计分录。

3. 某企业某月月初的A产品为500件,"生产成本——A产品"账户的账面余额为12 500元,其中,直接材料8 000元、直接人工2 000元、制造费用2 500元。本月又有400件B产品投入生产,并发生以下经济业务:

(1) 以现金支付生产车间零星办公用品费500元。

(2) 以现金支付职工李佳生活困难补助5 000元。

(3) 委托银行代发上月工资15 200元。

(4) 以银行存款支付生产用固定资产修理费1 200元。

(5) 用银行存款支付本月水费2 000元,其中,生产车间应负担1 500元,行政管理部门应负担500元。

(6) 行政管理部王力报销差旅费3 400元,原预借5 000元,余款交回现金。

(7) 计提应由本月负担的短期借款利息2 000元。

(8) 以银行存款支付本季度短期借款利息6 000元。

(9) 仓库本月共发出甲材料20 000元,其中,用于生产A产品10 000元,用于生产B产品5 000元,生产车间一般耗用3 000元,销售部门领用2 000元;发出乙材料10 000元,其中,用于生产A产品2 000元,用于生产B产品5 000元,生产车间一般耗用2 500元,企业行政管理部门耗用 500 元。

(10) 计算本月应付职工工资 15 200 元,其中,A 产品生产工人 2 人,工资 2 000 元;B 产品生产工人 2 人,工资 3 000 元;生产车间技术管理人员 1 人,工资 4 000 元;销售人员 1 人,工资 2 000 元;企业行政管理人员 1 人,工资 4 200 元。

(11) 按职工工资总额的 31.5%计提职工社会保险费。

(12) 按职工人数每人补贴企业下设内部食堂 200 元。

(13) 计提本月固定资产折旧 8 460 元,其中,生产用固定资产折旧 5 460 元,行政管理部门用固定资产折旧 3 000 元。

(14) 摊销本月应负担的租入固定资产的改良支出 600 元,其中,生产车间负担 200 元,企业行政管理部门负担 400 元。

(15) 按 A、B 两种产品的机器工时比例分配并结转本月制造费用,根据生产车间工时记录,本月 A 产品机器工时为 2 000 小时,B 产品机器工时为 3 000 小时。

(16) 上月投入生产的 500 件 A 产品已全部完工入库,本月投入的 400 件 B 产品尚未完工,计算并结转完工产品的实际生产成本。

要求:编制以上经济业务相应的会计分录。

4. 某企业某月发生如下经济业务:

(1) 向甲工厂出售 A 产品 500 件,开具的增值税专用发票上注明每件售价 60 元,增值税税率为 17%,货款已收到,存入银行。

(2) 向乙公司出售 B 产品 300 件,开具的增值税专用发票上注明每件售价 150 元,增值税税率为 17%,货款尚未收到。

(3) 以银行存款支付上述 A、B 两种产品在销售过程中的运输费 800 元、包装费 200 元。

(4) 结算本月销售机构人员工资 1 000 元,并按工资总额 9%和 20%的比例分别计提医疗保险费和职工养老保险费。

(5) 按 10%的税率计提 B 产品的消费税。

(6) 向丙工厂出售材料物资 100 千克,单价为 12 元,增值税税率为 17%,货款 1 404 元已收存银行。

(7) 结转本期销售产品的实际生产成本(A 产品每件 45 元,B 产品每件 115 元)。

(8) 结转本期销售材料的实际采购成本(每千克 10 元)。

(9) 企业应收天地公司的账款因对方破产而无法收回,发生坏账损失 2 000 元。

(10) 经计算,年末企业应计提坏账准备 6 000 元。

5. 某企业 2×15 年 12 月 31 日结账前有关账户的余额如下:

(1) "本年利润"账户贷方余额为 50 000 元。

(2) "利润分配"账户贷方余额为 75 000 元,其所属"未分配利润"明细账户的贷方余额为 75 000 元,其他明细账户无余额。

(3) 损益类账户余额为:

账户名称	借方余额	贷方余额
主营业务收入	800 000	
其他业务收入	6 000	

科目	借方	贷方
投资收益		5 000
营业外收入	10 000	
主营业务成本	600 000	
其他业务成本	5 000	
营业税金及附加	30 000	
销售费用	35 000	
管理费用	85 000	
财务费用	3 300	
资产减值损失	1 000	
营业外支出	1 700	

要求：编制以下经济业务相应的会计分录：

(1) 将损益类账户的余额结转到“本年利润”账户，计算本期利润总额。

(2) 根据利润总额计算并结转本期应交所得税，企业适用的所得税税率为25%。

(3) 按本年税后利润的10%计提法定盈余公积。

(4) 将剩余可分配利润的60%分配给投资者。

(5) 将“本年利润”账户的余额结转入“利润分配”账户。

(6) 将“利润分配”账户所属的其他明细分类账户的余额结转入“利润分配——未分配利润”账户。

6. 某企业2×15年12月1日有关账户的资料如下表4-5所示：

表4-5　有关账户的资料　　元

账户名称	借方余额	账户名称	贷方余额
库存现金	4 000	短期借款	200 000
银行存款	258 000	应付账款	58 500
应收账款	93 600	应交税费	6 600
原材料	120 000	应付利息	2 000
长期待摊费用	50 000	应付职工薪酬	125 000
库存商品	250 000	实收资本	1 000 000
生产成本	8 500	盈余公积	56 320
固定资产	1 000 000	本年利润	80 000
		利润分配	55 680
		累计折旧	200 000
合　计	1 784 100	合　计	1 784 100

其中：

“长期待摊费用”账户中的500元为报刊杂志费，49 500元为生产车间租入的固定资产改良支出；

“生产成本”账户为前期投产500件B产品的生产成本；

“实收资本”账户中安旺投资公司占 400 000 元，大江股份占 600 000 元；

“利润分配”账户为其所属的“未分配利润”明细账户的余额。

该公司 12 月发生以下经济业务：

(1) 2 日，向银行借入 2 年期长期借款 500 000 元，利率为 7.2%，按年付息，到期还本。

(2) 3 日，购入不需安装的非生产用机器设备一台，取得的增值税专用发票上注明的价款为 500 000 元，增值税为 85 000 元，款项以银行存款支付。

(3) 3 日，向长安电子厂购入甲材料 500 千克，单价为 100 元，价款为 50 000 元，增值税为 8 500 元，乙材料 1 000 千克，单价为 20 元，价款为 20 000 元，增值税为 3 400 元，取得增值税专用发票，货款已通过银行存款支付，材料尚未运至企业。

(4) 4 日，以银行存款 6 750 元支付内部食堂伙食补贴。

(5) 5 日，销售部员工李强预借差旅费 3 000 元，以现金支付。

(6) 5 日，以银行存款缴纳税费 6 600 元，其中，增值税 4 000 元，消费税 2 000 元，城建税 420 元，教育费附加 180 元。

(7) 6 日，销售 A 产品 1 000 件给青青实业公司，单价为 400 元，开具的增值税专用发票上注明的价款为 400 000 元，增值税为 68 000 元，收到银行承兑汇票一张。

(8) 6 日，以银行存款支付销售 A 产品的运费 2 000 元。

(9) 7 日，从二级市场购入 A 上市公司股票 50 000 股，每股为 8 元，另支付相关的交易费用 1 000 元。该公司将该股票划分为交易性金融资产。

(10) 8 日，以银行存款支付 3 日购买甲、乙材料的运杂费 3 000 元，材料运至企业，甲材料挑选整理，乙材料验收入库。

(11) 9 日，以现金支付生产车间机器设备修理费 300 元。

(12) 10 日，销售乙材料 200 千克，开具的增值税专用发票上注明的单价为 30 元，价款为 6 000 元，增值税为1 020 元，款项收存银行。

(13) 11 日，以银行存款 7 200 元支付预订下年度报刊杂志费。

(14) 11 日，接受安旺投资公司投入一项专利权，协商作价 100 000 元。大江股份投入资金150 000元，存入银行。

(15) 13 日，委托银行发放工资 98 000 元。

(16) 15 日，以现金支付行政管理部零星办公用品费用 500 元。

(17) 15 日，销售部员工李强报销差旅费 2 500 元，余款交回现金。

(18) 18 日，以银行存款向社保局缴纳职工社会保险费 15 600 元。

(19) 21 日，以银行存款支付本月产品广告费 6 000 元。

(20) 22 日，职工王某违反企业安全规章，罚款 500 元，收到现金。

(21) 25 日，以银行存款向希望工程捐款 10 000 元。

(22) 28 日，接银行付款通知，支付本月电费 2 400 元，其中，生产车间应负担 2 000 元，行政管理部门应负担 400 元。

(23) 29 日，以银行存款支付本季短期借款利息 3 000 元，以及长期借款利息 3 000 元。

(24) 30 日，以银行存款支付生产车间租入机器设备租金 2 500 元。

(25) 30 日，将所持有的股票以每股 8.4 元的价格全部售出，所得价款 420 000 元已存入银行，另支付相关的交易费用 2 000 元。

(26) 31日,计提本月固定资产折旧12 000元,其中,生产车间固定资产折旧4 000元,行政管理部门固定资产折旧6 000元,销售部门固定资产折旧2 000元。

(27) 31日,摊销本月生产车间租入机器设备的改良支出1 500元,摊销本月报刊杂志费500元,其中,生产车间负担100元,行政管理部门负担400元。

(28) 31日,结算本月职工工资100 000元,其中,A产品生产工人6人,工资18 000元;B产品生产工人10人,工资30 000元;车间技术及管理人员4人,工资16 000元;销售人员3人,工资15 000元;行政管理人员4人,工资21 000元。

(29) 31日,按职工工资总额9%和7%的比例分别计提职工养老保险及医疗保险费。

(30) 31日,按职工人数每人计提250元的内部食堂伙食补贴。

(31) 31日,该企业A产品属于消费税应税产品,适用税率为5%,计提本月销售A产品的消费税。

(32) 31日,按7%和3%比例分别计提本月应负担的城建税及教育费附加。

(33) 31日,计提本月应负担的短期借款利息1 000元及长期借款利息3 000元,该利息不符合资本化条件。

(34) 31日,本月共发出材料42 000元,其中,生产A产品领用甲材料5 000元、乙材料15 000元,生产B产品领用甲材料4 000元、乙材料9 000元,车间一般耗用乙材料3 000元,行政管理部门耗用甲材料1 000元,销售机构耗用甲材料1 000元,对外销售乙材料4 000元。

(35) 31日,按A、B两种产品的机器工时比例分配并结转本月制造费用。已知A产品的机器工时为4 000工时,B产品的机器工时为6 000工时。

(36) 31日,本月B产品全部完工入库,计算并结转其实际生产成本。A产品尚未完工。

(37) 31日,结转本月销售A产品的实际生产成本(每件200元)。

(38) 31日,结转本月各损益类账户。

(39) 31日,按25%的税率计算并结转本月所得税。

(40) 31日,按本年税后利润的10%计提法定盈余公积。

(41) 31日,根据股东大会决议,按期初投资者出资比例将本年税后利润的50%分配给投资者。

(42) 31日,结转"本年利润"账户及"利润分配"账户各所属明细分类账户。

要求:

(1) 编制以上经济业务相应的会计分录。

(2) 开设T型账户,登记各账户的总分类账。

(3) 根据总分类账的记录编制"总账科目试算平衡表"。

项目一　建　账

【工作情景】

小李大学毕业刚应聘为北京汇丰实业有限公司的一名会计，公司的张总对小李说，公司刚开业，根据税局要求“从事生产、经营的纳税人应当自领取营业执照或者发生纳税义务之日起15日内，按照国家有关规定设置账簿”。请他根据公司的情况建立一套完善的会计账簿。

【学习目标】

1. 理解会计循环的含义。
2. 理解企业建账的原因。
3. 了解企业建账的具体规定。

小李接到工作任务后，心里明白建账是会计工作的第一步，只有建好账簿，才能进行公司日常业务处理和期末业务处理，并且只有做好了这些工作，才能在每个月结束后及时地编制会计报表向老总和税务局报送对决策有用的会计信息。这些工作就是自己今后循环往复要做的会计工作。

每一会计期间不断往复、依次进行的账务处理步骤称为会计循环，如图1－1所示。

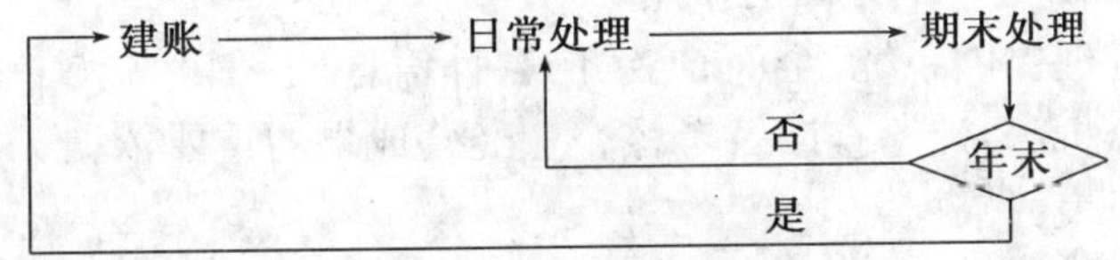

图1－1　企业会计循环

小李知道建账是根据企业具体行业要求和未来可能发生的经济业务设置账簿，并将相关账户期初余额登记入账，从而为具体会计核算工作做好准备的一项基本会计工作。每项经济业务发生后，会计人员对每一项经济业务，都必须取得和填制会计凭证，因而会计凭证数量很多，又很分散，而且每张凭证只能记载个别经济业务的内容，所提供的资料是零散的，不能全面、连续、系统地反映和监督一个经济单位在一定时期内某一类和全部经济业务活动情况，且不便于会计信息的整理与报告。因此，在会计核算工作中，为了全面记录和反映一个单位的经济业务，分类汇总储存会计信息，检查校正，编报输出会计信息，需要通过设置和登记账簿，来对分散的数据或资料进行归类整理，并逐步加工成相关会计信息，为编制会计报表提供依据。

建账主要在两种情况下进行：一是在一个会计主体设立时，根据相关规定，从事生产、经营的企业应自领取营业执照之日起15日内设置账簿；二是在一个会计年度结束，新会计年度开始时，必须更换旧账簿，设置新账簿。

任务一 采购会计账簿

【工作情景】

第二天，小李一大早就来到会计用品销售公司，向老板说要买账簿，老板问小李都需要什么种类的会计账簿，小李一下子懵了。来时只是想买账簿，老板一问还真说不清楚，怎么办呢？小李就问老板你们这里都有什么种类的会计账簿，老板一下子拿了七八种会计账簿向小李介绍起来。

【学习目标】

1. 掌握会计账簿的概念。

2. 能根据不同标准判断会计账簿的种类。

会计账簿简称账簿，是由一定格式、相互联系的账页所组成，以经过审核的会计凭证为依据，全面、系统、连续地记录一个企业、单位各项经济业务的簿籍。

账页是账簿用来记录经济业务事项的载体。账页的基本结构应包括账户名称、登账日期、凭证种类字号、摘要栏(对记录的经济业务内容作简要说明)、金额栏(记录经济业务增减变动情况)、总页次和分户页次。

会计账簿是对企业所有经济业务按照账户进行归类登记。通过设置和登记账簿，可以记载储存、分类汇总、检查校正、编报输出会计信息。设置和登记账簿是为反映企业经济业务变动情况建立的数据库，是编制财务报表的依据和基础，是连接会计凭证与财务报表的中间环节。设置账簿可以起到以下4个方面的作用。

(1) 可以为经济管理提供系统、全面、连续的会计信息。

(2) 是进行会计分析、会计检查以及考核企业经营成果的重要依据。

(3) 是编制财务报表的依据。

(4) 有利于经济档案的保管。

一、账簿按用途分类

账簿按其用途可分为序时账、分类账和备查簿3类。

(1) 序时账。序时账也称为日记账，是按经济业务发生或完成时间的先后顺序逐日逐笔登记经济业务的账簿。日记账按其记录经济业务的范围不同又可分为普通日记账和特种日记账两种。普通日记账是用来记录全部经济业务的日记账；特种日记账是用来专门记录某一类经济业务的日记账。特种日记账如用来登记现金收付业务及其结存情况的现金日记账，用来登记银行存款收付业务及其结存情况的银行存款日记账。如表1-7、表1-8所示。

目前，我国各单位一般只设置现金和银行存款两本特种日记账，以加强对货币资金的监督和控制，而不设置普通日记账。

(2) 分类账。分类账是对全部经济业务按账户进行分类登记的账簿。分类账按其提供资料的详细程度不同可分为总分类账和明细分类账。总分类账又称为总账，是根据总账科目开设的，用来登记全部经济业务发生情况，提供总括的会计信息；明细分类账又称为明细账，是根据总分类科目所属的明细科目开设的，用于分类登记某一类经济业务，提供详细的会计信息。

分类账可以按账户分类反映和监督企业各项会计要素的增减变化情况，所提供的数据信息是编制会计报表的主要依据。

（3）备查簿。备查簿也称为辅助账，是对某些在序时账和分类账中不予以登记或登记不够详细的经济业务，进行补充登记以备考查的账簿。如租入固定资产登记簿是用来登记那些以经营方式租入、不属于本企业资产、不能记入本企业“固定资产”账户的固定资产；代销商品登记簿是用来登记代为销售、不属于本企业资产、不能计入本企业库存商品的受托代销商品；应收票据贴现备查簿，是用来登记本企业已经贴现的应收票据，由于尚存在这些票据付款人到期不能支付票据款项而使企业产生连带责任的可能性，而这些应收票据已不能在企业序时账簿或分类账簿中反映，所以要备查登记。

备查簿与序时账、分类账比较，有两点不同，一是备查簿的登记依据是实际发生的经济业务，不一定需要原始凭证或记账凭证；二是备查簿可以根据各单位的实际需要自行设置，没有统一的格式，其登记内容更注重用文字对经济业务的相关情况进行表述，主要栏目不记录金额。

二、账簿按外形特征分类

账簿按外形特征可分为订本式账簿、活页式账簿和卡片式账簿 3 种。

（1）订本式账簿。订本式账簿又称为订本账，是指在启用前对账页顺序编号，并固定地装订成册的账簿。它的优点是能够防止账页散失和非法抽换，比较安全；其缺点是账页固定装订，同一时间内只能由一人负责登记，不便于分工记账，每一账户所需账页要事先估计预留，不便于根据记账需要增减账页，不便于机器记账。订本式账簿一般用于现金日记账、银行存款日记账和总分类账。

（2）活页式账簿。活页式账簿又称为活页账，是将若干具有一定格式的账页装订在活页账夹中，启用后可以随时增减或重新排列账页，年终再对实际账页顺序编号并装订成册的账簿。它的优点是应用灵活，便于分工记账，可随时根据记账需要增减账页；其缺点是账页容易丢失和被非法抽换。活页式账簿一般用于明细分类账。

（3）卡片式账簿。卡片式账簿又称为卡片账，是由专门格式、分散的卡片作为账页组成的账簿。这种卡片一般放置在卡片箱中，可以随时取放，其本质也是一种活页账，因此它除具有活页账的优、缺点外，还可以跨年度使用，不需要每年更换。卡片式账簿主要用于使用期限较长的财产物资明细账，如固定资产卡片、低值易耗品卡片等。

三、账簿按账页格式分类

账簿按账页格式可分为三栏式账簿、数量金额式账簿和多栏式账簿 3 种。

（1）三栏式账簿。它是由设有借方、贷方和余额 3 个金额栏的账页组成的账簿。这种账簿格式适用于总分类账、现金日记账和银行存款日记账，以及只需进行金额核算的资本、债权、债务明细分类账户。如表 1－3、表 1－7 所示。

三栏式账簿又分为设对方科目和不设对方科目两种，区别是在“摘要”栏和借方科目之间是否设有一栏“对方科目”。

（2）数量金额式账簿。它是由在借方、贷方和余额三栏内，分别设置数量、单价和金额小栏目的账页组成的账簿。这种账簿适用于既要进行金额核算，又要进行实物数量核算的财产物资明细分类账户,如“原材料”、“库存商品”等各类存货的明细分类账。它能提供各种财产物资的收入、发出和结存的数量及金额,便于加强对财产物资的实物管理,保障财产物资的安全完整。如表1-12所示。

(3) 多栏式账簿。它是由在借方、贷方或借贷双方下设若干专栏的账页组成的账簿。多栏式账页可以根据账户的内容和管理的需要,通过下设专栏的方式,集中反映有关明细项目的核算情况。多栏式账簿又可分为事先印制好栏目的专用多栏账,如应交增值税明细账、生产成本明细账,如表1-14、表1-15所示;以及事先未印制栏目,由单位在使用中根据需要自行设置栏目的普通多栏账,一般用于明细项目多且借贷方向单一的成本、收入和费用等账户,如表1-16、表1-17所示。

小李听完会计用品公司老板的介绍,进一步了解了会计账簿的种类。买什么账簿呢?老板看到小李还在犹豫,明白小李是个新会计,于是就耐心地给小李建议,公司建新账一般都有一个逐步完善的过程,建议小李先各买1本订本式总账、现金日记账、银行日记账,再买1本三栏式活页明细账,1本数量金额式活页明细账,1本应缴增值税专用多栏式明细账,1本生产成本专用多栏式明细账,1本普通多栏式明细账,1本备查簿。小李采纳了老板的建议。

任务二　建　账

【工作情景】

回公司路上,小李心里很不安,不知这几本账能不能满足公司的需要,自己还没有独立完成过建账工作,不知能不能让公司的老总满意。回到公司,小李首先对公司前一段时间的业务进行了梳理,把公司经济业务涉及的总账科目编出了一个期初余额汇总表,列出了各个明细账户的期初余额,并进行了试算平衡。

【学习目标】

1. 理解企业设置账簿的原则。
2. 掌握各种账簿建账的方法,理解其在会计核算与监督中所起的作用。
3. 能根据企业情况建立总账、现金日记账、银行日记账、三栏式明细账。
4. 能根据企业核算要求建立数量金额式明细账、多栏式明细账。

账簿设置是指会计人员根据企业具体行业要求和未来可能发生的经济业务,确定需开设账簿的种类、外表形式、账页格式,以及规定账簿的登记方法,并将初始账务资料登入有关账簿。总的来说,各单位的账簿设置要在符合国家统一会计制度规定的前提下,根据本单位经济业务的特点和管理的需要做到无遗漏、无交叉、无重复,便于分工,满足会计信息使用者的需求。具体来说,应遵照以下原则进行:

(1) 全面性原则。首先要保证全面地反映企业的经济活动和财务收支情况,为日常经营管理、编制会计报表和进行经营决策提供比较丰富的资料。因而设置的账簿应能提供全面、系统的核算资料。

(2) 从实际出发的原则。由于各单位的经济业务各不相同,规模大小不一,管理方式各有特点,账簿设置也就各不相同。设置账簿应从实际出发,区别对待。经济活动频繁、规模大、会计人员多、分工细的企业,账簿设置可以细些、多些。而经济活动较少、业务简单、规模小、会计人员少、分工较粗的企业，账簿设置可以粗些、少些、相对简化些。至于具体应设置哪些账户，则要根据单位所发生经济业务的特点及管理的要求来定。

(3) 科学性原则。设置账簿时必须注意其科学性，要注意：① 既要有日记账簿，又要有分类账簿。② 既要有提供总括资料的账簿，又要有提供明细资料的账簿。③ 既要有会计账簿，又要有业务账簿和财产保管账簿。④ 设置账簿既要注意便于会计人员之间记账工作的分工，又要注意会计人员之间的配合和相互监督，工作不重复、不脱节，可以互相牵制，同时又能明确岗位责任。

(4) 简化原则。① 账簿之间关系清晰明朗，账簿内容通俗易懂。② 尽量避免重复记录，减少无效劳动，节约会计费用。

账簿与账户是形式与内容的关系。账户是根据会计科目开设的，账户存在于账簿之中，账簿中的每一账页都是账户的存在形式和载体，没有账簿，账户就无法存在。账簿对经济业务进行全面、系统、连续地记录是在各个账户中分类进行的，账簿是这些账户的外观形式，账户是账簿的实质内容。

小李根据公司经济业务的特点和管理需要，开始账簿设置工作(以下以本项目末所附实训1-1中北京汇丰实业有限公司的资料为例说明企业会计账簿设置的方法与操作步骤)。

一、设置总分类账

总分类账采用订本式账簿、三栏式账页格式。

建账步骤如下：

(一) 启用账簿

(1) 填写“账簿启用表”。每本账簿的扉页均附有“账簿启用表”，内容包括单位名称、账簿名称、账簿号码、账簿页数、启用日期、单位负责人、单位主管财会工作负责人、会计机构负责人、会计主管人员等。启用账簿时，应填写表内各项内容，并在单位名称处加盖公章、各负责人姓名后加盖私章。

(2) 填写“经管本账簿人员一览表”。账簿经管人员指负责登记使用该账簿的会计人员，当账簿的经管人员调动工作时，应办理交接手续，填写该表中的账簿交接内容，并由交、接双方人共同签名或盖章。

(3) 粘贴印花税票。根据税法相关规定，企业的会计账簿中的资金账簿，即反映企业实收资本和资本公积金额增减变化的账簿，按以下方法进行贴花：在企业设立初次建账时，按实收资本和资本公积金额的0.5‰贴花；次年度实收资本与资本公积未增加的，不再计算贴花，实收资本与资本公积增加的，就其增加部分按0.5‰税率补贴印花。其他会计账簿每本应粘贴5元面值的贴花。

印花税票粘贴在账簿扉页的右下角“印花粘贴处”框内，并在印花税票中间划几条平行横线即行注销，注销标记应与骑缝处相交。若企业使用缴款书缴纳印花税，应在账簿扉页的“印花税票粘贴处”框内注明“印花税已缴”字样以及缴款金额。如表1-1所示。

表1-1 账簿启用表

<table>
<tr><td colspan="13">账簿启用表</td></tr>
<tr><td colspan="4">单位名称:</td><td colspan="8">北京汇丰实业有限公司</td><td>单位盖章</td></tr>
<tr><td colspan="4">账簿名称</td><td colspan="8">总分类账</td><td rowspan="8">北京汇丰实业有限公司</td></tr>
<tr><td colspan="4">账簿编号</td><td colspan="8">2×08年总1册第1册</td></tr>
<tr><td colspan="4">账簿页数</td><td colspan="8">本账簿共计20页第1页</td></tr>
<tr><td colspan="4">启用日期</td><td colspan="8">2×08年12月1日至2×08年12月31日</td></tr>
<tr><td rowspan="3">经管人员</td><td colspan="3">负责人</td><td colspan="4">主办会计</td><td colspan="4">记账</td></tr>
<tr><td>职别</td><td>姓名</td><td>盖章</td><td>职别</td><td colspan="2">姓名</td><td>盖章</td><td>职别</td><td colspan="2">姓名</td><td>盖章</td></tr>
<tr><td>主管</td><td>李刚</td><td>李刚</td><td>主管会计</td><td colspan="2">李刚</td><td>李刚</td><td>会计员</td><td colspan="2">李亮</td><td>李亮</td></tr>
<tr><td rowspan="5">交接记账</td><td colspan="2" rowspan="2">职别</td><td rowspan="2">姓名</td><td colspan="4">接管</td><td colspan="4">移交</td><td>印花税票粘贴处</td></tr>
<tr><td>年</td><td>月</td><td>日</td><td>盖章</td><td>年</td><td>月</td><td>日</td><td>盖章</td><td rowspan="4">印花
税票</td></tr>
<tr><td colspan="2">主管</td><td>李刚</td><td>2008</td><td>12</td><td>1</td><td>李四</td><td>2008</td><td>12</td><td>1</td><td>李亮</td></tr>
<tr><td colspan="2"></td><td></td><td></td><td></td><td></td><td></td><td></td><td></td><td></td><td></td></tr>
<tr><td colspan="2"></td><td></td><td></td><td></td><td></td><td></td><td></td><td></td><td></td><td></td></tr>
</table>

(二)设置账户

总分类账簿中包括本企业使用的全部总分类账户,因此需指定每一总分类账户在总分类账簿中的登记账页,在相应账页的"会计科目及编号"栏处填写指定登记账户的名称及编码。

由于总分类账采用的是订本式账簿,为了便于账户的查找,各总账账户的排列顺序应有一定的规律,一般应按会计科目表中编码顺序排列,因此,只要本单位会计核算涉及的总账账户,不论期初是否有余额,都需在总账中设置出相应账户,并根据实际需要预留账页。小李根据公司情况开始建立总账(本项目后附实训1-1资料),设置总账账户如表1-2至表1-4所示,每一个总账账户页码中间都有一定的间隔。

(三)登记期初余额

对于有期初余额的总账账户,根据相关资料进行账户登记。在该账户账页的第1行日期栏中填入期初的日期,在"摘要"栏填入"期初余额"(年度更换新账簿时填入"上年结转")字样,在借贷方向栏标明余额的方向,在余额栏填入账户的期初余额。对于没有余额的总账账户,无需特别标识其余额为0。

根据本项目后附实训1-1资料,按以上方法登记"库存现金"、"银行存款"、"应收账款"等总账账页,如表1-2至表1-4所示。

表1-2 总分类账(一)

总分类账

会计科目及编号:库存现金 1001　　　　第 1 页

<table>
<tr><td colspan="2">2×10年</td><td colspan="2">凭 证</td><td rowspan="2">摘 要</td><td colspan="11">借 方</td><td colspan="11">贷 方</td><td rowspan="2">借或贷</td><td colspan="11">余 额</td><td rowspan="2">核对</td></tr>
<tr><td>月</td><td>日</td><td>字</td><td>号</td><td>亿</td><td>千</td><td>百</td><td>十</td><td>万</td><td>千</td><td>百</td><td>十</td><td>元</td><td>角</td><td>分</td><td>亿</td><td>千</td><td>百</td><td>十</td><td>万</td><td>千</td><td>百</td><td>十</td><td>元</td><td>角</td><td>分</td><td>亿</td><td>千</td><td>百</td><td>十</td><td>万</td><td>千</td><td>百</td><td>十</td><td>元</td><td>角</td><td>分</td></tr>
<tr><td>12</td><td>1</td><td></td><td></td><td>期初余额</td><td></td><td></td><td></td><td></td><td></td><td></td><td></td><td></td><td></td><td></td><td></td><td></td><td></td><td></td><td></td><td></td><td></td><td></td><td></td><td></td><td></td><td></td><td></td><td></td><td></td><td></td><td></td><td></td><td>1</td><td>3</td><td>7</td><td>0</td><td>6</td><td>0</td><td></td></tr>
<tr><td></td><td></td><td></td><td></td><td></td><td></td><td></td><td></td><td></td><td></td><td></td><td></td><td></td><td></td><td></td><td></td><td></td><td></td><td></td><td></td><td></td><td></td><td></td><td></td><td></td><td></td><td></td><td></td><td></td><td></td><td></td><td></td><td></td><td></td><td></td><td></td><td></td><td></td><td></td><td></td></tr>
</table>

表 1-3　总分类账(二)

总分类账

会计科目及编号:银行存款　1002　　　　　　　　　　　　　　　　　第 3 页

2×10年		凭证		摘要	借方											贷方											借或贷	余额											核对
月	日	字	号		亿	千	百	十	万	千	百	十	元	角	分	亿	千	百	十	万	千	百	十	元	角	分		亿	千	百	十	万	千	百	十	元	角	分	
12	1			期初余额																											5	6	1	9	2	0	0	0	

表 1-4　总分类账(三)

总分类账

会计科目及编号:应收账款　1122　　　　　　　　　　　　　　　　　第 9 页

2×10年		凭证		摘要	借方											贷方											借或贷	余额											核对
月	日	字	号		亿	千	百	十	万	千	百	十	元	角	分	亿	千	百	十	万	千	百	十	元	角	分		亿	千	百	十	万	千	百	十	元	角	分	
12	1			期初余额																											5	2	0	7	9	0	0	0	

(四) 填写账户目录

由于总账是订本式,在各账页中预先印有连续编号,为方便查找,所有总账账户设置完后,应在账簿启用页后的"账户目录表"中填入各账户的科目编号、名称及起始页码。如表 1-5 所示。

表 1-5　账户目录

顺序	编号	名称	页号	顺序	编号	名称	页号	顺序	编号	名称	页号
1	1001	库存现金	1	16				31			
2	1002	银行存款	3	17				32			
3	1012	其他货币资金	5	18				33			
4	1121	应收票据	7	19				34			
5	1122	应收账款	9	20				35			
6	⋮	⋮		21				36			
7				22				37			
8				23				38			

二、设置日记账

为了加强对货币资金的监督和控制,企业均须设置现金日记账和银行存款日记账。小李根据(实训 1-1)北京汇丰实业有限公司设置现金日记账、银行存款日记账各一本。采用订本式账簿、三栏式账页格式。因为公司不涉及外币业务,现金日记账只设置了人民币账户;因为公司分别在中国工商银行北京市分行和交通银行西安光华路支行开设银行账户,所以银行存款日记账设置两个账户。小李的建账步骤如下:

(1) 启用账簿(方法步骤同总账)。

(2) 设置账户。现金日记账按现金的币种分别开设账户,银行存款日记账按单位在银行开立的账户和币种开设账户,每一账户要预留账页。因外币现金和银行存款需采用包含原币信息的复币账页,因此,本位币与外币现金、银行存款分别开设账簿。

(3) 登记期初余额。对于有期初余额的"库存现金"账户,根据相关资料在账户中登记期初余额,如表1-6所示。

表1-6 现金日记账

现金日记账

会计科目及编号:人民币账户 100101

2×10年		凭证		摘要	借方										贷方										余额										✓
月	日	字	号		亿	千	百	十	万	千	百	十	元	角	分	亿	千	百	十	万	千	百	十	元	角	分	亿	千	百	十	万	千	百	十	元	角	分	
12	1			期初余额																											1	3	7	0	6	0	

对于有期初余额的"银行存款"账户,根据相关资料在账户中登记期初余额,如表1-7、表1-8所示。

表1-7 银行存款日记账(一)

银行存款日记账

开户银行名称:中国工行北京市分行

开户银行账号:200004509089131000　　第 1 页

2×10年		凭证		摘要	借方										贷方										余额										✓
月	日	字	号		亿	千	百	十	万	千	百	十	元	角	分	亿	千	百	十	万	千	百	十	元	角	分	亿	千	百	十	万	千	百	十	元	角	分	
12	1			期初余额																									3	3	1	9	2	0	0	0	

表1-8 银行存款日记账(二)

银行存款日记账

开户银行名称:交通银行西安光华路支行

开户银行账号:611301135018000000000　　第 21 页

2×10年		凭证		摘要	借方										贷方										余额										✓
月	日	字	号		亿	千	百	十	万	千	百	十	元	角	分	亿	千	百	十	万	千	百	十	元	角	分	亿	千	百	十	万	千	百	十	元	角	分	
12	1			期初余额																									2	3	0	0	0	0	0	0	

(4) 填写账户目录(方法步骤同总账)。

三、设置三栏式明细分类账

明细分类账一般采用活页式账簿,有三栏式、数量金额式及多栏式多种账页格式,相同格式的账页装订成本。

由于活页账可以在使用过程中根据需要增减账页，以及对账页的顺序进行调整，因此，设置明细分类账时，不用给每一明细账户预留账页，可以先在相关账簿中设置出有期初余额的明细账户，对期初无余额的明细账户可暂时不设，待日常账务处理中用到时再行设置，并插入账簿中同属一个总分类账户的明细账户顺序中去。

为了便于查找账户，明细账户在账簿中一般也按会计科目编码顺序排列，同属于一个总分类账户的明细账户应集中连续排列。在每一明细分类账户起始页上端或右侧粘贴标签（口取纸），在标签上注明该账户名称，不同账户的标签相互错开排列。

并不是所有的总分类账户都需要设置明细分类账户，企业可以根据实际需要决定明细分类账户的设置，以及所采用的账页格式。小李对北京汇丰实业有限公司的明细分类账户设置及选用的账页格式如表 1－9 所示。

表 1－9　北京汇丰公司明细分类账户及其账页格式

总账科目	明细分类账页格式	总账科目	明细分类账页格式
库存现金	日记账	其他应付款	三栏式
银行存款	日记账	长期借款	三栏式
其他货币资金	三栏式	实收资本	三栏式
应收票据	三栏式	资本公积	三栏式
应收账款	三栏式	盈余公积	三栏式
其他应收款	三栏式	本年利润	不设明细账
材料采购	三栏式（专用多栏式）	利润分配	三栏式
原材料	数量金额式	生产成本	专用多栏式
库存商品	数量金额式	制造费用	普通多栏式
长期待摊费用	三栏式	主营业务收入	普通多栏式
固定资产	卡片	其他业务收入	普通多栏式
累计折旧	不设明细账	营业外收入	普通多栏式
短期借款	三栏式	主营业务成本	普通多栏式
应付票据	三栏式	其他业务成本	普通多栏式
应付账款	三栏式	营业税金及附加	普通多栏式
应付职工薪酬	三栏式	销售费用	普通多栏式
应交税费	应交增值税为专用多栏式 其他明细账户为三栏式	管理费用	普通多栏式
		财务费用	普通多栏式
应付利息	三栏式	营业外支出	普通多栏式
应付股利	三栏式	所得税费用	不设明细账

值得注意的是,在存货核算采用计划成本时,需要设置"材料采购"账户,其明细账采用专用的多栏式账页,用以归集存货的实际采购成本,结转入库材料计划成本以及实际成本与计划成本的差异。而在本书中设置"材料采购"账户的目的是为了说明材料实际成本的归集方法,因此,对材料采购明细账采用三栏式账页格式。据此,设置以下明细分类账簿。

(一) 三栏式明细分类账

建账步骤如下:

(1) 启用账簿(方法步骤同总账)。

(2) 设置账户。小李根据公司情况(实训1-1)设置出应收账款、其他应收款、长期待摊费用、短期借款、应付账款、应付票据、应付职工薪酬、应交税费、实收资本、盈余公积、利润分配等所属各有期初余额的明细分类账户,其他无期初余额的明细账户暂不设置。

开设明细账户时,首先在选定的明细账页上方填写该明细账户所属总分类科目名称、明细科目名称、明细科目编码及该明细账户当前页码,如表1-9、表1-10所示。如果三栏式明细账过多,可以分册建账;某几个账户业务比较多,可以单独建账,在明细账封皮的标签上注明某某账户明细账及册数。

活页式账簿内账页事先未印制固定页码,由企业根据使用情况填写。每一账页均有两个页码,①"第　页(分第　页)"指按明细分类账户对账页所进行的编码,即该账页为该明细分类账户的第几页,在启用新账页时进行编码。如开设"应收账款——深圳三勇建材有限公司"账户时,选定的账页为该账户的"第1页",该页登记满转入下页继续登记时,下页即为该账户的"第2页"。②"连续　页(总第　页)"指不区分明细分类账户,对账簿中包含的账页按排列顺序进行的编码,即该账页为该明细账簿中的第几页。由于活页账在使用过程中会根据需要对账页进行增减,以及调整账页的顺序,所以该编码在年度结束时,将账簿中空白账页抽出,并对账页顺序进行整理后填写。

(3) 登记期初余额。小李根据自己对公司会计资料整理的情况(实训1-1资料)在明细分类账户中登记期初余额。

根据以上方法开设应收山东凯利有限公司、河南利源有限公司账款明细分类账户,如表1-10、表1-11所示。

表1-10　应收账款明细分类账(一)

应收账款　明细分类账

科目编号:112201　　　　总字第　　页

明细科目:山东凯利　　　　分字第 1 页

2×10年		凭证		摘要	借方											贷方											借或贷	余额											✓
月	日	字	号		亿	千	百	十	万	千	百	十	元	角	分	亿	千	百	十	万	千	百	十	元	角	分		亿	千	百	十	万	千	百	十	元	角	分	
12	1			期初余额																												1	8	8	4	7	9	2	

应注意的是,明细科目的编码一般采用群码的编码方式,以清楚地反映科目的隶属关系。其中一级科目编码已由会计制度明确规定,其他各级科目编码长度根据各单位需要自行确定,其长度既不能过长,不便运用,也不能太短,容量不够使用。如应收账款的一级编码是1122,后面002是企业自己确定的,最多可以有999个明系科目,按小李所在公司(实训1-1)的规模

来看,这个二级编码就有些过长,决定只使用两位。

表 1－11　应收账款明细分类账(二)

应收账款　明细分类账

科目编号:112202　　　　总字第　　页

明细科目:河南利源　　　　分字第 21 页

2×10年		凭证		摘要	借方											贷方											借或贷	余额											✓
月	日	字	号		亿	千	百	十	万	千	百	十	元	角	分	亿	千	百	十	万	千	百	十	元	角	分		亿	千	百	十	万	千	百	十	元	角	分	
12	1			期初余额																											3	0	5	0	3	7	0	0	

(4) 粘贴账户标签。由于活页账簿中账页数量和位置的可变性,账簿登记过程中不能通过账户目录来查找账户,因此,为了便于账户查找,在每个账户首页上加贴口取纸标签。在粘贴口取纸时,要按照一定的顺序错位粘贴,以能够看到标签上的账户名称为宜。

(二) 数量金额式明细分类账

数量金额式明细账用来登记那些既要用金额核算,又要用实物度量核算的经济业务,例如原材料、产成品等存货类明细分类账。

建账步骤如下:

(1) 启用账簿(方法步骤同总账)。

(2) 设置账户。在其中开设出原材料、库存商品所属的有期初余额的明细分类账户。

(3) 登记期初余额。小李根据自己对公司会计资料整理的情况(实训 1－1 资料)在明细分类账户中登记期初余额,包括数量、单价和金额。如表 1－12、表 1－13 所示。

表 1－12　原材料明细分类账(一)

原材料　明细分类账　　　　总第　　页　分第 1 页

部分:____　产地:____　单位:米　规格:________　品名:大衣呢

2×10年		凭证		摘要	借方												贷方												余额												✓
月	日	字	号		数量	单价	金额										数量	单价	金额										数量	单价	金额										
							千	百	十	万	千	百	十	元	角	分			千	百	十	万	千	百	十	元	角	分			千	百	十	万	千	百	十	元	角	分	
12	1			期初余额																									1000	100			1	0	0	0	0	0	0	0	

表 1－13　原材料明细分类账(二)

原材料　明细分类账　　　　总第　　页　分第 11 页

部分:____　产地:____　单位:米　规格:________　品名:制服呢

2×10年		凭证		摘要	借方												贷方												余额												✓
月	日	字	号		数量	单价	金额										数量	单价	金额										数量	单价	金额										
							千	百	十	万	千	百	十	元	角	分			千	百	十	万	千	百	十	元	角	分			千	百	十	万	千	百	十	元	角	分	
12	1			期初余额																									1250	80			1	0	0	0	0	0	0	0	

(4) 粘贴账户标签(同三栏式明细账)。

四、设置多栏式明细账

(一) 应交增值税明细账

该账簿是专用多栏式明细账簿,用以登记应交增值税的增减变化情况。该账簿的每一栏目已经设置好,因此,无须再进行账户设置。在启用账簿后,将"应交增值税"账户的期初余额登记进账簿即可,如果不符合自己企业需要,可以在空余栏目增设,也可以去重新选择符合自己要求的专用多栏式账簿。如表1-14所示。借贷方栏目的合计是借贷方各自同行的合计,余额是贷方合计减去借方合计的金额。

表1-14　应交税费明细分类账

应交税费(应交增值税)　明细分类账

第　　页
连续第　页

年		凭证		摘要	借方			贷方			借或贷	余额
月	日	字	号		合计	进项税额	已交税金	合计	销项税额	进项税额转出		
					千百十万千百十元角分	千百十万千百十元角分	千百十万千百十元角分	千百十万千百十元角分	千百十万千百十元角分	千百十万千百十元角分		千百十万千百十元角分

(二) 生产成本明细账

建账步骤如下:

(1) 启用账簿(方法步骤同总账)。

(2) 开设账户。生产成本明细账用以登记各成本核算对象的实际生产成本,按产品品种开设明细分类账户,对每种产品设置直接材料、直接人工及制造费用3个成本构成项目。如果我们使用生产成本专用多栏式,只需将期初在产品成本登记入账。登记时在"合计"栏或"借方发生额"栏中填入期初总成本,在"直接材料"、"直接人工"和"制造费用"栏中填入各成本构成项目金额。如表1-15所示。

表1-15　生产成本明细分类账

生产成本　明细分类账

第　　页
连续第　页

总账科目:________　产品名称:________　规格型号:________　计量单位:________

年		凭证		摘要	借方发生额	成本项目			
月	日	字	号			直接材料	直接人工	制造费用	
					亿千百十万千百十元角分	百十万千百十元角分	百十万千百十元角分	百十万千百十元角分	百十万千百十元角分

如果采用普通多栏式明细账，我们须在明细账前填写“生产成本”，开设时，在选定的账页左上方填入总账科目、产品名称、规格型号及计量单位等资料，并填写账页编码。在金额栏目里分别填写成本项目“直接材料”、“直接人工”和“制造费用”，然后将在产品的成本登记入账。

(3) 登记期初余额。根据相关资料将该种产品期初在产品成本登记入账。登记时在“合计”栏中填入期初总成本，在“直接材料”、“直接人工”和“制造费用”栏中填入各成本构成项目金额。

应注意的是，在各多栏式明细账簿中，一般将多栏方向的起始栏设为“合计”栏。合计是指本行本方向登记的各栏金额合计数，上、下行数据不累计。

(4) 粘贴账户标签。

(三) 普通多栏式明细分类账

普通多栏式明细分类账主要用来登记制造费用及各损益类账户，如表 1－16、表 1－17 所示。这些账户一般没有期初余额，经常是一个方向发生，另一个方向只有到期末结转时才有发生。普通多栏式明细账根据需要可以选择 8 栏式、14 栏式，带有借贷余额栏目的 14 栏式等明细账，栏目较多时两页对开使用。栏目主要根据企业管理需要来设置，其数量、名称应尽量符合一般习惯，当然也可以自主设置。

建账步骤如下：

(1) 启用账簿(方法步骤同总账)。

(2) 开设账户。开设账户时，首先，将总分类科目填入账户的“科目名称”栏；然后，确定多栏方向并写入栏目上方，一般将该账户登记增加的一方设为多栏方向，如“制造费用”账户和损益类中的费用账户设借方多栏，损益类中的收入账户设贷方多栏；最后，将所属明细科目作为账户中栏目名称写入各栏目，注意将第一栏设为“合计”栏。

表 1 16 管理费用明细分类账(一)

管理费用 明细分类账

总第 1 页

连续第 页

2×11年		凭证		摘要	借方	贷方	借或贷	余额	(借)方额分析			
									办公费	职工薪酬	房屋租赁费	差旅费
月	日	字	号		百十万千百十元角分	百十万千百十元角分		百十万千百十元角分	百十万千百十元角分	百十万千百十元角分	百十万千百十元角分	百十万千百十元角分
12	9	记	19	支付广告费	30000			300000	30000			
12	9	记	20	张维报差旅费	7200			372000				72000
12	16	记	37	支付电话费	10000			472000	100000			
12	19	记	39	支付报刊费	16000			632000	160000			
12	22	记	40	李红报差旅费	17000			802000				170000
12	30	记	44	支付电话费	30000				300000			

表 1-17　管理费用明细分类账(二)

管理费用　明细分类账

总第 1 页
连续第　页

2×11年		凭 证		摘　要	借　方				
月	日	字	号		合计	办公室	水电费	房屋租赁费	
					百十万千百十元角分	百十万千百十元角分	百十万千百十元角分	百十万千百十元角分	百十万千百十元角分
12	09	记	009	零星办公用品	88500	88500			
	20	记	017	付电费	140000		140000		
	28	记	022	付房租	950000			950000	
		⋮	⋮	⋮					
	31	记	038	结转费用	5748500	88500	140000	1950000	

(3) 粘贴账户标签。

四、备查簿

设置备查簿一本,用以登记租入的行政办公用房相关信息。该账簿没有固定的账本形式和账页格式,企业可以根据实际情况选择适用账簿。

另外,企业在经营过程中涉及应收票据的,还应设置应收票据备查簿,用于逐笔登记商业汇票的种类、号数和出票日、票面金额、交易合同号和付款人、承兑人、背书人的姓名或单位名称、到期日、背书转让日、贴现日、贴现率和贴现净额,以及收款日和收回金额、退票情况等资料。商业汇票到期结清票款或退票后,应在备查簿中注销。

企业在经营过程中涉及应付票据的,应设应付票据备查簿,用于详细登记商业汇票的种类、号数和出票日期、到期日、票面金额、交易合同号和收款人姓名或单位名称,以及付款日期和金额等资料。应付票据到期结清时,应在备查簿中注销。

习　题

一、填空题

1. 会计工作具有明显的阶段性,具体可划分为________、________和________ 3 个阶段,我们把每一会计期间不断往复、依次进行的账务处理步骤称为________。

2. 会计账簿是由一定格式的________组成,以________为依据,全面、系统、连续地________________的簿籍。

3. 会计账簿按其用途可分为________、________和________ 3 种,按其外观形式可分为________、________和________ 3 种,按其账页格式可分为________、________和________。

4. 明细分类账所采用的账页格式各不相同,常用的格式有____________、____________和____________ 3 种。

5. 总分类账按账簿用途分类属____________，其账簿的外观形式为________，其账页格式为________。

6. 现金账按账簿用途分类属____________，其账簿的外观形式为________，其账页格式为________。

二、单项选择题

1. 活页式账簿一般用于(　　)。

A. 日记账　　B. 总分类账　　C. 明细分类账　　D. 备查簿

2. 存货类明细分类账一般应采用的账页格式为(　　)。

A. 三栏式　　B. 数量金额式　　C. 专用多栏式　　D. 普通多栏式

3. 应收账款明细分类账一般应采用(　　)格式。

A. 三栏式　　B. 数量金额式　　C. 专用多栏式　　D. 普通多栏式

4. 对应收应付票据的管理应设置(　　)。

A. 订本式　　B. 序时账　　C. 明细账　　D. 备查簿

5. 现金日记账按外观形式必须选择(　　)的账页。

A. 明细账　　B. 活页式　　C. 订本式　　D. 三栏式

6. 生产成本明细账采用(　　)账页。

A. 三栏式　　B. 数量金额式　　C. 专用多栏式　　D. 普通多栏式

7. 按外观形式上，银行存款日记账必须采用(　　)。

A. 序时账簿　　B. 分类账簿　　C. 备查账簿　　D. 订本式账簿

8. 按账簿的外观形式，固定资产明细账应采用(　　)。

A. 活页式账簿　　B. 卡片式账簿　　C. 序时账簿　　D. 分类账簿

9. 可以不根据会计凭证登记的账簿有(　　)。

A. 明细分类账　　B. 总分类账　　C. 备查簿　　D. 卡片账

10. 下列各项中，应使用数量金额式账簿的是(　　)。

A. 主营业务收入明细账　　B. 管理费用明细账

C. 生产成本明细账　　D. 原材料明细账

11. 下列各项中，应使用专用多栏式账簿的是(　　)。

A. 主营业务收入明细账　　B. 管理费用明细账

C. 生产成本明细账　　D. 原材料明细账

12. 下列应该使用多栏式账簿的是(　　)。

A. 应收账款明细账　　B. 管理费用明细账

C. 库存商品　　D. 原材料

13. 下列不采用订本式账簿的是(　　)。

A. 总分类账　　B. 现金日记账

C. 银行存款日记账　　D. 固定资产明细账

14. 下列不适于建立备查账的是(　　)。

A. 租入的固定资产　　B. 应收票据

C. 受托加工材料　　D. 购入的固定资产

三、多项选择题

1. 下列属于序时账的有(　　)。

A. 现金日记账　　B. 银行存款日记账

C. 应收账款明细账　　D. 主营业务收入明细账

2. 下列可以用三栏式账簿登记的有(　　)。

A. 总账　　B. 现金日记账　　C. 应收账款　　D. 实收资本

3. 现金日记账属于(　　)。

A. 特种日记账　　B. 普通日记账　　C. 订本账　　D. 活页账

4. 账页包括的内容是(　　)。

A. 账户名称　　B. 记账凭证的种类和号数

C. 摘要栏　　D. 总页次和分户页次

5. 账簿按账页格式的不同,可分为(　　)。

A. 三栏式账簿　　B. 数量金额式账簿

C. 多栏式账簿　　D. 序时簿

E. 分类簿

6. 账簿按其用途分类,可分为(　　)。

A. 订本账　　B. 备查簿

C. 序时账　　D. 分类账

E. 活页账

7. 下列明细分类账应采用数量金额式账页格式的是(　　)。

A. 原材料　　B. 固定资产

C. 库存商品　　D. 材料采购

E. 生产成本

8. 下列经济业务需登记备查簿的是(　　)。

A. 经营租入的固定资产　　B. 融资租入的固定资产

C. 应收票据贴现　　D. 受托代销商品

E. 签发商业汇票

9. 订本式账的优点包括(　　)。

A. 防止账页散失和非法抽换　　B. 可根据需要增减

C. 可跨年度使用　　D. 便于分工记账

E. 较为安全

10. 下列账户中,一般应采用多栏式账页的是(　　)。

A. 资产账户　　B. 成本账户　　C. 收入账户　　D. 费用账户

11. 采用普通多栏式账页格式的账户一般具有(　　)的特征。

A. 该账户一般经常是一个方向有发生额,另一个方向只有到期末转账时才有发生

B. 该类账户期末一般没有余额

C. 该类账户多为成本类或损益类账户

D. 该类账户期末合计或累计只计算经常发生的那个方向

12. 下列有关设置和登记账簿的作用的表述中,正确的是(　　)。

A. 可以为经济管理提供系统、全面、连续的会计信息

B. 是进行会计分析、会计检查以及考核企业经营成果的重要依据

C. 是编制财务报表的依据

D. 有利于经济档案的保管

四、判断题

1. 序时账也称为日记账，是按经济业务发生或完成时间的先后顺序逐日逐笔登记经济业务的账簿。（　）

2. 分类账是对各项经济业务按账户进行分类登记的账簿。（　）

3. 分类账包括总分类账和明细分类账。（　）

4. 总账、现金、银行存款日记账应采用订本式账簿。（　）

5. 备查簿是一种非正式的账簿，用于记载总分类账和明细分类账中未能登记或记载不全的事项，以备查考，但也必须根据记账凭证进行登记。（　）

6. 卡片式账簿的本质是一种活页账，因此，它除了具有活页账的优、缺点外，还可以跨年度使用，不需每年更换，固定资产账多使用该种账簿。（　）

7. 在设置总分类账时，对本企业所涉及的所有账户，不论是否有余额，均应事先预留账页。（　）

8. 为防止变造账簿记录，账簿中文字与数字应满格书写，并在小写金额前加上币别符号。（　）

9. 除总分类账、现金、银行存款日记账外，其他账簿一律采用活页式账簿。（　）

10. 序时账簿就是现金和银行存款日记账。（　）

11. 按照现行会计制度的规定，企业在年末时应更换新的会计账簿，但对尚未用完的订本式账簿可以继续使用至用完再进行更换。（　）

12. 活页式账簿可以通过账簿目录来查找账户，不必粘贴账户标签。（　）

13. 所有的会计账簿均应按件缴纳印花税，即每本粘贴 5 元面值的印花。（　）

14. 活页账簿虽利于分工记账，能根据需要增减账页，不需为每一账户事先预留账页，但不能防止账页散失和非法抽换，不安全。（　）

15. 银行存款日记账按单位在银行开立的账户和币种开设账户，每一账户要预留账页。（　）

16. 明细分类账一般采用活页式账簿，并根据企业实际需要将三栏式、数量金额式及多栏式多种账页装订成一本明细账。（　）

17. 并不是所有的总分类账户都需要设置明细分类账。（　）

18. 明细分类账的页码应在年度结束，抽出空白账页并整理好账页后进行编码。（　）

19. 多栏式账页的“合计”栏是指本期本方向发生额的合计数。（　）

20. 多栏式明细分类账一般将该账户登记增加的一方设为多栏方向。（　）

五、实训题

北京汇丰实业有限公司 2×15 年 12 月 1 日的相关账务资料如下：

总分类账户的期初余额如下表 1－18 所示：

表 1-18　期初余额表

2×15 年 12 月 1 日　　　　元

编　号	账户名称	借方余额	账户名称	贷方余额
1	库存现金	61 370	短期借款	200 000
2	银行存款	2 161 920	应付账款	300 000
3	应收账款	520 709	应付票据	275 000
4	应收票据	128 700	应付职工薪酬	562 780
5	预付账款	240 000	应缴税费	82 756
6	存货	692 925	实收资本	2 200 000
7	固定资产	330 000	盈余公积	
8	累计折旧	30 000	本年利润	509 088
9	长期待摊费用	24 000	未分配利润	
10	合　计	4 129 624	合　计	4 129 624

明细分类账户的期初余额如下：

(1) 应收账款明细账的余额如下：

山东凯利有限公司　188 479.20 元

河南利源有限公司　305 037 元

上海凤美有限公司　27 192.8 元

(2) 应收票据明细账的余额如下：

河南利源有限公司　128 700 元

(3) 预付账款明细账的余额如下：

广东伊牵有限公司　240 000 元

(4) 库存商品明细账的余额如下表 1-19 所示：

表 1-19　库存商品明细账　　　　元

名　称	货　号	数　量	单　价	余　额
男上衣	11112002	400 件	300	120 000
女上衣	11113003	400 件	300	120 000

(5) 机物料明细账的余额如下表 1-20 所示：

表 1-20　机物料明细账　　　　元

名　称	规　格	数　量	单　价	余　额
制服呢	300D	1250 米	80	100 000
大衣呢	RA806	1 000 米	100	100 000
甲材料	C20-3	4 000 千克	5	20 000
乙材料	C30-5	3 000 千克	10	30 000

(6) 应付账款明细账的余额如下：

上海丰华有限公司　300 000 元

(7) 应付票据明细账的余额如下：

上海丰华有限公司　275 000 元

(8) 房屋租赁费每月 25 000 元(每月月末支付)。

(9) 固定资产明细账的资料如下：

电动缝纫机 100 台，每台 3 300 元，合计 330 000 元；使用寿命为 10 年；净残值为 30 000 元；已计提折旧 30 000 元。

(10) 应交税费明细账的余额如下：

未交增值税　16 965 元

应交所得税　61 000 元

应交城市建设维护税　3 360 元

应交教育费附加　1 440 元

(11) 短期借款明细账的余额如下：

流动资金周转贷款　23 000 元

(12) 实收资本明细账的余额如下：

开明公司　1 600 000 元

郑开公司　1 000 000 元

张法明　600 000 元

长期待摊费用为行政管理部门租入办公用房每月摊销 2 000 元，厂房租金 8 000 元，厂房装修费每月摊销 2 000 元。

短期借款 200 000 元，借款利率为 6%，期限为 9 个月，到期日为 2×16 年 6 月 30 日。

存货出入库总分类核算采用月末汇总结转。

2×15 年 11 月 30 日，有关损益类账户的累计发生额如下：

主营业务收入——A 产品　2 200 000 元

主营业务成本——A 产品　774 800 元

销售费用——工资　40 000 元

——广告费　20 000 元

——运杂费　2 800 元

其他业务收入——材料销售　17 000 元

其他业务成本——材料销售　11 000 元

营业税金及附加　27 111.10 元

管理费用——工资　20 000

——房屋租赁费　20 000 元

——办公费　5 000 元

——水电费　3 000 元

——物料消耗　1 000 元

——差旅费　3 000 元

财务费用——利息支出　10 000 元

企业的基本资料如下：

(1) 企业名称:北京汇丰有限公司;

(2) 增值税一般纳税人,纳税人登记号:14126812;

(3) 开户行:北京市工商银行和平路支行,账号:08966980;

(4) 地址及电话:北京市和平路180号,010－86567988;

(5) 会计人员:李亮,出纳员:张平,会计主管:李刚。

2×15年12月份发生以下经济业务(所要求填写的原始凭证根据情况选做):

(1) 12月1日,向广东伊奉有限公司购买飞越牌电动缝纫机10台,型号为飞跃2300,买价为30 000元,运杂费为2 000元,增值税税率为17%,从对方销售部门取得增值税专用发票(第三联)。设备无需安装,直接交付使用。用银行汇票结算支付。财务部出纳填写银行承兑汇票申请书(存根联),银行加盖业务专用章;代广东伊奉有限公司填写增值税专用发票(第三联),企业加盖发票专用章。

(2) 12月1日,收到北京源发公司转账支票1张,金额为2 000 000元,用途为投资款。财务部出纳填写进账单(回单联)银行加盖转讫章;代北京源发公司填写转账支票。

(3) 12月2日,向上海丰华有限公司购买制服呢4 000米,规格为300D,单价为80元/米,收到增值税专用发票,价款为320 000元,增值税税款为54 400元。购进大衣呢6 000米,规格为RA806,单价为100元/米,收到增值税专用发票,价款为600 000元,增值税税款为102 000元。以商业承兑汇票结算,期限为6个月,材料验收入库。以现金支票支付北京路通运输公司运杂费10 000元。财务部出纳填写商业承兑汇票、现金支票;代上海丰华有限公司填写增值税专用发票(第三联)、运费结算单,企业加盖发票专用章。

(4) 12月3日,采购员李文预借差旅费6 000元,以现金支票支付。财务部出纳填写现金支票;代李文填写借款单。

(5) 12月4日,出纳张平从银行提取备用金14 372元。北京汇丰出纳填写现金支票。

(6) 12月6日,向上海丰华有限公司购进大衣呢4 000米,规格为RA806,单价为100元/米,收到增值税专用发票,价款为400 000元,增值税税款为68 000元;制服呢6 000米,规格为300D,单价为80元/米,收到增值税专用发票,价款为480 000元,增值税税款为81 600元。以银行承兑汇票结算,期限为6个月,材料验收入库。以现金支票支付北京路通运输公司运杂费10 000元。财务部出纳填写银行承兑汇票、现金支票;代上海丰华有限公司填写增值税专用发票(第三联)、运费结算单,企业加盖发票专用章。

(7) 12月6日,用银行存款支付上月应交增值税16 965元、城建税3 360元、教育费附加1 440元。

(8) 12月7日,收到上海吉平有限公司电汇预付货款120 000元。代银行填写电汇单据(收账通知),银行加盖转讫章。

(9) 12月7日,接开户银行通知,收到山东凯利有限公司前欠货款123 000元。代银行填写委托收款(收账通知),银行加盖转讫章。

(10) 12月7日,向山东凯利有限公司销售男上衣800件,货号为11112002,单价为500元/件;女上衣600件,货号为11113003,单价为500元/件,开出增值税专用发票,价款为700 000元,增值税税率为17%,税款为119 000元,收到对方开出的金额为819 000元的银行承兑汇票1张,已到银行进账。财务部出纳填写银行进账单,银行在上面加盖转讫章;代山东凯利有限公司填写增值税专用发票(第三联),企业加盖发票专用章。

(11) 12月7日,用银行存款支付应交增值税20 000元。

(12) 12月8日,入库男上衣2 500件,货号为11112002,女上衣2500件,货号为11113003。仓库管理员李华明填写入库单(提示:不进行业务处理,会计根据入库单登记库存商品明细账)。

(13) 12月8日,以电汇方式向上海丰华有限公司预付货款350 678元。财务部出纳填写电汇单(回单联),银行加盖业务受理章。

(14) 12月11日,向上海丰华有限公司购买涤棉卡呢5 000米,规格为21 S/股,单价为100元/米,收到增值税专用发票,价款为500 000元,增值税税款为85 000元;购买纯棉纶布5 000米,规格为A32S,单价为120元/米,价款为600 000元,增值税税款为102 000元,尚未验收入库,运杂费10 000元,以银行承兑汇票结算余款946 322元(冲减8日预付账款350 678元)。财务部出纳填写银行承兑汇票申请书(存根联),银行加盖业务专用章;代上海丰华有限公司填写增值税专用发票(第三联),企业加盖发票专用章。

(15) 12月12日,男上衣车间领用大衣呢3 000米,规格为RA806;制服呢3 000米,规格为300D3;涤卡呢3 000米,规格为200E;女上衣车间领用大衣呢2 000米,规格为RA806;制服呢2 000米,规格为300D3;纯棉纶布2 000米,规格为A32S。车间班长李虎在仓库填写领料单(记账联)。

(16) 12月12日,开出现金支票提取现金发放工资500 000元。

(17) 12月12日,收到银行电划贷方补充报单第三联1张(代替收账通知),金额为152 358元,系河南利源有限公司预付购货款(银行电划贷方补充报单略)。

(18) 12月13日,男上衣车间领用大衣呢2 000米,规格为RA806;制服呢3 000米,规格为300D3;涤卡呢2 000米,规格为200E;女上衣车间领用大衣呢3 000米,规格为RA806;制服呢2 000米,规格为300D3;纯棉纶布3 000米,规格为A32S。车间班长李虎在仓库填写领料单(记账联)。

(19) 12月13日,销售给山东凯利有限公司男上衣2 000件,货号为11112002,单价为500元,销售部刘莉开出增值税专用发票,价款为1 000 000元,增值税税款为170 000元,使用银行承兑汇票结算,期限为6个月。仓库管理员刘毅填写产品出库单(记账联),代山东凯利公司填写1张银行承兑汇票。

(20) 12月14日,向北京市兴安路实业公司购入乙材料2 000千克,规格为C30-5,单价为10元/千克,收到增值税普通发票,材料尚未验收入库,用转账支票结算。财务部出纳代北京市兴安路实业公司填写银行转账支票、进账单(回单),并到银行办理进账,银行在进账单第一联回单联上加盖转讫章退回;代北京市兴安路实业公司填写增值税普通发票(第三联),企业加盖发票专用章。

(21) 12月14日,向北京凤美有限公司大衣呢布500米,单价为120元/米;制服呢布125米,单价为160元/米,收到的普通发票上注明的合计金额为80 000元,货款已汇付。财务部出纳填写汇款单,仓库管理员刘毅填写产品出库单(记账联);代北京凤美有限公司填写普通发票。

(22) 12月15日,职工李文出差回来报销差旅费5 800元,余款退回。李文填写差旅费报销单。

(23) 12月15日，公司以银行转账支票支付500吨水费，单价为4元/吨，共2 000元。其中，生产车间应负担1 500元，行政管理部门应负担500元。代北京市第三供水公司填写增值税专用发票；财务部出纳填写转账支票、进账单，并到银行办理进账，进账单第一联(回单联)由银行加盖业务受理章并退回。

(24) 12月16日，收到河南利源有限公司转账支票1张，金额为305 037元，归还以前欠货款。财务部出纳填写进账单，并到银行办理进账，进账单第一联(回单联)由银行加盖受理章退回。

(25) 12月17日销售给个体户李海男上衣100件，货号为11112002，单价为643.50元/件；女上衣100件，货号为11113003，单价为760.50元/件。账务部出纳开出普通发票(记账联)1张，注明价款为140 400元，款项尚未收到。仓库管理员刘毅填写出库单(记账联)。

(26) 12月18日，销售给山东凯利有限公司女上衣1 200件，货号为11113003，单价为600元/件。财务部出纳开出增值税专用发票(记账联)，价款为720 000元，税款为122 400元，收到银行承兑汇票1张，到期日为2×16年6月18日。仓库管理员刘毅填写产品出库单(记账联)。

(27) 12月19日，以转账支票向北京纺纱一厂支付2×16年房屋租金120 000元。财务部出纳填写转账支票；代北京纺纱一厂填写进账单(回单)，并到银行办理进账，进账单第一联(回单联)由银行加盖受理章并退回。

(28) 12月20日，向河南利源公司销售男上衣1 200件，货号为11112002，单价为500元/件，财务部出纳开出增值税专用发票(记账联)，价款为600 000元，税款为102 000元，款项尚未收到。仓库管理员刘毅填写产品出库单(记账联)。

(29) 12月21日，向工商银行借入3年期的借款500 000元，存入银行，利率为7.2%，按年付息。代银行填写借款借据。

(30) 12月21日，以转账支票支付公司本月电话费3 000元。财务部出纳填写转账支票；代电信公司开具发票。

(31) 12月22日，支付上月应交所得税3 300元。

(32) 12月22日，公司对其下属职工食堂按在岗职工人数每人补助食堂500元，在岗职工人数为150人(原始凭单略)。

(33) 12月22日，职工张维报销医药费720元，用现金支付(张维填写费用报销单略)。

(34) 12月28日，向山东凯利有限公司销售女上衣500件，货号为11113003，单价为700元/件，增值税税率为17%，使用托收承付(委电)结算。财务部出纳开出增值税专用发票(记账联)；填写托收承付凭证并到银行办妥收款手续，第一联(回单联)由开户行加盖业务受理章并退回。仓库管理员刘毅填写产品出库单(记账联)。

(35) 12月29日，销售给上海吉平有限公司女上衣800件，单价为600元/件，增值税税率为17%。使用委托收款方式(委电)结算。财务部出纳开出增值税专用发票(记账联)；填写委托收款凭证并到银行办妥收款手续，第一联(回单联)由开户行加盖业务受理章并退回。仓库管理员刘毅填写产品出库单(记账联)。

(36) 12月29日，上半年销售给河南利源公司男上衣100件，单价为500元/件，女上衣100件，单价为600元，收到的1张面值为110 000元、期限为6个月的商业承兑汇票到期。已办理好委托收款手续，款项尚未收回(提示：该笔业务不进行会计业务处理)。

(37) 12 月 30 日，银行扣划本月短期借款利息 10 000 元(银行扣款凭证略)。

(38) 12 月 30 日，入库男上衣 3 300 件，货号为 11112002，女上衣 2 500 件，货号为 11113003。仓库管理员刘毅填写产品入库单(记账联)(提示：不进行业务处理，会计根据入库单登记库存商品明细账)。

(39) 12 月 30 日，销售给山东凯利有限公司男上衣 2 000 件，货号为 11112002，单价为 500 元/件；女上衣 2 000 件，货号为 11113003，单价为 600 元/件，增值税税率为 17%。收到 1 张银行承兑汇票。财务部出纳开出增值税专用发票(记账联)；仓库管理员刘毅填写产品出库单(记账联)。

(40) 12 月 30 日，以转账支票支付本月电费 18 000 元，其中，生产车间应负担 17 000 元，行政管理部门应负担 1 000 元。财务部出纳填写转账支票；代供电公司填写进账单并到银行办理进账，第一联(回单联)由银行加盖业务受理章并退回。

(41) 本月采购原材料除了 14 日向北京市兴安路实业公司采购的乙材料未入库，其余原材料均已在采购次日验收入库。结转入库原材料的采购材料成本。仓库管理员刘毅填写原材料入库单(记账联)。

(42) 12 月 30 日，仓库发出材料供有关部门使用，经统计，生产车间领用生产男上衣大衣呢 5 000 米，金额为 500 000 元，涤棉卡呢 5 000 米，金额为 500 000 元，制服呢 6 000 米，金额为 480 000 元；领用生产女上衣大衣呢 5 000 米，金额为 500 000 元，制服呢 4 000 米，金额为 320 000 元，纯棉纶布 5 000 米，金额为 600 000 元；车间一般耗用甲材料 1 600 千克，金额为 8 000元，乙材料 1 600 千克，金额为 16 000 元；管理部门耗用乙材料 500 千克，金额为 5 000 元。财务部会计已编制材料费用分配表。

(43) 月末，分配本月工资费用，生产工人工资为 500 000 元，其中，生产男上衣 250 000 元，女上衣 250 000 元。车间管理人员工资为 50 000 元，管理人员工资为 10 000 元，销售部人员工资为 20 000 元。财务部会计已编制工资分配表。

(44) 月末，企业按工资总额的 2%和 2.5%计提工会经费和职工教育经费。

(45) 计提本月累计折旧 2 500 元(财务部会计编制固定资产计提及分配表略)。

(46) 月末，制造费用按男上衣和女上衣的生产工人工时比例进行分配，本月生产男上衣耗用工时 4 000 工时，生产女上衣耗用工时 6 000 小时(财务部会计编制制造费用分配表略)。

(47) 月末，公司财产清查中发现甲材料由于管理不善，发生丢失损失 1 000 千克，金额为 5 000元，其中 4 000 元获中国财产保险公司赔偿，经报批处理，责令保管员王喜赔偿 500 元，其余计入非常损失(财务部会计编制存货盘点表略)。

(48) 男上衣本月月初在产品 800 件，成本为 202 925 元，其中，直接材料为 160 000 元，直接人工为 40 000 元，制造费用为 2 925 元，本月新投产的男上衣 5 000 件，女上衣 5 000 件，全部完工入库。财务部会计已编制产品成本计算表(提示：根据(12)、(38)笔业务进行入库业务处理并结转完工产品成本)。

(49) 月末，结转已售产品成本(提示：根据前面的出库单进行计算并结算销售产品成本)。

(50) 计算本月应交增值税税额和应负担的销售税金。增值税率为 17%，城市建设维护税 7%，教育费附加 3%。

(51) 月末，结转本月收入、成本、费用、税金等至“本年利润”账户。

(52) 月末，计算所得税并结转至“本年利润”账户，所得税税率为 25%。

(53) 月末,若“本年利润”账户为贷方余额,将本年利润结转至“利润分配——未分配利润”账户的贷方。

(54) 月末,企业按可分配净利润的10%提取盈余公积金,将本年税后利润的50%按期初投资比例分配给投资者(提示:本月源发公司投资按投资章程规定从2×16年开始参与分配)。

(55) 月末,结转利润分配(提取盈余公积金)至“利润分配——未分配利润”账户的借方。

实训耗材如下:

(1) 现金日记账页:1张。

(2) 银行存款日记账页:1张。

(3) 总分类账页(编号连续):25张。

(4) 三栏式明细账页:15张。

(5) 数量金额式明细账页:6张。

(6) 普通多栏式明细账页:12张。

(7) 应交增值税明细账页:2张。

(8) 生产成本明细账页:3张。

要求:请根据以上资料设置北京汇丰实业有限公司的账簿。

项目二　日常业务——制单与审核

任务一　会计凭证

【工作情景】

在对公司经营业务的整体情况进行分析后，小李完成了建账工作。公司账簿经设置好并启用后，小李知道，接下来的“重头戏”就是对企业日常经济业务的会计处理了，这项会计工作就是制单与审核。

【学习目标】

1. 理解会计凭证的概念。
2. 了解会计凭证的种类。
3. 掌握会计凭证的规范书写要求。

一、会计凭证的概念

会计凭证是记录经济业务事项发生或完成情况的书面证明，也是登记账簿的依据。通过填制和取得会计凭证，可以明确经济责任。

会计主体发生的每一项经济业务，都要由执行或完成该项经济业务的有关人员通过凭证来接收、记录经济业务的内容、数量和金额等信息，并在凭证上签名或盖章，以对经济业务的合法性和凭证的真实性、准确性负责。会计凭证还必须经过有关人员审核无误并确认后，才可以将凭证上记录的经济业务数据记入账簿。

会计凭证的填制和审核作为会计核算工作的起点，是会计核算的基础工作，也是会计核算的基本方法之一，对于保证会计信息的客观性、真实性、完整性，如实反映和有效监督企业的经济业务具有十分重要的作用，主要体现在以下几个方面。

（一）反映经济业务，提供记账依据

通过取得或填制会计凭证，可以全面接收并记录企业日常发生的经济业务的信息，为登记账簿提供必要的依据。

（二）检查、监督经济活动

通过审核会计凭证，可以检查和监督企业所发生的经济业务是否合理、合法、合规，以保证企业财产的安全和合理使用，保证财务计划和财政制度的贯彻执行，充分发挥会计的监督作用。

（三）明确经济责任

通过认真填制和审核凭证，可以明确有关部门、有关人员在处理经济业务中的责任，加强经济责任制。

二、会计凭证的种类

会计凭证按其填制程序和用途的不同可以分为原始凭证和记账凭证两类。

(一) 原始凭证

原始凭证又称单据，是在经济业务发生或完成时取得或填制的，用以记录或证明经济业务的发生或完成情况，明确经济责任的原始凭据。原始凭证是进行会计核算的原始资料和重要依据。

原始凭证是在经济业务发生的过程中直接产生的，是经济业务发生的最初证明，具有法律效力，是会计核算的重要资料。如发票、收据、材料入库单、领料单等。

会计凭证可以按不同的标准分为不同的类别。

1. 原始凭证按其来源的不同，可分为自制凭证和外来凭证

(1) 外来凭证。外来凭证是在经济业务完成时从其他单位和个人取得的原始凭证，如外购商品时取得的由售货单位开具的发票(增值税专用发票见表2-1；普通发票见表2-2)；发运商品时取得的由运输部门开具的运输单据等。

(2) 自制凭证。自制凭证是本企业经办人员在执行或完成某项经济业务时所填制的原始凭证，如本企业在对外销售商品时所开具的销货发票的副联(记账联)(见表2-3)、采购员出差前借款时填写的借款单(见表2-4)、仓库保管人员在验收材料入库时填制的收料单(见表2-5)、支票(见表2-6)、银行进账单(见表2-7)等。

不论是外来凭证还是自制凭证，只要能证明经济业务已经执行或已经完成，经过审核后可以作为会计记账的依据。凡是不能证明经济业务已经执行或已经完成的文件，如材料请购单等，因其表明的是预期的经济业务，不属于会计的原始凭证，因而不能单独作为会计记账的依据。

表2-1 增值税专用发票(一)

山东增值税专用发票　　No 00872011

(全国统一发票监制章　山东　国家税务总局监制)　发票联

6100033140　　开票日期：2×13年6月18日

购货单位	名称：北京汇丰有限公司 纳税人识别号码：141268125623220 地址、电话：北京市和平路180号，010-86567988 开户行及账号：北京市工行和平路支行，08966980					密码区	(略)	
货物或应税劳务名称	规格型号	单位	数量	单价	金额	税率	税额	
男上衣	33036781p	件	100	500.00	50 000.00	17%	8 500.00	
合计					￥50 000.00		￥8 500.00	
价税合计(大写)	⊗伍万捌仟伍佰元整				(小写)￥58 500.00			
销货单位	名称：山东凯利有限公司 纳税人识别号码：878861181123102 地址、电话：济南市凯利路187号，0531-81266003 开户行及账号：工行凯利路办事处，09255290					备注	(山东凯利有限公司 878861181123102 财务专用章)	

第三联：发票联　购货方记账凭证

收款人：张平　　复核：李刚　　开票人：李亮　　销货单位：(章)

表 2－2　普通发票

河南省商品销售统一发票

客户名称：河南惠开有限责任公司　　2×08 年 12 月 9 日

<table>
<tr><td rowspan="2">品　名</td><td rowspan="2">规格</td><td rowspan="2">单位</td><td rowspan="2">数量</td><td rowspan="2">单价</td><td colspan="7">金额</td><td rowspan="2">备注</td></tr>
<tr><td>万</td><td>千</td><td>百</td><td>十</td><td>元</td><td>角</td><td>分</td></tr>
<tr><td>乙材料</td><td></td><td>千克</td><td>2 000</td><td>10</td><td>2</td><td>0</td><td>0</td><td>0</td><td>0</td><td>0</td><td>0</td><td></td></tr>
<tr><td></td><td></td><td></td><td></td><td></td><td></td><td></td><td></td><td></td><td></td><td></td><td></td><td></td></tr>
<tr><td>合　计</td><td></td><td></td><td></td><td></td><td>2</td><td>0</td><td>0</td><td>0</td><td>0</td><td>0</td><td>0</td><td></td></tr>
<tr><td colspan="13">合计金额(大写)贰万零仟零佰零拾零元零角零分</td></tr>
</table>

第二联　发票

河南利源有限责任公司 2402178812668 发票专用章

填票人：刘月　　收款人：王丽　　单位名称(盖章)

表 2－3　增值税专用发票(二)

河南增值税专用发票

No　00872012

6100033140　　开票日期：　年　月　日

<table>
<tr><td>购货单位</td><td colspan="4">名　　称：
纳税人识别号码：
地 址 、电 话：
开 户 行 及 账 号：</td><td>密码区</td><td colspan="3"></td></tr>
<tr><td colspan="2">货物或应税劳务名称</td><td>规格型号</td><td>单位</td><td>数量</td><td>单价</td><td>金额</td><td>税率</td><td>税额</td></tr>
<tr><td colspan="2">合　计</td><td></td><td></td><td></td><td></td><td></td><td></td><td></td></tr>
<tr><td colspan="2">价税合计(大写)</td><td colspan="7">(小写)</td></tr>
<tr><td>销货单位</td><td colspan="4">名　　称：
纳税人识别号码：
地 址 、电 话：
开 户 行 及 账 号：</td><td>备注</td><td colspan="3"></td></tr>
</table>

第三联：发票联　购货方记账凭证

收款人：　　复核：　　开票人：　　销货单位：(章)

表 2－4　借　款　单

2013 年 9 月 18 日

<table>
<tr><td>部　门</td><td colspan="2">销售部</td><td>姓　名</td><td>李凤凯</td></tr>
<tr><td>借款事由</td><td colspan="4">出差</td></tr>
<tr><td>借款金额</td><td colspan="4">(大写)　伍　仟　伍　佰　零　拾　零　元</td></tr>
<tr><td>预计还款报销日期</td><td colspan="2">2013 年 11 月 10 日</td><td colspan="2">¥5 500.00</td></tr>
<tr><td>审批意见</td><td>同　意
廖春开
2013 年 9 月 20 日</td><td>借款人签收</td><td colspan="2">李凤凯
2013 年 9 月 20 日</td></tr>
</table>

会计主管　赵海　　出纳　田明

表2-5 收 料 单

供货单位:北京汇丰有限公司　　　　收货仓库:1号仓

发票号码:000793729382　　　　2×13年9月28日　　　　元

材料类别	名称及规格	计量单位	数量		实际成本		计划单价	金额	差异
			应收	实收	单价	金额			
甲材料		千克	1 000	1 000	100	100 000		100 000	
合　计			1 000	1 000		100 000		100 000	

质量检验:胡一天　　　　收料:陈凯克　　　　制单:张毅

表2-6 现金支票

中国工商银行
转账支票存根(豫)
No. 6888881
附加信息________
出票日期　　年　月　日
收款人:________
金　额:________
用　途:________
单位主管　　会计

中国工商银行现金支票　(豫)河南　NO. 63888881

出票日期(大写)　　年　　月　　日　　付款行名称:

收款人:________　　出票人账号:

付款期限自出票之日起十天

人民币(大写)	百	十	万	千	百	十	元	角	分

用途:________　　科　目:(借)________

上列款项请从　　对方科目:(贷)________

我账户内支付　　转账日期　　年　　月　　日

出票人签章　　复核　　记账

表2-7 进 账 单

进账单(收账通知)

年　月　日　　　　第　号

付款人	全称		收款人	全称	
	账号			账号	
	开户银行			开户银行	

人民币(大写)	千	百	十	万	千	百	十	元	角	分

票据种类		收款人开户行盖章

2.原始凭证按其填制手续的不同,可分为一次凭证、累计凭证和汇总原始凭证

(1) 一次凭证。一次凭证是指一次性填制完成的原始凭证。此类凭证在日常经济活动中出现较多,如发票、现金收据、入库单、收料单、借款单、银行支票等。

(2) 累计凭证。累计凭证是指一定时期内,将同类重复发生的经济业务在一张凭证中多次进行记载而完成的原始凭证。

一般情况下,为了简化手续,对于日常重复发生的同类经济业务,平时随时登记每笔经济业务的发生额,并计算累计数,期末计算总数后作为记账的依据。此类凭证多为自制凭证,典型的累计凭证有限额领料单(见表2-8)。

(3) 汇总原始凭证。汇总原始凭证是指根据许多同类业务的一次凭证或累计凭证定期汇总编制的原始凭证。此类凭证一般为自制凭证,其作用是为了简化编制记账凭证及记账的手续。常见的原始凭证汇总表有发出材料汇总表(见表2-9)、工资汇总表等。

表2-8　限额领料单

领料部门:__________　　　　　　　　　　　　凭证编号:

用途:__________　　　　年　月　日　　　　　发料仓库:　　　　元

材料类别	材料编号	材料名称及规格	计量单位	领用限额	实际领用	单　价	金　额	备　注

供应部门负责人:　　　　　　　　　　　　生产计划部门负责人:

日期	数　量		领料人签章	发料人签章	扣除代用数量	退　料			限额结余
	请领	实发				数量	收料人	发料人	

表2-9　发出材料汇总表

2×13年9月30日　　　　　　　　元

部门及用途		甲材料			乙材料			合　计
		数量	单价	金额	数量	单价	金额	
生产车间	A产品生产	3 500	100	350 000	1 200	50	60 000	410 000
	B产品生产	1 500	100	150 000				150 000
一般耗用		400	100	40 000	100	50	5 000	45 000
销售部门		100	100	10 000				10 000
管理部门		20	100	2 000				2 000
材料销售		100	100	10 000				10 000
合　计		5 620	100	562 000	1 300	50	65 000	627 000

(二)记账凭证

记账凭证是由会计人员根据审核无误的原始凭证或原始凭证汇总表填制的,记载经济业务的简要内容及会计分录,直接作为登记账簿依据的会计凭证。

会计部门首先是利用原始凭证将企业所发生的经济业务产生的会计数据收集起来,再通过会计确认,运用会计特有的复式记账方式,将该会计数据填写在记账凭证上,做成会计分录,来表述数据中含有的财务信息。

记账凭证按不同的标准可分为不同的类别。

1. 记账凭证按其格式不同,可分为专用凭证和通用凭证

(1) 专用凭证。专用凭证是专门用于记录某一类经济业务的记账凭证。在实际工作中,按经济业务与货币资金的收付关系,将专用凭证分为收款凭证、付款凭证和转账凭证三种。

收款凭证用于记载与现金或银行存款收入有关的经济业务(见表2-10);付款凭证用于记载与现金或银行存款付出有关的经济业务(见表2-11);转账凭证用于记载与现金或银行存款收付无关的其他经济业务(见表2-12)。

如果企业的经济业务较多,还可以按现金和银行存款的不同,将收款凭证、付款凭证进一步分为现金收款、现金付款、银行存款收款、银行存款付款凭证,连同转账凭证共5种。

值得注意的是,在实际工作中会发生同时涉及现金和银行存款的业务,引起现金和银行存款此增彼减的情况,例如,从银行提取现金或将现金送存银行,为了避免重复记账,对此类业务处理的惯例是,统一按减少方编制付款凭证,即现金送存银行时,只填制现金付款凭证,不填制银行存款收款凭证;从银行提取现金时,只填制银行存款付款凭证,不填制现金收款凭证。

表2-10 收款凭证

借方科目:________ 总 号

开户银行账号:________ 日期: 年 月 日 第 号

摘 要	贷方科目		金 额											记 账
	总账科目	明细科目	亿	千	百	十	万	千	百	十	元	角	分	
附单据 张	合 计													

核准: 复核: 记账: 出纳: 制单:

表 2－11　付款凭证

贷方科目：________　　　　　　　　　　　　　　　　　　　　　　总　号

开户银行账号：________　　日期：　　年　　月　　日　　　　　　第　号

摘　要	借方科目		金　额											记　账
	总账科目	明细科目	亿	千	百	十	万	千	百	十	元	角	分	
附单据　张	合　计													

核准：　　　　复核：　　　　记账：　　　　出纳：　　　　制单：

表 2－12　转账凭证

　　　　　　　　　　　　　　　　　　　　　　　　　　　　　　总　号

日期：　　年　　月　　日　　　　　　　　　　　　　　　　　　第　号

摘　要	总账科目	明细科目	借方金额											贷方金额											记账
			亿	千	百	十	万	千	百	十	元	角	分	亿	千	百	十	万	千	百	十	元	角	分	
附单据　张	合　计																								

核准：　　　　复核：　　　　记账：　　　　制单：

（2）通用凭证。通用凭证是不分收款、付款和转账业务，全部业务一律使用一种通用格式的记账凭证。该凭证格式与转账凭证相似，名称统一为“记账凭证”（见表 2－13）。

表2-13 记账凭证(一)

记 账 凭 证

日期: 年 月 日 第 号

摘 要	总账科目	明细科目	借方金额											贷方金额											记账
			亿	千	百	十	万	千	百	十	元	角	分	亿	千	百	十	万	千	百	十	元	角	分	
附单据 张	合 计																								

2. 记账凭证按其所记载的经济业务是否为外币业务,可分为本位币记账凭证(见表2-13)和外币记账凭证(见表2-14)

本位币记账凭证所记载的内容只涉及本位币种;外币记账凭证也称为复币记账凭证,要求同时反映经济业务中的外币金额、汇率、本位币金额。

表2-14 记账凭证(二)

记 账 凭 证(复币)

日期: 年 月 日 第 号

摘 要	总账科目	明细科目	原币金额		汇率	借方金额											贷方金额											记账
			币种	金额		亿	千	百	十	万	千	百	十	元	角	分	亿	千	百	十	万	千	百	十	元	角	分	
附单据 张			合 计																									

3. 记账凭证按其用途不同,可分为分录凭证、汇总凭证、联合凭证

(1) 分录凭证。分录凭证是指直接根据审核无误的原始凭证一次填制完成的记账凭证。

(2) 汇总凭证。汇总凭证是指对分录凭证加以汇总,据以登记分类账的记账凭证,如汇总记账凭证(见表2-15)、科目汇总表等。

表 2-15　记账凭证汇总表

日期：　　年　　月　　日至　　年　　月　　日　　　　编号

凭证起讫号数自　　　　号起至　　　　号止

会计科目	借方金额											✓	贷方金额											✓
	亿	千	百	十	万	千	百	十	元	角	分		亿	千	百	十	万	千	百	十	元	角	分	
合　计																								

核准：　　　　复核：　　　　记账：　　　　制单：

（3）联合凭证。联合凭证是指既有原始凭证或原始凭证汇总表的内容，又具备记账凭证内容的凭证。例如，在自制的原始凭证或原始凭证汇总表上同时印有会计科目，用于替代记账凭证作为记账的依据。实际工作中，此类凭证在银行等金融机构较为常见（见图 2-1）。

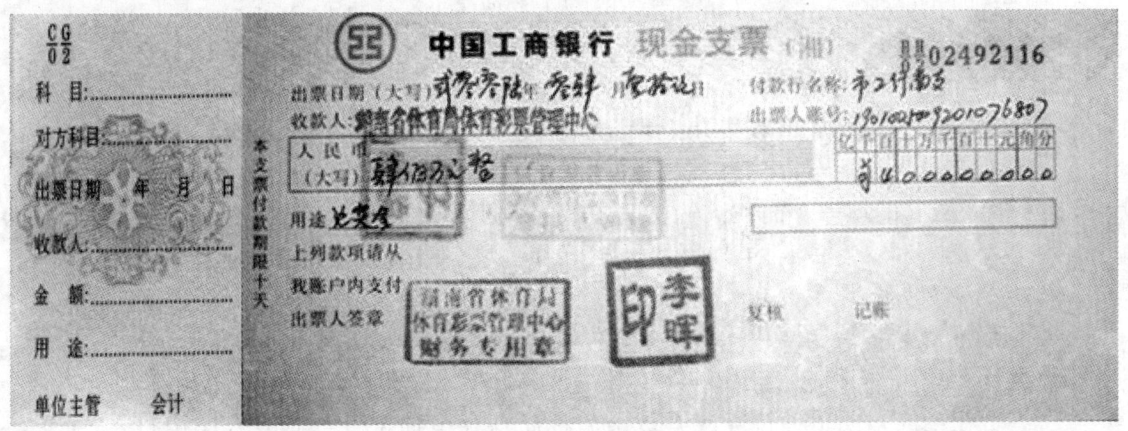

CG 02
科　目：
对方科目：
出票日期　年　月　日
收款人：
金　额：
用　途：
单位主管　　会计

中国工商银行　现金支票（湘）　02492116
本支票付款期限十天
出票日期（大写）　年　月　日　付款行名称：
收款人：　出票人账号：
人民币（大写）　亿 千 百 十 万 千 百 十 元 角 分
用途
上列款项请从
我账户内支付
出票人签章　　复核　　记账
湖南省体育局体育彩票管理中心财务专用章
李晖印

图 2-1　现金支票

会计凭证的分类如下图2-1所示：

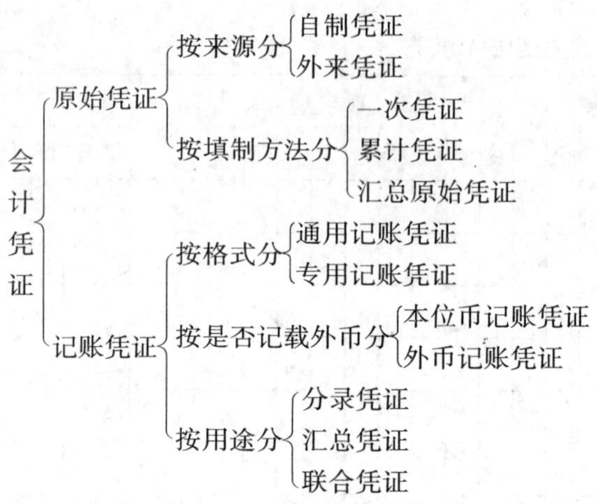

图2-2　会计凭证的分类

三、会计凭证的作用

(1) 记录经济业务,提供记账依据。

(2) 明确经济责任,强化内部控制。

(3) 监督经济活动,控制经济运行。

四、会计凭证的书写规范

(一) 文字的书写要求

(1) 要用蓝黑墨水或碳素墨水书写,不得用铅笔、圆珠笔(用复写纸复写除外)书写。

(2) 红色墨水只在特殊情况下使用。

(3) 填写支票必须使用碳素笔书写。

(4) 文字书写一般紧靠左竖线书写,不留空白。

(5) 书写时不能顶格,一般只占格距高度的1/2或2/3。

(6) 要用正楷或行书体书写,要求工整、规范、整洁、清晰,不得乱造汉字。

(二) 数字的书写要求

会计人员在利用原始凭证收集并记录经济活动所产生的数据,使用记账凭证对经过确认的数据进行加工处理形成会计信息,以及根据原始凭证和记账凭证将会计数据记入账簿的过程中,都要涉及数字的填写。而我国的文字中数字大小写之间的差别是很大的,同时在凭证、账簿中对数字的书写又有一定的规范性要求。因此,数字的书写作为会计工作的基本技能,显得十分重要。它具体有以下要求。

1. 对阿拉伯数字书写的要求

(1) 要逐个填写,不得连笔写。

(2) 在数字前应写明币种符号或者货币名称简写和币种符号,例如,人民币符号“¥”、港币符号“HK＄”、美元符号“US＄”;币种符号与数字之间不得留有空白;凡数字前写有币种符号的,数字后面不再写货币单位,如不能写成“HK＄1 000元”。

(3) 所有以元为单位的数字，一律填写到角分；无角分的，角位和分位写“00”或“—”；有角无分的，分位应当写“0”，不得用“—”代替。

(4) 在阿位伯数字的整数部分，可以从小数点起向左按“三位一节”用分位点“,”分开或加1/4空分开，例如，“89,183.00”或“89 183.00”。除此之外，还应注意不要把“0”和“6”、“1”和“7”、“3”和“8”、“7”和“9”写得辨认不清。

2. 中文大写数字的书写要求

(1) 中文大写金额数字应用正楷或行书填写，如“壹、贰、叁、肆、伍、陆、柒、捌、玖、拾、佰、仟、万、亿、元、角、分、零、整(正)”等，不得用“一、二(两)、三、四、五、六、七、八、九、十、念、毛、另(或0)”填写；不得自造简化字。

(2) 大写金额前要冠以“人民币”字样，其与大写金额首位数字之间不留空位，数字之间也不能留空位。

(3) 中文大写金额数字到“元”为止的，在“元”之后应写“整”(或“正”)字；中文大写金额数字到“角”为止的，在“角”之后可以写“整”(或“正”)字，也可不写“整”(或“正”)字；大字金额数字有分的，在“分”字之后不写“整”(或“正”)字。

(4) 大写金额数字前未印有货币名称的，应当加填货币名称，货币名称与金额数字之间不得留有空白。如“人民币捌万元整”。

3. 阿拉伯数字与中文数字之间的对应要求

阿拉伯小写金额数字中有“0”时，中文大写应按照汉语语言规律、金额数字构成和防止涂改的要求进行书写，例如：

(1) 阿拉伯数字中间有“0”时，中文大写金额要写“零”字。如￥3 509.60，应写成“人民币叁仟伍佰零玖元陆角”。

(2) 阿拉伯数字中间连续有几个“0”时，中文大写金额中间可以只写一个“零”字。如￥5,008.12，应写成“人民币伍仟零捌元壹角贰分”。

(3) 阿拉伯金额数字万位或元位是“0”，或者数字中间连续有几个“0”，万位、元位也是“0”，但千位、角位不是“0”时，中文大写金额中可以只写一个“零”字，也可以不写“零”字。例如，“￥102,568.35”，应写成“人民币壹拾万零贰仟伍佰陆拾捌元叁角伍分”，也可写成“人民币壹拾万贰仟伍佰陆拾捌元叁角伍分”。又如，“￥2,560.22”，应写成“人民币贰仟伍佰陆拾元零贰角贰分”，或写成“人民币贰仟伍佰陆拾元贰角贰分”。再如“￥105,000.35”，可写成“人民币壹拾万伍仟元零叁角伍分”，或写成“人民币壹拾万零伍仟元叁角伍分”。

(4) 阿拉伯金额数字角位是“0”，而分位不是“0”时，中文大写金额“元”字后面应写“零”字。例如，“￥2,568.05”，应写成“人民币贰仟伍佰陆拾捌元零伍分”。

(三) 摘要的书写要求

文字书写中的一部分是摘要的书写，包括记账凭证的摘要、各种账簿的摘要。摘要是记录经济业务的简要内容，填写时应当用简明扼要的文字反映经济业务概况。

书写摘要的一般要求如下：

(1) 以原始凭证为依据；

(2) 正确反映经济业务的内容；

(3) 文字少而精，说明主要问题；

(4) 书写字体占格的1/2为宜；

(5) 字迹与文字书写要求相同,要工整、清晰、规范。

任务二 原始凭证的填制与审核

【工作情景】

明确了会计凭证的概念和种类,知晓会计凭证的书写规范后,小李想,既然填制和审核会计凭证是会计核算工作的起点,那"起点"的起点——原始凭证的填制和审核又该如何进行呢?自己是一个新会计,应当处处小心,谨慎迈好第一步,这样才能顺利开展会计工作。回到公司,小李首先对公司前一段时间的经济业务的有关原始凭证进行了查看,对原始凭证的基本要素有了清晰的认识,对原始凭证的填制和审核要求也做到了心中有数。

【学习目标】

1. 掌握原始凭证的基本要素及填制要求。
2. 能正确完成常见原始凭证的填制工作。
3. 能正确完成原始凭证的审核工作。

一、原始凭证的基本要素

原始凭证的种类较多,不同原始凭证的具体内容不可能完全一致。例如,差旅费报销单是记录职工出差发生各项差旅费情况的,而发票记录的则是销售商品的数量和金额,两者显然差别很大。但是,原始凭证作为收集和记录经济数据的载体,都起着证明经济业务已经发生或完成的作用,因此,都应当具备说明经济业务完成情况和明确有关人员经济责任等共同的因素。原始凭证的基本内容如下。

(一) 原始凭证的名称

不同的原始凭证有不同的名称,例如,收据、发票、收料单、入库单、工资汇总表等。通过原始凭证的名称,可以说明该凭证所代表的经济业务的类型。例如,收据反映了企业收取款项的行为;发票反映了商品交易行为;收料单反映了仓库管理人员验收购入的材料的业务;运输单据反映了运输部门承运货物的经济业务等。

(二) 填制的日期

一般情况下,原始凭证的日期表明的是经济业务发生的日期,但少数经济业务在发生时有可能来不及填制原始凭证,为了及时地反映经济活动的情况和结果,应当尽快地完成原始凭证的填制。

(三) 原始凭证的号码

原始凭证的号码是为了加强凭证的管理以及事后备查而对凭证的编号。

(四) 交易双方的名称

每一项经济业务的发生都会涉及当事人双方,例如,销售商品有买卖双方、向银行借款有借贷双方等,因此,一份完整的原始凭证应当载明当事人双方的名称,以准确地反映双方的经济责任,同时也为检查验证该项经济业务的真实性提供方便。

(五) 经济业务的内容(含实物数量、单价和金额等)

原始凭证本身虽然可以反映经济业务的基本类型,但无法说明经济业务的具体内容,如购货发票本身反映了企业的购货活动,却不能表明购货的具体种类。而不同的购货内容在账务处理上可能存在很大差异,因此,在原始凭证中须对经济业务的具体内容进行记载,以满足会计核算和监督的需要。

(六) 经办人员的签名、盖章

为了明确具体的经济责任,有关的经办人员应在原始凭证上签名或盖章。

(七) 原始凭证的联次及附件

二、原始凭证的填制要求

(一) 原始凭证填制的基本要求

只有在形式上和实质上符合要求的原始凭证,才能正确地、及时地、清晰地反映各项经济业务的真实情况,从而提高会计核算的质量,发挥原始凭证的法律效力。原始凭证的填写必须符合下列要求:

1. 记录要真实

原始凭证所填列的经济业务内容必须真实可靠,符合实际情况,不得弄虚作假,不得随意填写。所反映的经济业务必须合法、合理、合规。经办人员应对所取得或填制的原始凭证的真实性负责。

2. 内容要完整

原始凭证上的日期、经济业务内容、所有数据、凭证的号码等各项内容都必须填列齐全,不得随意省略或遗漏。

3. 手续要完备

经办人和有关部门的负责人必须在凭证上签字或盖章,以示对凭证的真实性和正确性负责。例如,对外开出的原始凭证,应加盖本单位的公章或有关部门的专用章;从外单位取得的原始凭证必须盖有填制单位(或个人)的公章或专用章(签名或盖章);从个人取得的原始凭证,必须有填制人员的签名或者盖章。自制原始凭证必须有经办单位领导人或者其指定的人员的签名或者盖章。实物的原始凭证,必须有验收证明。支付款项的原始凭证,必须有收款单位和收款人的收款证明。对外开出的原始凭证,必须加盖本单位公章。

4. 书写要清楚

原始凭证只能用蓝(黑)色墨水填写,不得使用铅笔或圆珠笔填写;字迹应工整、清晰,易于辨认;不得使用未经国务院颁布的简化字;阿拉伯数字要逐个填写,不得连写;文字、数字书写应紧靠行格底线,上方应留有适当空距,以防写错字时有更改的空间,不得满格(顶格)书写;金额数字的填写要符合规范性的要求。具体的写法见本项目的任务一。

5. 更正要规范

凭证不得随意涂改、刮擦、挖补。自制的原始凭证需要更正时,应采用划线更正法进行更正,即用红线划掉写错的文字或数字,再将正确的数字用蓝(黑)色墨水写在划线部分的上方,并加盖经手人印章;外部取得的原始凭证有错时,应当由原单位重开或更正,更正处加盖出具单位印章。应当注意的是,原始凭证金额有错,不得更正,必须重新填写。

6. 编号要连续

各种凭证都必须连续编号，以备查找；已经事先印好编号的凭证作废时，应在作废的凭证上加盖“作废”戳记，连同存根一起保存，不得随意撕毁。

7. 填制要及时

有关经办人员必须在经济业务发生或完成时及时填制原始凭证，并尽快按规定的程序传递给会计部门。

(三) 原始凭证的使用要求

(1) 实际发生经济业务事项时，必须填制或者取得原始凭证并及时送交会计机构。

(2) 凡填有大写和小写金额的原始凭证，大写与小写金额必须相符。

(3) 一式几联的原始凭证，应当注明各联的用途，只能以一联作为报销凭证。一式几联的发票和收据，必须用双面复写纸(发票和收据本身具备复写纸功能的除外)套写，并连续编号。作废时应当加盖“作废”戳记，连同存根一起保存，不得撕毁。

(4) 发生销货退回的，除填制退货发票外，还必须有退货验收证明。退款时，必须取得对方的收款收据或者汇款银行的凭证，不得以退货发票代替收据。

(5) 职工因公出差的借款凭据，必须附在记账凭证之后，报销时，应当另开收据或者退还借据副本，不得退还原借款收据。

(6) 经上级有关部门批准的经济业务，应当将批准文件作为凭证附件。如果批准文件需要单独归档的，应当在凭证上注明批准机关名称、日期和文件字号。

(7) 一张原始凭证所列支出需要几个单位共同负担的，应当将其他单位负担的部分，开给对方原始凭证分割单，进行结算。原始凭证分割单必须具备原始凭证基本内容，即包括凭证名称、填制凭证日期、填制凭证单位名称或者填制人姓名、经办人的签名或者盖章、接受凭证单位名称、经济业务内容、数量、单价、金额和费用分摊情况等。

三、常见原始凭证的填制

(一) 商业零售发票

1. 商业发票基联次

该发票是商品流通企业在零售商品时，向购买方收取货款时开具的凭证。该发票为三联式，第一联存根联，开票人留存；第二联发票联，付款方作为付款依据；第三联记账联，开票人据以记账。

2. 对填开发票单位和个人的要求

(1) 在销售商品、提供服务以及从事其他经营活动时，对外收取款项，应向付款方开具发票。

(2) 开具发票应当按照规定的时限、顺序，逐栏、全部联次一次性如实开具，并加盖单位财务印章或发票专用章。

(3) 使用计算机开具发票，须经税务机关批准，并使用税务机关统一监制的机外发票，开具后的存根联应当按顺序号装订成册。

(4) 发票限于领购的单位和个人在其所在的省、自治区、直辖市内开具，超出此范围经营的，应当开具经营地的发票。省、自治区、直辖市税务机关可以规定跨市、县开具发票的办法。

(5) 开具发票的单位和个人的税务登记发生变化时，应当相应办理发票和发票领购簿的变更手续。注销税务登记前,则应当缴销发票领购簿和发票。

(二) 增值税专用发票

增值税专用发票基本联次的用途如下:第一联记账联,销货单位记账;第二联抵扣联,购货单位作抵扣税款凭证;第三联发票联,购货单位记账。

1.增值税专用发票的填写要求

(1) 用票单位取得经营收入时使用蓝色或黑色复写纸,发生冲减经营收入时使用红色复写纸。填写时必须一次性复写,不得将各联分别填写。

(2) 按顺序号码使用,填写时要字迹清楚,不得省略,不得涂改、挖补。作废的发票要加盖(或注明)"作废"字样,并把原有的各联附在存根联上。已用发票的存根,至少保存5年。

(3) 开票日期按公历用阿拉伯数码填写;单位名称填写全称,地址不省略;纳税人登记号按全国统一的税务登记证件代码(15位数)填写。开户银行账号按购货单位支票注明账号填写,以现金购货先询问开户银行及账号后再行填写。

(4)"货物或应税劳务"栏可填写商品规格、型号、劳务种类等,不同商品或劳务名称应分别填写,一份发票最多填写三种商品或劳务名称。

(5)"金额"栏应填写不含税的销售额。在票面上反映的是数量乘单价所得的积。金额合计栏应填写本份发票所填开的不含税销售额之和,计量单位、数量、单价的合计栏不填写。

(6)"税率"栏应填写依所税收法规所确定的税率,税率合计栏不用填写。"税额"栏应填写金额乘税率所得的积,税额合计栏应填写本份发票税额合计数。

(7)"价税合计"栏填写金额合计加税额合计之和,并用汉字大写数码填写,"¥"后用阿拉伯数码填写价税合计数。

(8)"销货单位"栏的"名称"、"地址、电话"、"纳税人识别号"、"开户行及账号"等可以事先填写,也可以按票面规格刻制出图章事先加盖,上述项目一经发生变化应立即变更。

(9)"收款人"栏由收款人(开票人)签字或盖章,姓名不得省略。"销货单位"栏应加盖在税务机关的发票发售部门预留印鉴的发票专用章或财务专用章,第一联不用加盖。

(10) 每本发票使用完毕,应将全本发票的金额和税额合计数填写在发票封皮的右上角以备查核。

(11) 填写发票应当使用中文;民族自治地方可以同时使用当地通用的一种民族文字;外商投资企业和外国企业可以同时使用一种外国文字。

2.增值税专用发票的开具要求

(1) 发票开具使用的要求。任何填开发票的单位和个人必须在发生经营业务并确认营业收入时才能开具发票,未发生经营业务一律不得开具发票;不得转借、转让或者代开发票;未经税务机关批准,不得拆本使用发票,也就是说不能将一本发票拆成一份一份使用;不得自行扩大专用发票的使用范围,如将增值税专用发票用于非增值税一般纳税人。

(2) 发票开具时限的要求。增值税专用发票开具的时限为:采用预收货款、托收承付、委托银行收款结算方式的,为货物发出的当天;采用交款发货结算方式的,为收到货款的当天:采用赊销、分期付款结算方式的,为合同约定的收款日期的当天;将货物交给他人代销,为收到受托人送交代销清单的当天;设有两个以上机构并实行统一核算的纳税人,将货物从一个机构移送其他机构用于销售,按照规定应当征收增值税的,为货物移送的当天;将货物作为投资提供给其他单位或者个体经营者,将货物分给股东或投资者的,均为货物移送的当天。一般纳税人必须按照上述规定的时限开具增值税专用发票，不得提前或滞后。

(3) 发票开具地点的要求。发票限于领购单位和个人在本省(直辖市、自治区)范围内开具，有些省级税务机关规定仅限于在本县、市内开具；有些省级税务机关虽然规定在本省(直辖市、自治区)跨县、市开具，但附有限定条件。任何单位和个人未经批准，不得跨规定的使用区域携带、邮寄或者运输发票，更不得携带、邮寄或者运输发票出入国境。

(4) 电子计算机开具发票的要求。发票应使用税控器开具，根据《国家税务总局、财政部、信息产业部、国家质量监督检验检疫总局关于推广应用税控收款机加强税源监控的通知》(国税发[2004]44号)的规定，购置使用税控器开具发票；“开票日期”系统自动生成；“行业分类”按照纳税人的所属行业填列，如“工业”、“商业”、“修理修配业”等；在发票的镂空部分，依次录入“品名”、“规格”、“单位”、“数量”、“单价”、“金额”、“大写合计”、“小写”；录入“付款单位”，付款方为单位的，录入付款单位的全称，付款方为个人的，录入“个人”字样；录入“收款单位名称”、“收款单位税号”和“开票人”。

3. 增值税专用发票的使用要点

(1) 发票的开具。任何单位和个人销售商品、提供服务以及从事经营活动时，对外发生经营业务收取款项，收款方应当向付款方开具发票。特殊情况下，由付款方向收款方开具发票，一是收购单位收购货物或者农副产品付款时，应当向收款人开具发票；二是扣缴义务人支付个人款项时，应当向收款人开具发票。增值税一般纳税人除《增值税专用发票使用规定(试行)》的第四条所列情形外，销售货物(包括视同销售货物)、应税劳务，根据《增值税暂行条例》实施细则规定应当征收增值税的非应税劳务(以下简称销售应税项目)，必须向购买方开具专用发票。但有下列情形的，不得开具专用发票：向消费者销售应税项目；销售免税项目；销售报关出口的货物、在境外销售应税劳务；将货物用于非应税项目；将货物用于集体福利或个人消费；将货物无偿赠送他人；提供非应税劳务(应当征收增值税的除外)、转让无形资产或销售不动产。向小规模纳税人销售应税项目，可以不开具专用发票。

(2) 发票的取得。为了便于进行会计核算，任何单位和从事生产经营活动的个人在购买商品、接受服务以及从事其他经营活动中支付款项，应当向收款方索取发票。根据《发票管理办法》规定，在取得发票时，不得要求变更品名和金额。同时，不符合规定的发票，即应经而未经税务机关监制的发票，填写项目不齐全、内容不真实、字迹不清楚的发票，没有加盖财务印章或者发票专用章的发票，伪造、作废以及其他不符合税务机关规定的发票，一律不得作为财务报销凭证，任何单位和个人有权拒收。

(3) 发票的作废。用票单位和个人开具发票发生错填、误填等需要重新开具发票的，可在原发票上注明“作废”字样后，重新开具发票；如果发生销货退回须开具红字发票的，必须收回原发票并注明“作废”字样或者取得对方的有效凭证；发生销售折让的，在收回原发票并注明“作废”字样后，重新开具销售发票。开具专用发票填写有误的，应当另行开具，并在误填的专用发票上注明“误填作废”四字；如专用发票开具后因购货方不索取而成为废票，也应按填写有误办理。

(三) 现金支票

(1) 单位应在开户银行的账户或核准经费户的余额内签发支票，每张支票金额不能低于规定的起点100元，具体金额可以由单位根据情况确定。

(2) 每个账户使用的支票，不得移用于其他账户，预算单位签发的支票不能跨年。

(3) 现金支票一律为记名式,用于提取现金,但不得流通转让。

(4) 单位签发支票时,必须使用墨汁或碳素墨水,按支票簿排定的页数顺序填写,字体不要潦草也不要使用红色或易褪色的墨水。除"开户银行名称"、"签发单位账号"、"总字第×号"及"银行会计分录"4 栏系由银行填写外,其他各栏必须填写清楚,并应注意下列各点:①"签发单位名称"栏,应填写清楚;签发单位签章处应按预留印鉴分别签章,即企业财务专用章和法人代表章或企业财务主管人章,缺漏签章或签章不符时银行不予受理。② 作废的支票不得扯去,应由签发单位自行注销,与存根折在一起注意保管,在结清销户时,连同未用空白支票一并缴还银行。③ 存根联下端的"收款人签收年、月、日"栏,由收到支票的人员填写或签章。④ 在实务工作中,现金支票为一联,将无误的支票按虚线撕开后持正本向银行提取现金,存根作企业记账的依据。⑤ 收款人凭现金支票正本支取现金,须在支票背面背书(盖收款人的公章或名章、本人身份证号码等),持票到签发人的开户银行支取现金,并按照银行的需要交验证件。

(四) 转账支票

转账支票是由付款人签发,委托银行将款项(非现金)支付给收款人或持票人的一种票据。

转账支票的填制及使用要求如下:

(1) 单位应在开户银行的账户的余额内签发支票,每张支票金额起点为 100 元,不能签发空头支票、空白支票和远期支票。

(2) 每个账户使用的支票不得移用于其他账户;预算单位签发的支票不能跨年使用。

(3) 转账支票一律为记名,只能转账,不能提现金。中国人民银行总行批准的地区转账支票可以背书转让。

(4) 单位签发支票时,必须使用墨汁或碳素墨水,按支票簿排定的页数顺序填写,字体不要潦草,也不要使用红色或易褪色的墨水。除"开户银行名称"、"签发单位账号"、"总字第×号"和"银行会计分录"4 栏系由银行填写外,其他各栏必须填写清楚。

(5)"签发单位名称"栏应填写清楚;"签发单位签章"处应按预留印鉴分别签章,缺漏签章或签章不符时,银行不予受理。

(6) 作废的支票不得扯去,应由签发单位自行注销,与存根折在一起注意保管,在结清销户时,连同未用空白支票一并缴还银行。

(7) 支票一律记名。中国人民银行总行批准的地区转账支票可以背书转让。

(8) 支票提示付款期为 10 天,从签发的次日算起,到期日遇节假日顺延。

(9) 在实务工作中转账支票为一联,将填制无误的支票按虚线撕开,正本交给采购员在本市区使用(交给收款人),支票存根连同供应单位开出的发票联作为记账的依据。

(10) 转账支票可以由付款方出纳员填制一式两联进账单连同转账支票到付款方开户行代收款方进账,也可由收款方出纳员填制一式两联进账单连同转账支票到付款方开户行进账,进账后第一联作回单,可作已进账依据留作备查,或连同转账支票存根联一起作付款方贷方凭证附件。

四、原始凭证的审核

会计机构、会计人员必须对原始凭证进行严格审核。审核的内容如下:

(一) 审核原始凭证的真实性

对原始凭证真实性的审核主要包括凭证日期是否真实、业务内容是否真实、数据是否真实等。对外来原始凭证,必须有填制单位公章和填制人员签章;对自制原始凭证,必须有经办部门和经办人员的签名或盖章。

(二) 审核原始凭证的合法性

合法性审核主要是审核原始凭证上记载的经济业务是否有违反国家的法律法规的情况,是否履行了规定的凭证传递和审核程序,是否有贪污腐败等行为。

(三) 审核原始凭证的合理性

合理性审核主要是审核原始凭证所记载经济业务是否符合企业生产经营活动的需要,是否符合有关的计划和预算等。

(四) 审核原始凭证的完整性

完整性审核主要是审核原始凭证格式是否符合规定要求,各项要素是否齐全,内容是否完整,有关人员签章是否齐全,凭证联次是否正确等。如果手续不完备,应由经办人员补办。

(五) 审核原始凭证的正确性

正确性审核主要是审核原始凭证各项数字金额的计算及填写是否正确,大、小写金额是否一致,数字和文字的书写是否清楚,有无刮、擦、挖、补、涂改、伪造等现象。

(六) 审核原始凭证的及时性

原始凭证的及时性是保证会计信息质量的基础。为此,要求在经济业务发生或完成时及时填制有关原始凭证,及时进行凭证的传递。

经审核的原始凭证应根据不同情况进行以下处理:

(1) 对于完全符合要求的原始凭证,应及时据以编制记账凭证入账;

(2) 对于真实、合法、合理但内容不完整、填写有错误的原始凭证,应当退还给有关经办人员,由其负责将有关凭证补充完整、更正或重开后,再办理正式会计手续;

(3) 对于不真实、不合法的原始凭证,会计机构、会计人员有权不予接受,并向单位负责人报告。

值得注意的是,原始凭证记载的内容有错误的,应当由出具单位重开或更正,并在更正处加盖出具单位的印章。原始凭证金额出现错误的,不得更正,只能由原始凭证的出具单位重开。

任务三 记账凭证的填制与审核

【工作情景】

明确了原始凭证的填制与审核后,小李想,记账凭证的编制与审核是不是可以如法炮制呢?但直觉告诉他,记账凭证的编制与审核工作与原始凭证的又不可能完全一样。二者到底有哪些联系和区别呢?小李查看了公司的会计档案,比对同一笔经济业务的记账凭证与原始凭证,终于得出了自己的结论。

【学习目标】

1. 了解记账凭证的基本要素。

2. 能正确完成常见记账凭证的填制工作。

3. 能正确完成记账凭证的审核工作。

一、记账凭证的基本要素

记账凭证所反映的经济业务内容的不同，决定了其在具体的格式上也存在着差异，但是，记账凭证作为记账的依据，必须具备一些基本的共同点。构成记账凭证的共同要素如下：

（1）记账凭证的名称。例如，收款凭证、付款凭证、转账凭证等。

（2）凭证的填制日期、凭证的编号。

（3）会计分录，具体包括会计科目（一级科目、二级科目或明细科目）、借贷方向和金额。

（4）经济业务的内容摘要。

（5）记账标记。

（6）所附原始凭证的张数。

（7）填制、审核、记账、会计主管等有关人员的签名或盖章。若为收款和付款凭证，还须有出纳人员的签章。

二、记账凭证的编制要求

（一）专用凭证的填制

收、付、转等专用凭证的填制应符合以下要求。

1. 会计分录正确

会计分录是记账凭证的主体部分，应保持清晰、正确的对应关系。一级科目按照会计准则统一规范的会计科目填写，使用全称，不得简化，例如，不得将“主营业务收入”写成“主营收入”等，不得只写编号不写科目名称；子目和细目可根据各单位的需要准确设定；借贷方向要符合记账规则；金额数字必须正确，符合数字书写规定，角分不留空格，合计金额的第一位数字前要填写币种符号，例如，人民币符号“¥”。

2. 摘要简明扼要

经济业务内容在“摘要”栏自左至右填写，简明、扼要地说明经济业务内容的要点，便于查阅凭证和登记账簿，应防止简而不明或过于烦琐。

3. 填写日期

在凭证的日期栏，应填写编制本凭证的日期，用阿拉伯数字填写。

4. 连续编号

记账凭证的编号方法如下：

顺序编号法是将全部记账凭证作为一类统一编号，每月从第一号记账凭证起，按经济业务发生的顺序依次编号。

分类编号法是按经济业务的内容加以分类，采用收字、付字、转字 3 类或现收字、现付字、银收字、银付字、转字 5 类编号。

分数编号法即若一笔经济业务事项所编制的一笔会计分录涉及较多会计科目，需要 2 张或 2 张以上记账凭证才能填写完毕时，应编写分号，即在原记账凭证号后面用分数的形式表示。

（1）专用凭证的总号采用顺序编号法，即不分凭证的类型，按凭证的编制时间先后顺序连续编号。例如,“从银行提取现金”这笔经济业务需编制一张银行存款付款凭证,该凭证为当期所有凭证的第五张,且为当期银行存款付款凭证的第一张,则总号应为“总第005号”。

(2) 专用凭证总号下方为各类凭证各自的连续编号,采用分类编号法,分别按“收字第××号”、“付字第××号”、“转字第××号”3类各自独立连续编号;或按“现收字第××号”、“现付字第××号”、“银收字第××号”、“银付字第××号”、“转字第××号”5类各自独立连续编号。例如,上述“从银行提取现金”的经济业务若为当期付款凭证的第3张,可编号为“付字第003号”;若为当期银行存款付款凭证的第1张,则编号为“银付字第001号”。

(3) 若一项经济业务事项同时涉及编制付款凭证和转账凭证或收款凭证和转账凭证时,则分别在两张凭证各自所属序列连续编号,同时在两张凭证的“摘要”栏注明两者间的关系。

例如,“购入一台设备价值30 000元,其中10 000元以银行存款支付,余款暂欠”的业务,需编制一张银行存款付款凭证和一张转账凭证,该付款凭证和转账凭证在其本类型当期凭证中分别排行第3和第5,则它们的编号分别为“银付字第003号”和“转字第005号”,同时,分别在银行存款付款凭证和转账凭证“摘要”栏中注明“与转字第005号凭证为同笔业务”和“与银付字第003号凭证为同笔业务”字样。

(4) 如果一项经济业务事项编制的一笔会计分录涉及的会计科目较多,一张凭证不足填写,需要多张凭证才能写完,则可采用分数编号法,即对这几张凭证编一个总号,再为它们编几个分号。例如,某经济业务事项是当期所有凭证的第6张,且为当期转账凭证的第3张,若该笔业务编制的会计分录需用3张转账凭证才能完成,则总号可编写为“总字第006 1/3”、“总字第006 2/3”、“总字第006 3/3”;分类编号为“转字第003 1/3”、“转字第003 2/3”、“转字第003 3/3”。

此外,还可以用数字横线式表示记账凭证的编号。以横线前的数字表示凭证的种类:用“1”表示现金收入、“2”表示现金付出、“3”表示银行存款收入、“4”表示银行存款付出、“5”表示转账、“6”表示其他货币资金收入、“7”表示其他货币资金付出;横线后面的数字表示各类凭证的顺序编号。例如“4—05”表示银行存款付款凭证第05号、“5—30”表示转账凭证第30号等等。

为了加强凭证的管理,月末应在所有凭证的最后一张记账凭证的编号旁加注“全”字,便于查证是否丢失。

5. 标明附件的张数

除期末结账和更正错账的记账凭证可以没有原始凭证外,其他的记账凭证都必须附有经审核后的原始凭证,且应在记账凭证的“附原始凭证　张”栏内,以阿拉伯数字标明该记账凭证所附原始凭证的张数。如果依据一张原始凭证编制了2张或2张以上的记账凭证,则应将该原始凭证附于主要记账凭证之后,同时在其余未附有原始凭证的记账凭证的“摘要”栏内填写“原始凭证×张,附于××字第××号凭证之后”的字样,加以说明。

此外,在记账凭证编制完成之后,应及时将所附的原始凭证粘贴在记账凭证后面,以防止丢失。在粘贴时,将原始凭证按记账凭证的大小进行整理、折叠加工,凡是超过记账凭证长度和宽度的,应全部整齐地折合进去,并特别注意装订线眼处的折合方法,应利于装订以后原始凭证的翻阅。

6. 明确责任

记账凭证上要求有填制人、审核人、记账人员、会计主管的签章,收付凭证还需出纳人员的签章。这样一方面可明确有关人员的责任;另一方面可通过多人的检查,防止记账过程中出现差错,保证会计信息的真实、可靠。

此外,对于已办妥收款或付款业务的凭证和所附的原始凭证,出纳人员要当即加盖“收讫”或“付讫”戳记,以免发生重收、重付。

7. 其他要求

凭证应按行次逐项填写,不得跳行。填写完记账凭证上的经济业务后,应当在自“金额”栏最后一笔的金额数字下至合计数之间的空白栏处划斜线或“S”形线注销。记账凭证的内容登记入账簿后,为避免重复登账,应在记账凭证的“过账”栏内注明账户页码或作“√”标记;为了凭证表面的整洁、清晰,除金额合计栏须标明币种符号外,其他位置不应填写币种符号。

各类专用凭证的填制格式见本项目任务一中表 2 - 10 至表 2 - 12 所示。

(二) 通用凭证的填制

通用凭证的填制与转账凭证基本相同,不同的是,通用凭证的编号只有一个,且采用顺序编号法。如果一笔经济业务事项的一笔会计分录需 2 张以上的记账凭证才能填制完成时,也应当采取分数编号法。

通用凭证的填制格式见本项目任务一中表 2 - 13 所示。

三、记账凭证的审核

为了保证记账凭证的编制质量,正确登记账簿,除了按上述要求填制记账凭证外,在登记入账前,还应对记账凭证进行审核,审核要点包括:

(一) 内容是否真实

记账凭证是否附有原始凭证,记账凭证所附的原始凭证是否齐全,内容是否与记账凭证内容一致,对一些需要单独保管的原始凭证是否在凭证上加以说明。

(二) 填制是否正确

记账凭证中所使用的会计科目是否符合会计准则的要求,应借、应贷的方向和金额是否正确,账户的对应关系是否清晰,文字书写是否工整,数字书写是否清晰,错误是否按规定进行更正等。

(三) 项目是否齐全

审核记账凭证所填写的项目是否完备,有关人员是否都已签章。

如果在审核过程中发现记账凭证有错误,应查明原因并及时更正。只有经审核确认后的记账凭证才能作为登记账簿的依据。

值得注意的是,出纳人员在办理收款和付款业务后,应在凭证上加盖“收讫”或“付讫”的戳记,以避免发生重收、重付。

习　题

一、单项选择题

1. (　　)是记录经济业务,明确经济责任,作为登账依据的书面证明。

A. 会计要素　　B. 会计账户　　C. 会计凭证　　D. 会计报表

2. 会计凭证按其(　　)不同,分为原始凭证和记账凭证。

A. 填制人员和程序　　B. 填制程序和方法
C. 填制格式和手续　　D. 填制程序和用途

3. 会计凭证是(　　)的依据。
A. 业务活动　　B. 编制报表　　C. 登记账簿　　D. 原始凭证

4. 经济业务发生或完成时取得或填制的凭证是(　　)。
A. 原始凭证　　B. 记账凭证　　C. 收款凭证　　D. 付款凭证

5. 记账凭证是根据(　　)填制的。
A. 经济业务　　B. 会计报表附注
C. 账簿记录　　D. 审核无误的原始凭证

6. 会计凭证按其来源和用途的不同,分为(　　)。
A. 外来原始凭证和自制凭证　　B. 专用凭证和通用凭证
C. 一次性凭证和累计凭证　　D. 原始凭证和记账凭证

7. 金额5 016.60元,其汉字大写金额正确的是(　　)。
A. 伍仟壹拾陆元陆角整　　B. 伍仟零壹拾陆元陆角整
C. 伍千零一拾六元六角整　　D. 伍仟零一拾陆元陆角

8. 下列属于外来原始凭证的是(　　)。
A. 入库单　　B. 银行收款通知单
C. 出库单　　D. 收款凭证汇总表

9. 将同类经济业务汇总编制的原始凭证是(　　)。
A. 一次凭证　　B. 累计凭证　　C. 科目汇总表　　D. 汇总原始凭证

10. 下列项目中,属于自制原始凭证的有(　　)。
A. 领料单　　B. 购料发票　　C. 增值税专用发票　　D. 银行对账单

11. 收料单是(　　)。
A. 外来原始凭证　　B. 自制原始凭证　　C. 记账凭证　　D. 转账凭证

12. 自制原始凭证按其填制方法,可以分为(　　)。
A. 原始凭证和记账凭证　　B. 收款凭证和付款凭证
C. 单项凭证和多项凭证　　D. 一次凭证和累计凭证

13. 下列不能作为原始凭证的是(　　)。
A. 发票　　B. 合同书　　C. 支票存根　　D. 领料单

14. 会计人员对于不真实、不合法的原始凭证,应当(　　)。
A. 给予受理,但应向单位领导口头报告　　B. 给予受理,但应向单位领导书面报告
C. 不予以受理,并向单位领导报告　　D. 视具体情况而定

15. 原始凭证金额有错误,应当采用(　　)。
A. 红字更正法　　B. 划线更正法　　C. 蓝字更正法　　D. 由出具单位重开

16. 关于原始凭证的填制,下列说法中不正确的是(　　)。
A. 不得以虚假的交易、事项或资金往来为依据填制原始凭证
B. 从外单位取得的原始凭证,必须盖有填制单位的公章
C. 一式多联的原始凭证,只能以一联用作报销凭证
D. 收回职工借款时,可将原借款借据正联退还,不必另开收据

17. 下列各项中，不属于原始凭证审核内容的是(　　)。

A. 原始凭证的真实性　　B. 原始凭证的合法性

C. 会计分录的正确性　　D. 原始凭证的完整性和准确性

18. 对于从银行提取现金的业务，会计人员应填制的记账凭证是(　　)。

A. 现金收款凭证　　B. 银行付款凭证

C. 现金收款凭证和银行付款凭证　　D. 银行收款凭证

19. A 企业销售产品一批，产品已发出，发票已交给购货方，货款尚未收到，A 企业会计人员应根据有关原始凭证编制(　　)。

A. 收款凭证　　B. 转账凭证　　C. 汇总凭证　　D. 付款凭证

20. 关于原始凭证和记账凭证，下列说法中正确的是(　　)。

A. 记账凭证是记录和证明经济业务发生或完成情况的文字凭据

B. 原始凭证不可以作为登记账簿的依据

C. 原始凭证是编制记账凭证的依据

D. 记账凭证是编制原始凭证的依据

21. 对于现金和银行存款之间的相互划转业务，为避免重复记账，一般只编制(　　)。

A. 收款凭证　　B. 付款凭证　　C. 转账凭证　　D. 结算凭证

22. 产品生产领用材料，应编制的记账凭证是(　　)。

A. 收款凭证　　B. 付款凭证　　C. 转账凭证　　D. 一次凭证

23. 记账凭证的填制是由(　　)完成的。

A. 稽核人员　　B. 会计人员　　C. 经办人员　　D. 主管人员

24. 企业所编制的会计分录体现在(　　)上。

A. 记账凭证　　B. 外来凭证　　C. 汇总凭证　　D. 自制凭证

25. 在实际工作中，规模小、业务简单的单位为了简化会计核算工作，可以使用一种统一格式的(　　)。

A. 转账凭证　　B. 收款凭证　　C. 付款凭证　　D. 通用记账凭证

二、多项选择题

1. 会计凭证可以(　　)。

A. 记录经济业务　　B. 明确经济责任

C. 作为登记账簿的依据　　D. 作为编制报表的依据

2. 会计凭证按其用途和填制程序分为(　　)。

A. 原始凭证　　B. 累计凭证　　C. 记账凭证　　D. 转账凭证

3. 关于会计凭证，下列说法中正确的是(　　)。

A. 会计凭证按其填制程序和用途不同，可分为原始凭证和记账凭证

B. 原始凭证是登记账簿的直接依据

C. 会计凭证是编制会计报表的依据

D. 记账凭证是根据审核无误的原始凭证编制的

4. 下列会计凭证中，属于自制原始凭证的有(　　)。

A. 工资结算单　　B. 限额领料单

C. 发料凭证汇总表　　D. 销售货物时开出的增值税专用发票

5. 下列各项中,属于原始凭证必须具备的内容有(　　)。
   A. 记账符号
   B. 经办人员的签名或者盖章
   C. 交易或事项的内容、数量、单价和金额
   D. 接受凭证单位的名称
6. 填制会计凭证必须用(　　)书写。
   A. 蓝黑墨水　　B. 纯蓝墨水　　C. 圆珠笔　　D. 碳素墨水
7. 下列各项中,不属于原始凭证的有(　　)。
   A. 经济合同、生产通知单　　B. 材料请购单、盘存单
   C. 银行存款余额调节表　　D. 银行对账单
8. 下列各项中,属于原始凭证审核内容的有(　　)。
   A. 原始凭证的真实性　　B. 原始凭证的合法性
   C. 原始凭证的完整性　　D. 原始凭证的合理性
9. 收款凭证、付款凭证可能是登记(　　)的依据。
   A. 现金日记账　　B. 银行存款日记账　C. 明细分类账　　D. 总分类账
10. 下列会计凭证中,属于一次原始凭证的有(　　)。
   A. 收料单　　B. 销货发票　　C. 增值税专用发票　D. 限额领料单
11. 限额领料单属于(　　)。
   A. 原始凭证　　B. 汇总凭证　　C. 一次凭证　　D. 累计凭证
12. 下列凭证中,属于原始凭证的有(　　)。
   A. 工资结算单　　B. 产品成本计算单　C. 购货发票　　D. 发出材料汇总表
13. 下列证明文件中,属于原始凭证的有(　　)。
   A. 银行收款通知单　B. 限额领料单　　C. 入库单　　D. 购货发票
14. 发料凭证汇总表属于(　　)。
   A. 原始凭证　　B. 汇总凭证　　C. 一次凭证　　D. 自制凭证
15. 银行承兑汇票是(　　)。
   A. 通用原始凭证　　B. 累计凭证　　C. 专用原始凭证　　D. 一次凭证
16. 企业购买一批材料并已验收入库,该项经济业务有可能存在的原始凭证有(　　)。
   A. 发票　　B. 支票存根　　C. 入库单　　D. 经济合同
17. 对于(　　),各单位不得自行设计和印制。
   A. 银行汇票　　B. 支票　　C. 发票　　D. 入库单
18. 收款凭证可以作为出纳人员(　　)的依据。
   A. 收入货币资金　　B. 付出货币资金
   C. 登记库存现金日记账　　D. 登记银行存款日记账
19. 付款凭证左上角可填制的会计科目有(　　)。
   A. 库存现金　　B. 应收账款　　C. 银行存款　　D. 实收资本
20. 记账凭证应具备的基本内容包括(　　)。
   A. 填制单位盖章
   B. 记账凭证的填制日期和编号

C. 经济业务的内容摘要和所附原始凭证的张数

D. 有关人员的签章

三、判断题

1. 会计凭证按其经济业务的内容不同，可分为原始凭证和记账凭证两大类。（　）

2. 所有的会计凭证都是登记账簿的依据。（　）

3. 原始凭证在特定情况下，经批准可以涂改、挖补。（　）

4. 对原始凭证的审核就是审核凭证的合法性与合理性。（　）

5. 在审核原始凭证时，发现有伪造、涂改或不合法的原始凭证，应退回经办人员更改后再受理。（　）

6. 原始凭证的填制不得使用圆珠笔填写。（　）

7. 自制原始凭证都是一次凭证。（　）

8. 原始凭证是具有法律效力的证明文件。（　）

9. 一张累计凭证可连续记录所发生的各项经济业务。（　）

10. 原始凭证是会计核算的原始资料和重要依据，是登记明细账的原始依据。（　）

11. 收、付款的记账凭证，出纳人员可以不用签名或盖章。（　）

12. 有关现金、银行存款收支业务的凭证，如果填写错误，不能在凭证上更改，应加盖作废戳记，重新填写，以免错收错付。（　）

13. 企业每项交易或事项的发生都必须从外部取得原始凭证。（　）

14. 记账凭证的金额必须与原始凭证的金额相符。（　）

15. 会计部门应于记账之后，定期对各种会计凭证进行分类整理，并将各种记账凭证按编号顺利排列，连同所附原始凭证一起加封面，装订成册。（　）

四、实训题

1. 认知和练习原始凭证的填制与审核。天津丰凯有限公司相关资料的审核如下：

(1) 借款单审核（见表2－16）。

2×15年4月3日，供应科职工王立民赴北京开会，经批准向财务科借差旅费2 000元，财务人员审核借款单无误后付现金。

表2－16　借　款　单

部　门		供应科		借款事由:订货会
借款金额	金额(大写)贰仟元整　　　　￥:2 000.00			
批准金额	金额(大写)贰仟元整　　　　￥:2 000.00			
领导	周强	财务主管	王林	借款人

(2) 增值税专用发票审核（见表2－17）。

2×15年11月9日，采购大衣呢300米，单价为100.00元/米，制服呢800米，单价为80.00元/米。

表2-17 增值税专用发票(三)

610003314* 上海增值税专用发票 No 00872020

上海 发票联 国家税务总局监制

开票日期:2×15年04月16日

购货单位	名　　称:天津丰凯有限公司 纳税人识别号码:1301178812568 地址、电话:天津市××路××号 022-60196120 开户行及账号:天津市工行 08966980					密码区	(略)
货物或应税劳务名称	规格型号	单位	数量	单价	金额	税率	税额
大衣呢		米	300	100	30 000	17%	5 100
制服呢		米	800	80	64 000	17%	10 880
合　计					¥94 000		¥15 980
价税合计(大写)	⊗壹拾零万玖仟玖佰捌拾零元零角零分　(小写)¥109 980.00						
销货单位	名　　称:上海卓菲尼制衣有限公司 纳税人识别号码:630227881256618 地址、电话:上海市××路××号 021-60199888 开户行及账号:上海市工行 06255290					备注	

第三联:发票联　购货方记账凭证

收款人:　　复核:　　开票人:　　销货单位:(章)

(3) 领料单审核(见表2-18)。

2×15年11月12日,加工车间王冠领用大衣呢400米,计划单价为110.00元/米,领用制服呢300米,计划单价为90.00元/米(工作单号:1220,工作项目:裁剪工),生产女上衣。

表2-18 领 料 单

领料部门:________　　2×15年12月11日　　元

材料		单位	数量		计划单价	金额	过账
名称	规格		请领	实发			
制服呢						27 000.00	
大衣呢						44 000.00	
工作单号		用途					
工作项目							

会计:　　记账:　　发料:王红　　领料:

(4) 普通发票审核(见表2-19)。

2×15年11月12日,在天津嵩山宾馆招待客户共花费2 823.60元。

表2-19 普通发票

天津市商业统一发票　　服务三字(93)

客户名称:____________　　2×15年11月12日　　No 0987654

项目	单位	数量	单价	金额							备注
				万	千	百	十	元	角	分	
餐费					2	8	2	3	6	0	
合计											
人民币(大写):贰仟捌佰贰拾叁圆陆角正											

填票人:　　收款人:　　单位名称(盖章)

(5) 转账支票审核(见表2-20)。

2×15年12月16日,收到北京威豹有限公司1张金额为2 571 829.00元转账支票一张支付其所欠货款。

表2-20 转账支票

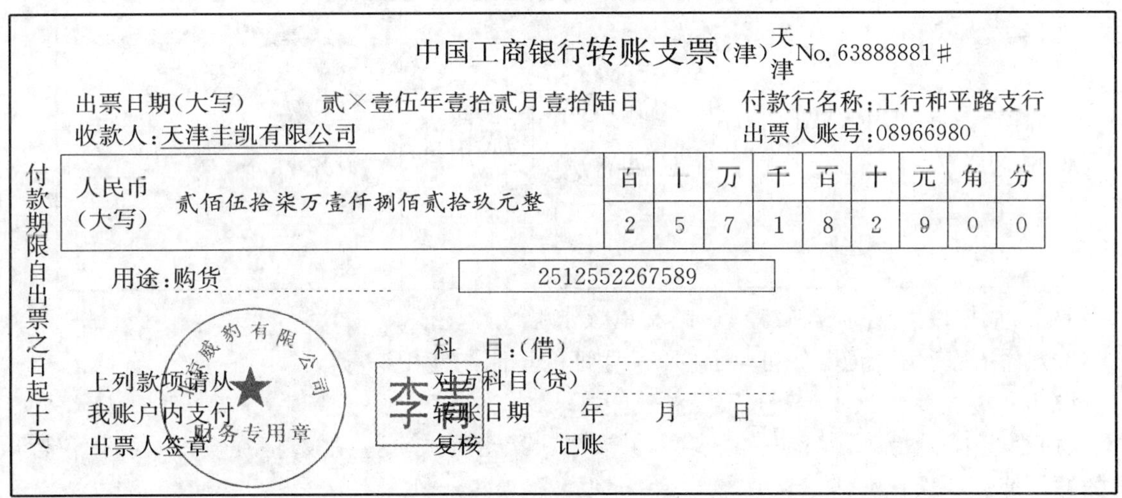

中国工商银行转账支票(津) 天津 No. 63888881#

出票日期(大写)　贰×壹伍年壹拾贰月壹拾陆日　　付款行名称:工行和平路支行

收款人:天津丰凯有限公司　　出票人账号:08966980

付款期限自出票之日起十天

人民币(大写)	百	十	万	千	百	十	元	角	分
贰佰伍拾柒万壹仟捌佰贰拾玖元整	2	5	7	1	8	2	9	0	0

用途:购货　　2512552267589

上列款项请从我账户内支付　出票人签章

科 目:(借)

对方科目(贷)

转账日期　年　月　日

复核　记账

(6) 商业承兑汇票审核(见表2-21)。

2×15年12月26日,收到河南大宏有限公司司背书转让金额为534 990元的商业承兑汇票。

表 2-21　商业承兑汇票

商业承兑汇票

2　　××0000

出票日期(大写)二×壹伍年零陆月贰拾玖日　　　　第　　号

付款人	全称	北京威豹有限公司		收款人	全　称	上海卓菲尼制衣有限公司									
	账号	07288970			账　号	06255290									
	开户行	工行	行号		开户行	工行			行号						
出票金额		人民币(大写) 伍拾伍万肆仟玖佰玖拾元整				千	百	十	万	千	百	十	元	角	分
							¥	5	5	4	9	9	0	0	0
汇票到期日		2015年12月29日		交易合同号码		45678									
本汇票已经承兑,到期无条件支付款 承兑人签章 承兑期 财务专用章 李青 年　月　日				本汇票请予以承兑于到期日付款 财务专用章 张芳 出票人签章											

此联持票人开户行随委托收款凭证寄付款人开户行

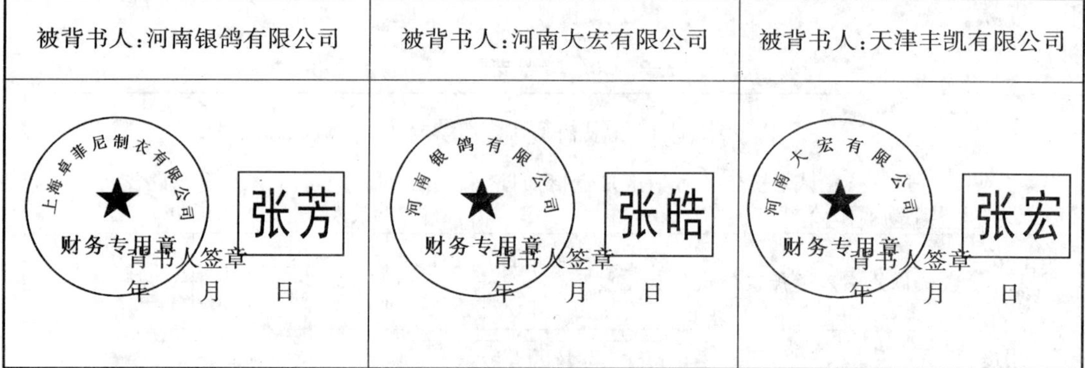

被背书人:河南银鸽有限公司	被背书人:河南大宏有限公司	被背书人:天津丰凯有限公司
上海卓菲尼制衣有限公司 财务专用章 张芳 背书人签章 年　月　日	河南银鸽有限公司 财务专用章 张皓 背书人签章 年　月　日	河南大宏有限公司 财务专用章 张宏 背书人签章 年　月　日

要求:根据以上实训资料练习填制和审核常见原始凭证。

2. 熟悉、规范编制记账凭证,强化原始凭证的填制与使用练习。

说明:

(1) 实务中原始单据都是一式多联,并要求一次套写或套打完成,但在实训中我们仅以取得的原始凭证联次代替。

(2) 原始凭证有外来凭证和自制凭证。外来凭证是由对方开出的,但在实训中我们代为开出,而在实际中是不允许的。

(3) 外来原始凭单均要求加盖单位相应的公章,个人要有签名或私章,在实训中注意根据提示和指导老师的指导由学生自己示意加盖。

(4) 个别不常用的由银行开出的凭单在实训中略去,但在实际中必须要取得作为原始凭证。

(5) 增值税专用发票的抵扣联是与第三联一起给购买单位的,并且不作为原始凭证,要单独装订与税局定期核对,作进项税抵扣使用,在实训中略去。

(6) 实训中我们练习了票据的使用,但所有的票据最终要交给银行,企业不作为原始凭证。

实训耗材如下：

(1) 收款凭证 20 张；

(2) 付款凭证 20 张；

(3) 转账凭证 30 张；

(4) 通用记账凭证 70 张。

要求：

(1) 根据项目一习题中的实训资料，采用收、付、转专用凭证格式编制各笔业务的记账凭证，并将相应的原始凭证附于记账凭证之后。

(2) 根据项目一习题中的实训资料，填制原始凭证，采用通用记账凭证格式，编制日常经济业务的记账凭证。

项目三　日常业务——登记账簿

任务一　会计工作流程

【工作情景】

在原始凭证的基础上编制记账凭证，小李对此项工作已是驾轻就熟。可是，接下来的会计工作应该是什么呢？小李迟疑了片刻，看来书到用时方恨少、绝知此事须躬行啊。小李请教老会计，老会计给他指点迷津，下一步工作应是登记账簿，并同时指出小李在此处迟疑的原因，那是对会计工作流程的不熟悉所导致的。

【学习目标】

1. 了解会计工作流程的概念。
2. 理解会计工作流程。

会计工作流程就是会计主体的会计工作人员在会计核算过程中所进行的一系列会计处理程序或步骤。填制和审核会计凭证、登记账簿、编制会计报表是会计核算过程中的三个基本环节。它们之间相互联系、密切配合，并以一定的组织程序结合起来，构成了一个完整的会计工作体系，也形成了一个严密的会计工作流程。

一、基本工作流程

在会计实务中，应按图 3－1 所示的基本工作流程来组织日常会计核算工作。

每笔经济业务在完成了会计凭证填制工作后，应按以下基本流程登记相关账簿：

(1) 将涉及现金、银行存款收付业务的会计凭证传递给出纳员，由其完成以下工作：① 据以履行收、付款行为，在原始凭证上加盖收、付款戳记。② 根据会计凭证登记现金、银行存款日记账。③ 记账后在记账凭证中的“库存现金”或“银行存款”科目后做出“√”等记账标志，在记账凭证“出纳”处签章，以明确其对库存现金、银行存款的保管责任。④ 将会计凭证移交记账会计。

(2) 对不涉及现金、银行存款收付业务的会计凭证，直接传递给记账会计。

(3) 负责登记明细账的会计人员应根据会计凭证登记相关明细分类账，记账后在记账凭证中的相关科目后做出“√”等记账标志，并在“记账”处签章。明细账登记完成后，将会计凭证传递给总账会计。

(4) 总账会计根据记账凭证直接登记总分类账，或定期采用一定的程序和方法将该期记账凭证进行汇总后，编制科目汇总表或汇总记账凭证等汇总凭证，再据以登记总分类账，记账完毕后同样要在相关凭证中做出记账标志并签章。

会计基本工作流程的优点是逻辑思路清晰，简单明了，易于理解；其缺点是日常核算的工作量较大。

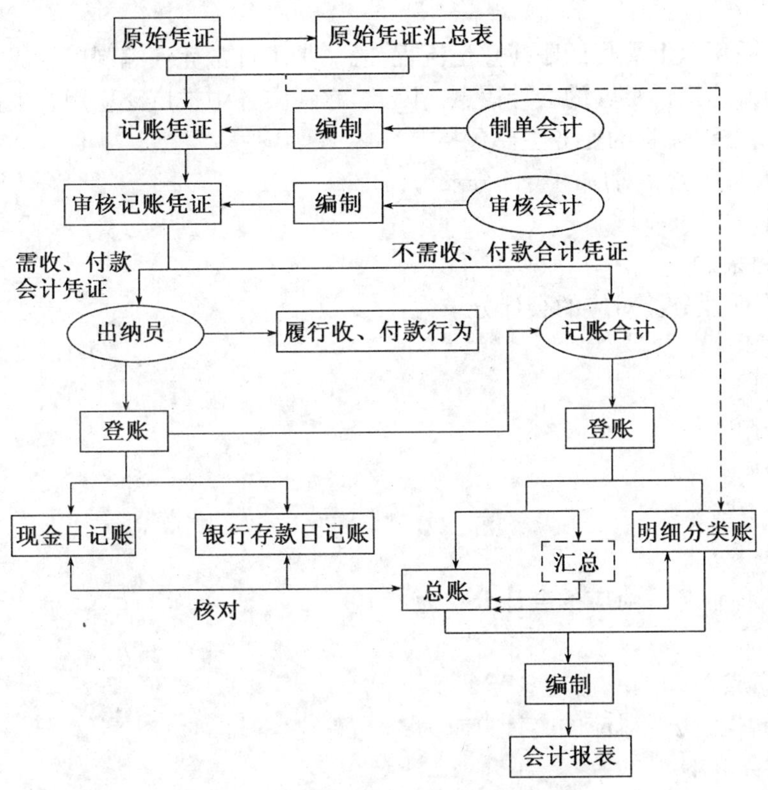

图 3－1　基本工作流程

二、简化工作流程

在会计工作中，有些经济业务会频繁重复发生，如生产车间领用原材料，若对每一笔领料业务都按上述基本流程进行处理，日常核算的工作量将很大。为了简化日常核算工作，对此类经济业务可按以下流程处理。

（1）经济业务发生时，暂不编制记账凭证，而先直接根据审核无误的原始凭证，登记需要提供即时数据的明细分类账。如领用原材料业务，由于企业需要随时反映存货的增减变化情况，因此，直接根据领料单登记原材料明细分类账。

（2）定期对原始凭证进行汇总编制原始凭证汇总表，并据以编制记账凭证。如领用原材料业务，定期对领料单进行汇总，编制材料发出汇总表。并据以编制如下记账凭证。

借：生产成本

　　制造费用

　　管理费用

　　贷：原材料

（3）根据记账凭证登记其他明细分类账。由于领用的原材料已经根据领料单登记了原材料的明细分类账，以上记账凭证中只有借方的成本费用科目尚未登记明细账，因此，根据记账凭证只需登记这些明细账即可。

（4）根据记账凭证直接登记总分类账或对记账凭证进行汇总后，根据汇总凭证登记总分类账。

可以看出,采用以上简化的账簿登记流程,既减少了日常凭证编制以及成本费用明细分类账的登记工作,又能提供足够的会计信息。因此,它在实务中被广泛应用。工业企业中可以采用以上简化账簿登记流程的业务主要包括:

(1) 材料入库业务。对应的会计分录为:

借:原材料

　　贷:材料采购

(2) 材料出库业务。对应的会计分录为:

借:生产成本

　　制造费用

　　销售费用

　　管理费用

　　其他业务成本

　　贷:原材料

(3) 产品入库业务。对应的会计分录为:

借:库存商品

　　贷:生产成本

(4) 产品出库业务。对应的会计分录为:

借:主营业务成本

　　贷:库存商品

任务二　账簿登记的基本要求

【工作情景】

清楚了会计工作流程后,小李的心里亮堂了许多。看着不同种类和格式的账簿,小李又忐忑起来,具体怎样登记才算符合会计工作的规范要求呢?

【学习目标】

1. 明确账簿登记的基本要求。
2. 掌握账簿登记的程序和注意事项。
3. 能够正确规范地登记不同种类和格式的账簿。

会计人员在登记账簿时,应符合下列基本要求:

1. 准确完整

为了保证账簿记录的准确、整洁,应当根据审核无误的会计凭证登记会计账簿。登记会计账簿时,应当将会计凭证日期、编号、业务内容摘要、金额和其他有关资料逐项记入账内,做到数字准确、摘要清楚、登记及时、字迹工整。每一项会计事项,一方面要记入总账;另一方面要记入该总账所属的明细账。账簿记录中的日期应该填写记账凭证的日期;以自制原始凭证(如发料单、领料单、入库单等)作为记账依据的,账簿记录中的日期应按有关自制凭证上的日期填列。

2.注明记账符号

账簿登记完毕后，要在记账凭证上签名或者盖章，并在记账凭证的“过账”栏内注明账簿页码或打“√”表示已经记账，避免重记或漏记，也便于查阅、核对，并在记账凭证中的“记账”处签名或盖章，以明确经济责任。

3.书写留空

账簿中书写的文字和数字上面要留有适当的空格，不要写满格，一般应占格距的1/2。这样，一旦发生登记错误能比较容易地进行更正，同时也方便查账工作。

4.正确使用蓝黑或碳素墨水

为了保持账簿记录的持久性，防止涂改，登记账簿必须使用蓝黑墨水或碳素墨水书写，不得使用圆珠笔(银行的复写账簿除外)或者铅笔书写。

但是在下列情况下，可以用红色墨水记账：

(1) 按照红字冲账的记账凭证，冲销错误记录；

(2) 在不设借贷等栏的多栏式账页中，登记减少数；

(3) 在三栏式账户的“余额”栏前，如未印明余额方向的，在“余额”栏内登记负数余额；

(4) 根据国家会计制度的统一规定可以用红字登记的其他会计记录。

由于会计中的红字表示负数，因而除上述情况外，不得用红色墨水登记账簿。

5.顺序连续登记

在登记各种账簿时，应按账户页次顺序连续登记，不得隔页、跳行。如不慎发生隔页、跳行现象，应在账簿中将空页和空行注销。

当出现空行时，应在该行“摘要”栏填入“此行空白”，然后用红笔划一条通栏红线，最后，由记账人员在该行签名或盖章。

当出现空页时，应在该页注明“此页空白”，然后用红笔在该页左上角至右下角划一条对角斜线予以注销，最后由记账人员签名或盖章。

6.按要求结出余额

凡需要结出余额的账户，结出余额后，应当在“借或贷”栏目内注明“借”或“贷”字样，以示余额的方向；对于没有余额的账户，应在“借或贷”栏内写“平”字，并在“余额”栏内的“元”位上用“θ”表示。现金日记账和银行存款日记账必须逐日结出余额。

7.按规定过次页承前页

每一账页登记完毕结转下页时，应当结出本页合计数及余额，写在本页最后一行和下页第一行的有关“金额”栏内。在本账页最末一行的“摘要”栏内注明“过次页”或“转次页”，结计出本页借、贷方发生额，填入“借方”、“贷方”栏。在下一页的第一行“摘要”栏内注明“承前页”字样，将前一页结计出的借方、贷方发生额以及余额，记入相应栏目。这样可以保持账簿记录的连续性，便于对账和结账。

不同账户的本页借、贷方发生额的结计方法有所不同，一般分为以下三种情况：

(1) 月末需要结计本月发生额的账户，结计“过次页”的本页发生额为自本月初起至本页末止的借、贷方发生额合计数。

(2) 月末不需要结计本月发生额，但须结计本年累计发生额的账户，结计“过次页”的本页发生额为自年初起至本页末止的借、贷方累计发生额。

(3) 月末既不需要结计本月发生额，也不需要结计本年累计发生额的账户，可以只将各页的余额结转至次页,不需要结计本页发生额,其账页的最末一行,也可用来登记具体经济业务。在下一页的第一行“摘要”栏中注明“承前页”字样,在“余额”栏中记入前页余额即可。

一般来讲,账户按以下类别顺序归类结计:

损益类账户需结计“本月合计”及“本年累计”;

日记账及多栏账只需结计“本月合计”,不需结计“本年累计”;

总分类账户不需结计“本月合计”,只需在年末结计“本年合计”;

其他账户既不需结计“本月合计”,也不需结计“本年累计”。

8. 按正确方法更正错账

账簿记录发生错误时,不得刮擦、挖补或用药水消除字迹等手段更正,也不允许重抄,而必须采用适当的的错账更正方法来更正。

任务三 日记账的登记

【工作情景】

在对账簿登记的基本要求有了较为清晰的认识之后,小李注意到账簿中有一类账簿叫日记账,也经常听单位的出纳人员提到“日记账”这个词,说得小李几乎都耳熟能详了。对日记账的登记,会计工作中又有着怎样的具体规定呢?小李又在心里嘀咕起来。

【学习目标】

1. 明确日记账的格式和种类。
2. 掌握日记账登记的基本要求。
3. 掌握现金日记账的登记方法。
4. 掌握银行存款日记账的登记方法。

日记账是按照经济业务发生或完成的时间先后顺序逐笔进行登记的账簿。它可分为普通日记账和特种日记账。

普通日记账是两栏式日记账,是序时地逐笔登记各项经济业务的账簿。它用来核算和监督全部经济业务的发生和完成情况。

特种日记账是用来核算和监督某一类型经济业务发生和完成情况的账簿,主要包括现金日记账和银行存款日记账。为了加强对企业现金和银行存款的监督,现金和银行存款日记账采用订本式账簿,不得用银行对账单或其他方法代替日记账。

一、现金日记账的登记方法与示例

现金日记账是用来核算和监督库存现金每天的收入、支出和结存情况的账簿。由出纳人员根据与现金收付有关的记账凭证,如现金收款、现金付款、银行付款(提现业务)凭证,逐日逐笔进行登记,并随时结记余额。

现金日记账采用三栏式账页。现金日记账由出纳人员根据与现金收付有关的记账凭证,按时间顺序逐日逐笔进行登记,并根据“上行余额+本行借方-本行贷方=本行余额”的公式,逐行结出现金余额,与现金实存数核对,以检查每日的现金收付是否有误。

登记日记账时，除了遵循账簿登记的基本要求外，还应注意以下栏目的填写方法。

(一) 日期

“日期”栏中填入的应为据以登记账簿的会计凭证上的日期，现金日记账一般依据记账凭证登记，因此，此处日期为编制该记账凭证的日期。不能填写原始凭证上记载的发生或完成该经济业务的日期，也不能填写实际登记该账簿的日期。

(二) 凭证字号

“凭证字号”栏中应填入据以登账的会计凭证类型及编号。如果企业采用通用凭证格式，根据记账凭证登记现金日记账时，填入“记×号”；如果企业采用专用凭证格式，根据现金收款凭证登记现金日记账时，填入“收×号”。

(三) 摘要

“摘要”栏说明登记入账的经济业务的内容。文字既要简练，又要能说明问题。

(四) 对应科目

“对应科目”栏应填入会计分录中与“库存现金”账户相对应的会计账户，用以反映库存现金增减变化的来龙去脉。在填写对应科目时，应注意以下三点：

(1) 对应科目只填总账科目，不需填入明细科目。

(2) 当对应科目有多个时，应填入主要对应科目。如销售产品收到现金，则“库存现金”的对应科目有“主营业务收入”和“应交税费”，此时可在“对应科目”栏中填入“主营业务收入”，在借方金额栏中填入取得的现金总额，而不能将一笔现金增加业务拆分成两个对应科目金额填入两行。

(3) 当对应科目有多个且不能从科目上划分出主次时，可在对应科目栏中填入其中金额较大的科目，并在其后加上“等”字。如用现金 1 000 元购买零星办公用品，其中 200 元由车间负担，800 元由行政管理部门负担，则在现金日记账“对应科目”栏中填入“管理费用等”，在贷方金额栏中填入支付的现金总额 1 000。

(五) 借方、贷方

“借方金额”栏、“贷方金额”栏应根据相关凭证中记录的“库存现金”科目的借贷方向及金额记入。

(六) 余额

“余额”栏应根据“本行余额＝上行余额＋本行借方－本行贷方”公式计算填入。

正常情况下，库存现金不允许出现贷方余额，因此，现金日记账的“余额”栏前未印有借贷方向，其余额方向默认为借方。若在登记现金日记账过程中，由于登记顺序等特殊原因出现了贷方余额，则在“余额”栏用红字登记，表示贷方余额。

记账完毕，出纳人员应在记账凭证的过账栏内做“√”标记，并在所依据的原始凭证上加盖“收讫”或“付讫”章，在记账凭证的“出纳”栏内签字或加盖个人印章。

按照以上登记方法，根据会计资料(实训 1.1 资料)，现金日记账登记如表 3－1 所示。

表 3－1　现金日记账

2×11 年		凭证		对方科目	摘要	现金支票号码	借方（亿千百十万千百十元角分）	贷方（亿千百十万千百十元角分）	√	余额（亿千百十万千百十元角分）
月	日	字	号							
12	1				期初余额					137060
12	4	记	5	银行存款	提备用金	888881	1437200			1574260
12	9	记	20	其他应收款	张维报销差旅费		128000			1702260
12	10	记	22	银行存款	提取现金	888881	13408362			15110622
12	22	记	40	其他应收款	李红报销差旅费		30000			15140622
12	30	记	45	其他应收款	李文报销差旅费		528000			15668622

二、银行存款日记账的登记方法与示例

银行存款日记账是用来核算和监督银行存款每日的收入、支出和结余情况的账簿。银行存款日记账应按企业在银行开立的账户和币种分别设置，每个银行账户设置一本日记账。由出纳人员根据与银行存款收付有关的记账凭证，如银行存款收款凭证、银行付款凭证、现金付款(存现业务)凭证，逐日逐笔按照先后顺序进行登记，并随时结记余额。

银行存款日记账的登记方法与库存现金日记账的登记方法基本相同，其账页中除了与现金日记账相同栏目外，还设有“银行凭证”栏，用来填写办理银行收付业务时所依据的银行结算凭证种类和号数，以便于和银行进行对账

银行存款日记账采用三栏式账页，按照以上登记方法，根据实训 1.1 资料，银行存款日记账登记如表 3－2 所示。

表 3－2　银行存款日记账

2×11 年		凭证		对方科目	摘要	支票		借方（亿千百十万千百十元角分）	贷方（亿千百十万千百十元角分）	√	余额（亿千百十万千百十元角分）
月	日	字	号			种类	号码				
12	1				期初余额						56192000
12	1	记	1	固定资产	购买机器设备				3530000		
12	2	记	2	实收资本	收到源发投资款			30000000			
12	2	记	3	主营业务收入	销售上衣			58968000			
12	3	记	4	其他应收款	李文借差旅费				600000		
12	4	记	5	库存现金	提取备用金				1437200		
12	6	记	6	原材料	购进大衣呢				11700000		
12	6	记	7	应交税费	支付上月税款				2136910		
12	6	记	8	应收账款	收到前欠货款			12340000			

任务四　明细账的登记

【工作情景】

日记账登记方法搞清楚后，小李对明细账的登记又动起了心思。尽管知道日记账实质上就是一类特殊的明细账，是明细账的一种。但是小李清楚，日记账与明细账这二者绝对不能画等号，明细账的范围要比日记账宽泛许多。那么，明细账的登记应该比日记账的登记要复杂很多吧？小李这样推想。

【学习目标】

1. 明确明细账的格式和种类。
2. 掌握三栏式明细账的登记方法。
3. 掌握数量金额式明细账的登记方法。
4. 掌握多栏式明细账的登记方法。

明细分类账是按二级账户或明细账户开设账页，它对总分类账起补充说明的作用，所提供的资料也是编制会计报表的重要依据。

不同类型经济业务的明细分类账，可根据管理需要，依据原始凭证、汇总原始凭证、记账凭证定期汇总或逐日逐笔登记。也就是说，明细分类账的登记依据有三种：一是根据原始凭证直接登记明细账；二是根据汇总原始凭证登记明细账；三是根据记账凭证登记明细账。

(1) 固定资产、债权、债务等明细账应逐日逐笔登记；

(2) 库存商品、原材料、产成品收发明细账以及收入、费用明细账可逐笔登记，也可定期汇总登记。

“库存现金”、“银行存款”账户由于已设置了日记账，不必再设明细账，其日记账实质上是一种明细账。

明细分类账的格式有三栏式、数量金额式及多栏式等多种，其登记方法及示例分别介绍如下。

一、三栏式明细账的登记方法与示例

三栏式明细分类账设有借方、贷方和余额三个金额栏，适用于只进行金额明细核算的账户，如“应收票据”、“应收账款”、“应付账款”等往来结算账户，一般根据记账凭证逐笔登记。三栏式账页中一般设有“日期”、“凭证字号”、“摘要”、“借方”、“贷方”和“余额”栏，登记时根据记账凭证依次填入各栏目内容，并结记余额。

1. 三栏式明细分类账的登记方法

(1) 填写明细科目编号及名称。

(2) 填写账页编号。

(3) “日期”栏填写记账凭证的日期。

(4) “凭证字号”栏填写记账凭证的类型及编号。

(5) “摘要”栏填写入账的经济业务的简要内容。

(6) “借方”、“贷方”栏分别填写记账凭证的借方、贷方的金额数据。月末，根据借、贷方金额数据结算出余额,填写至"余额"栏处。

2. 三栏式明细分类账登记示例

【例3-1】 根据项目一习题中的实训资料,北京汇丰实业有限公司2×15年12月份对上海丰华公司的采购业务如下:

(1) 12月2日,采购大衣呢、制服呢,价税合计1 032 000元,以商业承兑汇票结算。材料尚未验收入库。凭证字号为记03。

(2) 12月6日,采购制服呢、大衣呢,价税合计1 039 600元,以银行承兑汇票结算。材料尚未验收入库。凭证字号为记06。

北京汇丰实业有限公司12月1日对上海丰华公司的应付票据余额为275 000元。

要求:登记北京汇丰实业有限公司对上海丰华公司的应付票据明细账。

分析:应付票据明细账一般采用三栏式明细账,主要有借方、贷方、余额3个主要栏目。只需对金额进行核算。三栏式明细账登记如表3-3所示。

表3-3 明细分类账(一)

应付票据 明细分类账

会计科目或编号:1122

子目、户名或编号:上海丰华

2×15年		凭证		摘要	借方											√	贷方											√	借或贷	余额											√
月	日	字	号		亿	千	百	十	万	千	百	十	元	角	分		亿	千	百	十	万	千	百	十	元	角	分			亿	千	百	十	万	千	百	十	元	角	分	
12	1			期初余额																													2	7	5	0	0	0	0	0	
12	2	记	03	应付前欠货款															1	0	3	2	0	0	0	0	0														
12	6	记	06	应付前欠货款															1	0	3	9	6	0	0	0	0					2	3	4	6	6	0	0	0	0	

二、数量金额式明细账的登记方法与示例

数量金额式明细分类账是在"借方(收入)"、"贷方(发出)"和"余额(结存)"栏内分别设置"数量"、"单价"和"金额"栏目,分别登记实物的数量、单价和金额,适用于既需要进行金额明细核算,又需要进行数量核算的各项财产物资的明细分类账,如原材料明细分类账、库存商品明细分类账等。

数量金额式明细账一般采用简化的账簿登记流程,根据原材料、库存商品等存货的收入、发出原始凭证直接逐笔填列。

(一) 数量金额式明细账的登记方法

(1) 填写明细科目名称、单位、规格等内容。

(2) 填写账页编号。

(3) "日期"栏填写据以入账的原始凭证的日期。

(4) "凭证字号"栏填写据以入账的原始凭证的种类及编号。

(5) "摘要"栏填写入账的经济业务的简要内容。

(6) "借方(收入)"栏填写收入材料或商品的数量、单价、金额等内容。

(7) "贷方(发出)"栏填写发出材料或商品的数量、单价、金额等内容。

(8) "余额(结存)"栏填写结存材料或商品的数量、单价、金额等内容。

一般来讲，原材料、库存商品不应出现负结存，因此，在数量金额式账页中未设余额（结存）方向栏，若由于特殊原因，在账面上出现负结存，则应在"余额（结存）"栏中用红字登记。

（二）数量金额式明细账登记示例

【例 3-2】 根据项目一习题中的实训资料，北京汇丰实业有限公司 2×15 年 12 月月初，甲材料库存量为 4 000 千克，单价为 5 元，金额为 20 000 元。12 月份发生的经济业务如下：

1. 12 月 30 日，车间一般耗用甲材料 1 600 千克，单价 5 元，金额为 8 000 元。领用单号为 201201。

要求：登记北京汇丰实业有限公司 12 月份的甲材料明细账。

分析：材料明细账，不仅要核算金额信息，而且要核算数量、单价等内容，因此应设置为数量金额式明细账。甲材料明细账登记情况如表 3-4 所示。

表 3-4　明细分类账（二）

<u>原材料　明细分类账</u>

总第　　页

分第 1 页

品名：<u>甲材料</u>　部类：________　产地：________　单位：<u>千克</u>　规格：________

2×15年		凭证		摘要	收入			发出			结存			✓
月	日	字	号		数量	单价	金额（千百十万千百十元角分）	数量	单价	金额（千百十万千百十元角分）	数量	单价	金额（千百十万千百十元角分）	
12	01			期初始存							4 000	5	2000000	
	30	领	2×1501	生产车间领用				1 600	5	800000	2 400	5	1200000	

三、多栏式明细账的登记方法与示例

多栏式明细账是在一张账页内按有关明细项目分设若干专栏，适用于有关费用、成本、收入类等账户的明细账，如制造费用明细分类账、管理费用明细分类账、应交增值税明细分类账等。多栏式明细账可以分为专用多栏式明细账和普通多栏式明细账两大类，应交税费（应交增值税）明细账和生产成本明细账就属于专用多栏式明细账，制造费用、管理费用等明细账则属于普通多栏式明细账。下面分别进行说明与示例。

（一）应交增值税明细分类账的登记与示例

应交增值税明细账是专用多栏式明细账簿，用以登记应交增值税的增减变化情况。该账簿每一栏目已经设置好，因此，无须再进行账户设置。应交增值税明细分类账按增值税明细核算项目在借方、贷方均分设了多个专栏。其中，借方设置了"合计"、"进项税额"、"已交税金"及"减免税款"等专栏，贷方设置了"合计"、"销项税额"、"出口退税"及"进项税额转出"等专栏，另外还设置了"借或贷"栏及"余额"栏。借贷方栏目的合计是借贷方各自同行的合计，余额是贷方合计减去借方合计的金额。

1. 应交增值税明细分类账的登记方法

一般它应根据记账凭证逐笔登记,按以下步骤登记其金额栏:

(1) 按记账凭证中应交增值税的方向和明细科目记入账簿的相应专栏。

(2) 结计本行记入借方或贷方各专栏的金额合计数,记入借方或贷方的合计栏。

(3) 结计余额填入余额栏,同时在“借或贷”栏内标明余额的借贷方向。

2. 应交增值税明细分类账的登记示例

根据项目一习题中的实训资料,按以上方法登记的应交增值税明细分类账示例如表3-5所示。

表3-5 明细分类账(三)

应交税费(应交增值税) 明细分类账

总第 页

连续第 页

2×15年		凭证		摘要	借方			贷方			借或贷	余额
月	日	字	号		合计	进项税额	已交税金	合计	销项税额	进项税额转出		
					佰拾万仟佰拾元角分	佰拾万仟佰拾元角分	佰拾万仟佰拾元角分	佰拾万仟佰拾元角分	佰拾万仟佰拾元角分	佰拾万仟佰拾元角分		佰拾万仟佰拾元角分
12	2	记	3	销售上衣					8568000		贷	8568000
12	6	记	6	购进大衣呢		1700000					贷	6868000
12	7	记	10	交增值税			2000000				贷	8868000
12	8	记	11	购买制服呢		2720000					贷	6148000
12	8	记	13	购买大衣呢		1700000					贷	4448000

(二) 生产成本明细账的登记与示例

生产成本按成本核算对象设置明细账,在明细账中按借方以成本构成项目设置专栏,不再设置贷方及余额栏。

1. 生产成本明细分类账的登记方法

生产成本明细分类账一般应根据记账凭证登记。对于发生的应记入“生产成本”账户借方的直接成本,以及分配转入的制造费用,登记时首先根据其费用性质记入相应的成本构成项目栏,再计算出记入本行各成本项目栏的金额合计数,填入“合计”栏。应特别注意“合计”栏填入的仅是本行成本构成项目栏合计数,上、下行之间数据不累加。

月末,计算并结转完工产品成本,应计入生产成本明细账的贷方。由于生产成本未设有贷方金额栏,登记时用红字在各成本构成项目栏中登记应结转出的金额,并计算出结转的生产成本总额,记入合计栏。

2. 生产成本明细分类账的登记示例

根据项目一习题中的实训资料,按以上方法登记的生产成本明细账示例如表3-6所示。

表 3－6　明细分类账(四)

管理费用　明细分类账

总第 1 页
连续第　　页

科目名称：________

2×15 年		凭　证		摘　要	合　计	借方金额			
						办公费	职工薪酬	房屋租赁费	差旅费
月	日	字	号		百十万千百十元角分	百十万千百十元角分	百十万千百十元角分	百十万千百十元角分	百十万千百十元角分
12	9	记	19	支付广告费	300000	300000			
12	9	记	20	张维报差旅费	72000				72000
12	16	记	37	支付电话费	100000	100000			
12	19	记	39	支付报刊费	160000	160000			
12	22	记	40	李红报差旅费	170000				170000
12	30	记	44	支付电话费		300000			

(三) 普通多栏账的登记

普通多栏账一般根据记账凭证逐笔登记。在实际工作中，普通多栏账有以下两种格式：

1. 设置借方或贷方专栏

根据账户性质，普通多栏账可以设置借方专栏，如“制造费用”、“主营业务成本”及“管理费用”等成本、费用类账户，由于其账户贷方发生额每月很少，发生时以红字登记在借方；也可以设置贷方专栏，如“主营业务收入”、“其他业务收入”等收入账户，由于其账户借方发生额每月很少，发生时以红字登记在贷方。

这种多栏账的登记方法，一般应根据记账凭证逐笔登记各项内容。登记时应注意以下几点：

(1) 登记方向与栏目设置方向相反时，用红字记入。

(2) 起始栏应设为“合计”栏，用以登记本行各栏合计数。登记时一方面要记入具体的项目专栏；另一方面要计算本行记入各专栏的金额合计数，记入“合计”栏。

此种格式的多栏账的特点是登账工作较简化，但不能直接反映账户当前余额。按以上方法登记的多栏账示例如表 3－7 所示。

表 3－7　明细分类账(五)

管理费用　明细分类账

总第 1 页
连续第　　页

称目名称：________

2×15 年		凭　证		摘　要	合　计	借方金额			
						办公费	职工薪酬	房屋租赁费	差旅费
月	日	字	号		百十万千百十元角分	百十万千百十元角分	百十万千百十元角分	百十万千百十元角分	百十万千百十元角分
12	9	记	19	支付广告费	300000	300000			
12	9	记	20	张维报差旅费	72000				72000
12	16	记	37	支付电话费	100000	100000			
12	19	记	39	支付报刊费	160000	160000			
12	22	记	40	李红报差旅费	170000				170000

2. 在设置借方、贷方、余额栏基础上，再设专栏对当前余额构成项目进行分析

这种多栏账的登记一般应根据记账凭证，先按三栏式账簿的登记方法逐笔登记账页中借、贷、余栏目,再在相应专栏中反映当前余额的构成情况。

这种格式的多栏账的特点是能随时反映账户借方金额构成情况,但登账的工作量较大。按以上方法登记的多栏账示例如表3-8所示。

表3-8 明细分类账(六)

管理费用 明细分类账

总第 1 页
连续第 页

科目名称:________

2×15年		凭证		摘要	合计	借方金额			
						办公费	职工薪酬	房屋租赁费	差旅费
月	日	字	号		百十万千百十元角分	百十万千百十元角分	百十万千百十元角分	百十万千百十元角分	百十万千百十元角分
12	9	记	19	支付广告费	300000	300000			
12	9	记	20	张维报差旅费	72000				72000
12	16	记	37	支付电话费	100000	100000			
12	19	记	39	支付报刊费	160000	160000			
12	22	记	40	李红报差旅费	170000				170000
12	30	记	44	支付电话费		300000			

任务五 账务处理程序与总分类账的登记

【工作情景】

日记账、明细账都登记完毕了,小李长出了一口气。小李想,这样一来,账簿登记工作就剩下总分类账的登记了。总分类账的登记是根据什么标准或者凭据进行的呢?在登记总分类账之前,都应该做哪些基础工作呢?

【学习目标】

1. 明确账务处理程序的概念与种类。
2. 掌握记账凭证账务处理程序与总分类账登记方法。
3. 掌握汇总记账凭证账务处理程序与总分类账登记方法。
4. 掌握科目汇总表账务处理程序与总分类账登记方法。

一、账务处理程序的概念与分类

账务处理程序又称会计核算组织程序或会计核算形式,是指会计凭证、会计账簿、财务报表相结合的方式。该程序包括会计凭证和账簿的种类、格式,会计凭证与账簿之间的联系方法,由原始凭证到编制记账凭证,再到登记明细分类账和总分类账,以及编制财务报表的工作程序和方法。

各种账务处理程序的基本账务处理流程是相同的,其主要区别在于登记总分类账的方法和程序有所不同。适应其登记总分类账的方法和程序,在凭证和账簿的种类和格式上也各有其特定要求。

目前,我国常用的账务处理程序有以下5种:记账凭证账务处理程序、汇总记账凭证账务处理程序、科目汇总表账务处理程序、日记总账账务处理程序、多栏式日记账账务处理程序。

本书主要介绍前3种账务处理程序。

二、记账凭证账务处理程序与总分类账登记

(一) 记账凭证账务处理程序

记账凭证账务处理程序是直接根据记账凭证逐笔登记总分类账的一种账务处理程序。

记账凭证账务处理程序对记账凭证和账簿的种类和格式无特定要求。记账凭证可以采用统一的通用格式，也可以分成收、付、转3类；账簿须设置总分类账、现金日记账、银行存款日记账和明细分类账；总账和日记账均可用三栏式，明细分类账根据需要，可采用三栏式、数量金额式或多栏式。

记账凭证账务处理程序的特点是直接根据记账凭证逐笔登记总分类账。

其账务处理流程如下：

(1) 根据原始凭证编制汇总原始凭证。

(2) 根据原始凭证或汇总原始凭证编制收款凭证、付款凭证和转账凭证。如果企业业务较少，也可编制通用记账凭证。

(3) 根据收款凭证、付款凭证逐笔登记现金日记账和银行存款日记账。

(4) 根据原始凭证、汇总原始凭证和记账凭证登记各种明细分类账。

(5) 直接根据记账凭证逐笔登记总分类账。

(6) 期末，将现金日记账、银行存款日记账和明细分类账的记录与有关总分类账的记录核对相符。

(7) 期末，根据总分类账和明细分类账的记录编制财务会计报告。

记账凭证账务处理的一般步骤如图3-2所示。

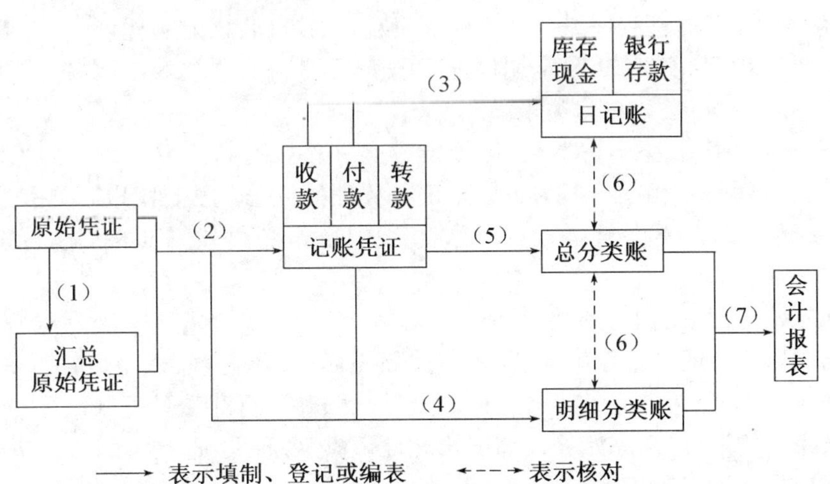

图3-2　记账凭证账务处理的一般步骤

记账凭证账务处理程序是会计核算中最基本的账务处理程序，其他几种账务处理程序都是以它为基础，根据经济管理的需要发展演变而成的。

记账凭证账务处理程序简单明了，易于理解，直接根据记账凭证登记总分类账，便于操作，在总分类账中能详细反映经济业务的内容，体现了账务处理程序的基本原理。其不足之处在

于直接根据记账凭证逐笔登记总分类账,重复了日记账和明细账的记账内容,工作量较大,不便于对会计工作进行分工。因而这种账务处理程序一般只适用于规模较小、经济业务简单、业务量少的单位。

(二) 总分类账的登记

当企业采用记账凭证账务处理程序时,直接根据记账凭证登记总分类账。根据项目一习题中的实训资料,按照上述方法登记库存现金总分类账如表 3-9 所示。

表 3-9 总分类账(一)

总分类账

会计科目及编号:库存现金 1001 第1页

2×15年		凭证		摘要	对应科目	借方											贷方											余额											✓
月	日	字	号			亿	千	百	十	万	千	百	十	元	角	分	亿	千	百	十	万	千	百	十	元	角	分	亿	千	百	十	万	千	百	十	元	角	分	
12	1			期初余额																												6	1	3	7	0	0	0	
	4	记	05	提取备用金	银行存款					1	4	3	7	2	0	0																7	3	7	4	2	0	0	
	15	记	22	报销差旅费	其他应收款							2	0	0	0	0																7	5	5	4	2	0	0	
	22	记	32	报销医药费	应付职工薪酬																		7	2	0	0	0					7	5	2	2	2	0	0	

三、汇总记账凭证账务处理程序与总分类账登记

(一) 汇总记账凭证账务处理程序

汇总记账凭证账务处理程序是根据记账凭证定期编制汇总记账凭证,并据以登记总分类账的一种账务处理程序。其特点是定期根据记账凭证编制汇总收款、汇总付款和汇总转账凭证,并根据汇总记账凭证登记总分类账。

汇总记账凭证账务处理程序对会计账簿的种类和格式有特定要求,其会计账簿设置与记账凭证账务处理程序基本相同。但为了便于记账凭证的汇总,记账凭证应采用专用格式,即设置收款、付款和转账凭证,另外还需设置汇总收款凭证、汇总付款凭证和汇总转账凭证。其账务处理流程如下:

(1) 根据原始凭证编制汇总原始凭证;

(2) 根据原始凭证或汇总原始凭证,编制记账凭证;

(3) 根据收款凭证、付款凭证逐笔登记现金日记账和银行存款日记账;

(4) 根据原始凭证、汇总原始凭证和记账凭证,登记各种明细分类账;

(5) 根据记账凭证编制相关汇总记账凭证;

(6) 根据各种汇总记账凭证登记总分类账;

(7) 期末,将现金日记账、银行存款日记账和明细分类账的记录与总分类账的记录核对相符;

(8) 期末,根据总分类账和明细分类账的记录,编制财务会计报告。

汇总记账凭证账务处理程序的一般步骤如图 3-3 所示。

汇总记账凭证账务处理程序根据汇总记账凭证登记总分类账,减少了登记总分类账的工

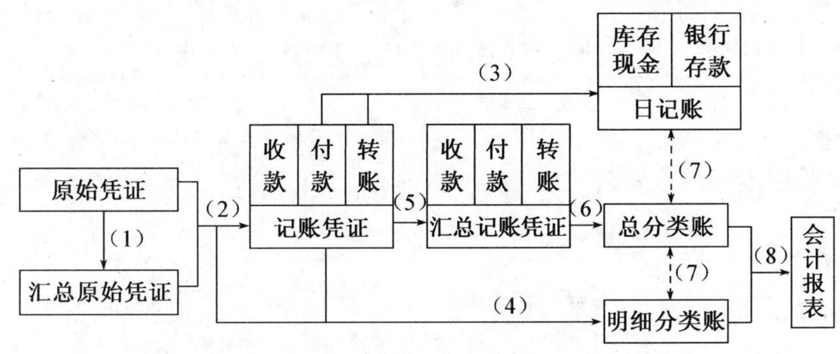

图3-3　汇总记账凭证账务处理程序的一般步骤

作量；同时，汇总记账凭证可以反映账户的对应关系，便于总账的检查和分析。但当转账凭证较多时，编制汇总记账凭证的工作量较大，收付款业务量较少的单位采用此账务处理程序起不到减少工作量的作用。因此，汇总记账凭证账务处理程序只适用于规模较大、收付款业务发生频繁的单位。

(二) 总分类账的登记

当企业采用汇总记账凭证账务处理程序时，定期根据记账凭证编制汇总记账凭证，并据以登记总分类账。

汇总记账凭证应定期编制，间隔天数可以根据单位业务量的多少而定，一般可以按每星期、每旬或每月汇总编制一次。以实训1.1中北京汇丰实业有限公司的资料为例，若该单位采用汇总记账凭证账务处理程序，按月编制汇总记账凭证，则其总分类账的登记方法如下：

1. 凭证分类

月末，总账会计对本月所有记账凭证进行分类。将凭证分为收、付、转3类，按凭证号整理无缺后，进一步将收款凭证分为现金收款凭证和银行存款收款凭证两小类，将付款凭证分为现金付款凭证和银行存款付款凭证两小类，以贷方账户相同为标准，将转账凭证划分成若干小类。

但为了便于转账凭证的分类汇总，此账务处理程序下的转账凭证只能编制一借一贷或一贷多借的会计分录。

2. 分类汇总并编制汇总记账凭证

对以上分出的各类凭证，分别根据其会计分录的特点进行汇总。

(1) 现金收款凭证：会计分录中借方账户均为“库存现金”。

(2) 银行存款收款凭证：会计分录中借方账户均为“银行存款”，因而汇总各贷方账户的发生额，“银行存款”账户的借方发生额即为各贷方账户发生额合计数。

(3) 现金付款凭证：会计分录中贷方账户均为“库存现金”，因而汇总各借方账户的发生额，“库存现金”账户的贷方发生额即为各借方账户发生额合计数。

(4) 银行存款付款凭证：会计分录中贷方账户均为“银行存款”，因而汇总各借方账户的发生额，“银行存款”账户的贷方发生额即为各借方账户发生额合计数。

(5) 转账凭证是按相同贷方账户为标准来划分类别的，因而每类转账凭证汇总时，应汇总各借方账户的发生额，贷方账户的发生额即为各借方账户发生额合计数。

下面以北京汇丰实业有限公司对本月银行收款凭证的汇总方法为例，说明汇总记账凭证的编制方法。

北京汇丰实业有限公司本月的银行存款收款凭证共有以下7张：

收01：

借：银行存款　　2 000 000

　　贷:实收资本——源发公司　　2 000 000

收02：

借：银行存款　　120 000

　　贷:预收账款——上海吉平　　120 000

收03：

借：银行存款　　123 000

　　贷:应收账款——山东凯利　　123 000

收04：

借：银行存款　　819 000

　　贷:主营业务收入——男上衣　　400 000

　　　　　　　　　——女上衣　　300 000

　　　　应交税费——应交增值税(销项税额)　　119 000

收05：

借：银行存款　　152 358

　　贷:预收账款——河南利源　　152 358

收06：

借：银行存款　　305 037

　　贷:预收账款——河南利源　　305 037

收07：

借：银行存款　　500 000

　　贷:长期借款　　500 000

汇总时,在工作底稿中只对各贷方账户开设出T型账户,并将各账户中的发生额登记入账,如表3-10所示。

表3-10　各账户的发生额

实收资本

借方	贷方
	(1)　2 000 000

预收账款

借方	贷方
	(2)　120 000
	(5)　152 358
	(6)　305 037

应收账款

借方	贷方
	(3)　123 000

主营业务收入

借方	贷方
	(4)　700 000

应交税费	
借方	贷方
	(4)　119 000

长期借款	
借方	贷方
	(7)　500 000

将工作底稿中各账户的贷方发生额进行汇总，填入汇总收款凭证中“贷方科目”栏，编制一张汇总银行存款收款凭证，如表 3－11 所示。

表 3－11　汇总收款凭证

借方科目：银行存款　1002　　　日期：2×11 年 12 月 31 日　　　编号：01

摘　要	贷方科目	金　额											记账
		亿	千	百	十	万	千	百	十	元	角	分	
1～31 日汇总	实收资本			2	0	0	0	0	0	0	0	0	
	预收账款				5	7	7	3	9	5	0	0	
	应收账款				1	2	3	0	0	0	0	0	
	主营业务收入				7	0	0	0	0	0	0	0	
	应交税费				1	1	9	0	0	0	0	0	
	长期借款				5	0	0	0	0	0	0	0	
合　计			¥	4	0	1	9	3	9	5	0	0	
附注：自01 日至31 凭证　第01 号至第07 号共 7 张													

核准：　　　复核：　　　记账：　　　制单：张明

3. 根据汇总记账凭证登记总分类账

在对汇总记账凭证审核无误后，即可据以登记总分类账。如北京汇丰实业有限公司根据以上编制出的汇总收款凭证，应先按贷方金额合计数，记入总账中“银行存款”账户的借方金额栏，并结计出余额，登记完毕后，在汇总收款凭证中的记账栏做出记账标志“√”；然后按“应收账款”账户的贷方金额，记入总额中的“应收账款”账户贷方金额栏，并结计出余额，登记完毕后，在汇总记账凭证中的记账栏做出记账标志“√”；再依此方法，直至将汇总记账凭证中所有贷方账户的发生额记入相应的总账账户。最后，由登记总账的会计人员在汇总收款凭证下方的“记账”处签名或盖章。

北京汇丰实业有限公司按上述方法登记的 12 月银行存款总分类账，如表 3－12 所示。

表 3－12　总分类账(二)

总分类账

会计科目及编号：银行存款　1002　　　第 2 页

2×15 年		凭　证		摘　要	借　方											√	贷　方											√	借或贷	余　额										
月	日	字	号		亿	千	百	十	万	千	百	十	元	角	分		亿	千	百	十	万	千	百	十	元	角	分			亿	千	百	十	万	千	百	十	元	角	分
12	01			期初余额																									借			2	1	6	1	9	2	0	0	0
	31	汇收	01	1～31 日汇总			4	0	1	9	3	9	5	0	0														借			6	1	8	1	3	1	5	0	0

四、科目汇总表账务处理程序与总分类账登记

(一) 科目汇总表账务处理程序

科目汇总表账务处理程序是根据记账凭证定期编制科目汇总表,并据以登记总分类账的一种账务处理程序。其特点是定期根据记账凭证编制科目汇总表,并据以登记总分类账。由于科目汇总表是根据记账凭证汇总编制的,所以科目汇总表又称为记账凭证汇总表,该账务处理程序又称为记账凭证汇总表账务处理程序。

科目汇总表账务处理程序对记账凭证和账簿的种类和格式无特定要求,其会计凭证、账簿设置与记账凭证账务处理程序相同,另外,须设置科目汇总表。其账务处理流程如下:

(1) 根据原始凭证编制汇总原始凭证;

(2) 根据原始凭证或汇总原始凭证,编制记账凭证;

(3) 根据收款凭证、付款凭证逐笔登记现金日记账和银行存款日记账;

(4) 根据原始凭证、汇总原始凭证和记账凭证,登记各种明细分类账;

(5) 根据记账凭证编制科目汇总表;

(6) 根据科目汇总表登记总分类账;

(7) 期末,将现金日记账、银行存款日记账和明细分类账的记录与有关总分类账账户记录核对相符;

(8) 期末,根据总分类账和明细分类账的记录,编制财务会计报告。

科目汇总表账务处理程序的一般步骤如图 3-4 所示。

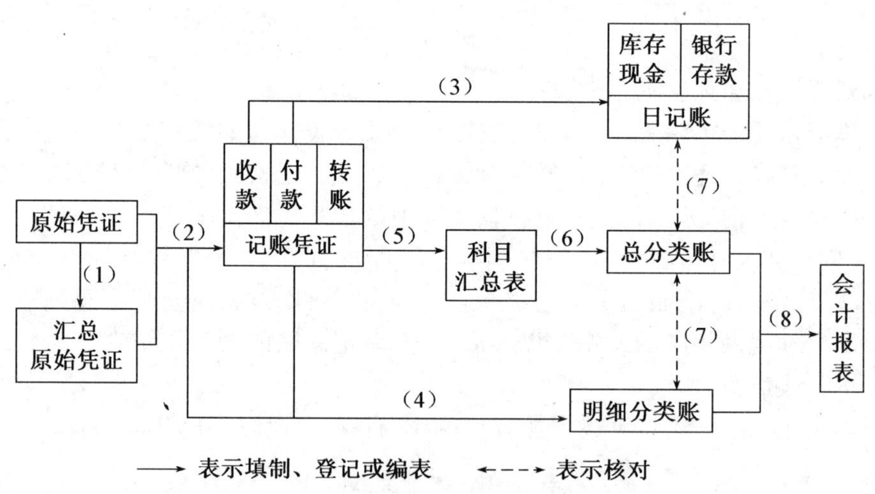

图 3-4 科目汇总表账务处理的一般步骤

采用科目汇总表账务处理程序,可以通过定期编制科目汇总表起到试算平衡的作用,根据科目汇总表登记总分类账,也可以减轻登记总账的工作量。但科目汇总表不能反映各账户间的对应关系,不便于查账和了解经济业务的内容。因而,这种账务处理程序适用于规模较大、业务量较多的单位。

(二) 总分类账的登记

当企业采用科目汇总表账务处理程序时,应定期根据记账凭证编制科目汇总表,并据以登记总分类账。

科目汇总表应定期编制，间隔天数可以根据单位的业务量的多少而定，一般可按每星期、每旬或每月汇总编制一次。以实训 1.1 中北京汇丰实业有限公司的资料为例，若该单位采用科目汇总表账务处理程序，按旬编制科目汇总表，则总分类账的登记方法如下：

（1）旬末，总账会计将本旬所有记账凭证按顺序整理后，将凭证中分录过入工作底稿中的 T 型账户，并结计每一账户的借方发生额和贷方发生额。如表 3－13 所示。

表 3－13　各账户借、贷方发生额

银行存款

借方		贷方	
(2)	2 000 000	(1)	37 100
(9)	120 000	(4)	6 000
(10)	123 000	(5)	14 372
(11)	819 000	(7)	21 765
		(12)	20 000
		(14)	350 678
	3 062 000		449 915

应交税费

借方		贷方	
(1)	5 100	(11)	119 000
(3)	102 000		
(6)	149 600		
(7)	21 765		
(12)	20 000		
	298 465		119 000

固定资产

借方		贷方	
(1)	32 000		

实收资本

借方		贷方	
		(2)	2 000 000

材料采购

借方		贷方	
(3)	930 000		
(6)	890 000		
	1 820 000		

应付票据

借方		贷方	
		(3)	1 032 000
		(6)	1 039 600
			2 071 600

其他应收款

借方		贷方	
(4)	6 000		

库存现金

借方		贷方	
(5)	14 372		

预收账款

借方		贷方	
		(9)	120 000

应收账款

借方		贷方	
		(10)	123 000

主营业务收入

借方		贷方	
		(11)	700 000

预付账款

借方		贷方	
(14)	350 678		

在将凭证分录过入工作底稿及汇总各账户发生额时，应注意以下几点：

① 必须在工作底稿中，根据记账凭证汇总各账户的借、贷方发生额，不能从相关的日记账和明细分类账抄算。

② 过账时，应根据记账凭证逐张过入工作底稿，凭证分录中涉及的会计账户，若在工作底稿中尚未开设出T型账户，则应先开设出该账户的T型账户，再记入相应发生额，若该账户在工作底稿中已开设出T型账户，则将其发生额记入相应的T型账户中。不能根据工作底稿中开设出的T型账户，在记账凭证中逐张查找该账户的发生额，以防错漏。

③ 工作底稿中只需汇总各账户的借、贷方发生额，不用结计余额。

(2) 编制科目汇总表。根据工作底稿，依次填写科目汇总表以下栏目内容：

① 日期。它是指科目汇总表中本次汇总凭证所属时间段。如北京汇丰实业有限公司按旬编制科目汇总表，此时日期应填为“2011年12月1日至2011年12月10日”，应注意不要填入本次汇总的记账凭证上实际的起止日期。

② 凭证起讫号。它是指本次汇总的记账凭证的实际起止编号，如企业上旬共计编制14张记账凭证，据以编制的科目汇总表中此处应填入“自01号起14号止”。

③ 编号。它是指该张科目汇总表在此类凭证中的顺序编号。编号时，应将科目汇总表作为一类凭证单独编号，而不能并入记账凭证中统一编号。

④ 根据工作底稿逐行填入各账户的借、贷方发生额。应注意以下几点：

第一，填写时，为了防止错漏，应按工作底稿中的账户顺序抄入，而不必调整为总账中账户的排列顺序。

第二，若本次汇总时涉及会计账户较多，在一张科目汇总表中抄写不完时，注意在未完的各张科目汇总表的最末一行“会计科目”栏处填入“小计”，在借、贷方金额栏内结计出本页各账户的借、贷方发生额合计数填入。在最后一张科目汇总表的倒数第二行“会计科目”栏中填入“小计”，在借、贷方金额栏内，结计出本页各账户的借、贷方发生额合计数填入；在最末一行“会计科目”栏处填入“合计”，将各页小计的借、贷方发生额合计数填入借、贷方发生额栏。根据试算平衡的原理，合计行的借、贷方发生额应相等，若出现合计借、贷方发生额不相等，则说明科目汇总表中一定存在错误，必须进一步检查更正，直至借、贷方发生额合计数相等。

第三，在科目汇总表最末页若有未填满的空行，无须予以注销。

⑤ 签章。签章是指编制该科目汇总表的会计人员，应在科目汇总表下方制单处签名或盖章，以明确经济责任。

北京汇丰实业有限公司按以上方法编制的上旬科目汇总表，如表3-14所示。

表 3－14　记账凭证汇总表

日期:2×15 年 12 月 01 日至 2×15 年 12 月 10 日

凭证起讫号数自 01 号起至 14 号止　　编号 01

会计科目	借方金额											✓	贷方金额											✓
	亿	千	百	十	万	千	百	十	元	角	分		亿	千	百	十	万	千	百	十	元	角	分	
银行存款			3	0	6	2	0	0	0	0	0					4	4	9	9	1	5	0	0	
应交税费				2	9	8	4	6	5	0	0					1	1	9	0	0	0	0	0	
固定资产					3	2	0	0	0	0	0													
实收资本															2	0	0	0	0	0	0	0	0	
材料采购			1	8	2	0	0	0	0	0	0													
应付票据															2	0	7	1	6	0	0	0	0	
其他应收款						6	0	0	0	0	0													
库存现金					1	4	3	7	2	0	0													
预收账款																1	2	0	0	0	0	0	0	
应收账款																1	2	3	0	0	0	0	0	
主营业务收入																7	0	0	0	0	0	0	0	
预付账款				3	5	0	6	7	8	0	0													
合　计		¥	5	5	8	3	5	1	5	0	0			¥	5	5	8	3	5	1	5	0	0	

核准:　　复核:　　记账:　　制单:张明

(3) 根据科目汇总表登记总分类账。在对科目汇总表审核无误后,即可据以登记总分类账,登账时,为了防止错漏,应按科目汇总表中科目排列顺序逐个记入总账。如北京汇丰实业有限公司根据上旬的科目汇总表,应先在总账“银行存款”账户中登记借、贷方发生额,并结计出余额,登记完毕后,在科目汇总表借、贷方记账栏中做出记账标志“√”;然后在总账“应收账款”账户中记入贷方发生额,结计出余额,并在科目汇总表记账栏做出记账标志“√”;依次类推,直至将科目汇总表中所有科目的借、贷方发生额记入相应的总账账户。最后,由登记总账的会计人员在科目汇总表下方的“记账”处签名或盖章。

企业按上述方法登记的“银行存款”总分类账,如表 3－15 所示。

表 3-15 总分类账(三)

总分类账

会计科目及编号:银行存款 1002　　　　第2页

2×15年		凭证		摘要	借方											✓	贷方											✓	借或贷	余额										
月	日	字	号		亿	千	百	十	万	千	百	十	元	角	分		亿	千	百	十	万	千	百	十	元	角	分			亿	千	百	十	万	千	百	十	元	角	分
12	01			期初余额																									借			2	1	6	1	9	2	0	0	0
	10	科汇	01	1～10日汇总			3	0	6	2	0	0	0	0	0					4	4	9	9	1	5	0	0		借			4	7	7	4	0	0	5	0	0

任务六　错账的更正方法

【工作情景】

在对已登记好的账簿进行检查的过程中,小李发现有几处错误,而且错误的情况还不尽相同。有的是借贷科目搞错了,有的是科目没有错误,只是金额存在或大于正确数据、或小于正确数据的错误。对于出现错误的这几笔账目,小李应该如何一一进行更正呢?

【学习目标】

1. 明确错账的几种常见情况及对应的更正方法。
2. 掌握划线更正法。
3. 掌握红字更正法。

如果账簿记录发生错误,必须按照规定的方法予以更正,不准涂改、挖补、刮擦或者用药水消除字迹,不准重新抄录。错账的更正方法通常有划线更正法、红字更正法、补充登记法。

一、划线更正法

划线更正法又称红线更正法。在结账前发现账簿记录有文字或数字错误,而记账凭证无误,可以采用划线更正法。

例如,12月3日,北京汇丰实业有限公司采购员李文预借差旅费6 000元,以现金支票支付,编制的记账凭证为:

借:其他应收款——李文　　　　6 000

　贷:银行存款　　　　6 000

检查账簿记录时,发现在"其他应收款——李文"明细分类账户中,借方及余额栏登记的金额为60 000元。也就是说,该笔业务的记账凭证中应借、贷账户及金额无误,但登记账簿时,出现了抄写错误,此时,应采用划线更正法进行更正。

其具体更正步骤如下:

(1) 在错误的文字或数字上划一条红线,表示注销,但必须使原有字迹仍可辨认,以备查核。

(2) 用蓝色或黑色墨水将正确的文字或数字写在划线上方。由记账人员在更正处签名或盖章，以明确责任。应注意，对于错误的数字，应当全部划红线更正，不得只更正其中的错误数字。对于文字错误，可只划去并更正错误部分。被划掉的文字或数字仍应清晰可辨，不得涂成模糊一片。

另外，在尚未登记账簿前，发现会计凭证中的文字或数字有误，原则上应重填凭证，但在会计实务中，也可采用划线更正法进行更正。

二、红字更正法

红字更正法又称红字冲账法，适用于对以下两种错误的更正：

(1) 记账后在当年内发现记账凭证中所记的会计科目错误，也包括记账方向错误，可以采用红字更正法。

其更正方法是先用红字填制一张内容与原错误记账凭证完全相同的记账凭证，以示注销原记账凭证，在摘要中写明“冲销某月某日×字第×号错误凭证”，然后再用蓝字填制一张正确的记账凭证，在“摘要”栏内写明“补记某月某日账”，并据以登记入账。也就是说，先用红字冲销错误分录，后用蓝字填制正确分录。

例如，北京汇丰实业有限公司计提固定资产折旧，在编制记账凭证时误将应属于管理费用的行政部门用固定资产折旧 5 500 元计入制造费用，并已登记入账。

原错误记账凭证如下：

借：制造费用　　　　5 500

　　贷：累计折旧　　　　5 500

发现错误时，填制一张红字金额记账凭证，并据以登记入账，冲销原错误记录(注：方框代表红字)。

借：制造费川　　　　5 500

　　贷：累计折旧　　　　5 500

再用蓝字填制一张正确的记账凭证，并据以登记入账。

借：管理费用　　　　5 500

　　贷：累计折旧　　　　5 500

以上账户更正记录，如表 3－16 表示(注：方框代表红字)：

表 3－16　账户的更正(一)

制造费用

借方		贷方
(1)	5 500	
(2)	5 500	

累计折旧

借方		贷方
	(1)	5 500
	(2)	5 500
	(3)	5 500

管理费用

借方		贷方
(3)	5 500	

(2) 记账后在当年内发现记账凭证中所记会计科目无误,也包括记账方向无误,但所记金额大于应记金额,从而引起记账错误。

其更正方法及步骤如下:

按多记的金额用红字填制一张与原记账凭证应借、应贷科目完全相同的记账凭证,以冲销多记的金额,并据以记账。该凭证中日期填写编制红字凭证的日期,按编制红字凭证时当前凭证顺序编号,在“摘要”栏中注明“冲销某月某日第×号记账凭证多记金额”,在“科目”栏中填入原错误凭证中相同科目,在“金额”栏中用红字填入原错误凭证多记的金额。

例如,承前例,假设记账凭证中会计科目、借贷方向均未发生错误,但所记录金额大于应记金额,正确金额应为5 000元。在这种情况下,更正时只要按多计的金额500元填制一张红字金额的记账凭证,据以入账。在红字凭证的“摘要”栏内注明“冲销某月某日×字第×号凭证多计金额”字样,以防重复更正。

原错误记账凭证如下:

借:制造费用　　5 500

　贷:累计折旧　　5 500

发现错误进行更正时,编制一张红字凭证如下(注:方框代表红字):

借:制造费用　　[500]

　贷:累计折旧　　[500]

以上账户更正记录,如表3-17所示(注:方框代表红字):

表3-17　账户的更正(二)

制造费用

借方		贷方
(1)	5 500	
(2)	[500]	

累计折旧

借方	贷方	
	(1)	5 500
	(2)	[500]

三、补充登记法

记账后发现记账凭证填写的会计科目无误,也包括记账方向无误,只是所记金额小于应记金额,可以采用补充登记法进行更正,即再填制一张补充少记金额的记账凭证,并将其补充入账。

其更正方法及步骤如下:

按少计的金额用蓝字填制一张记账凭证,与原记账凭证应借、应贷科目完全相同的记账凭证,以补充少计的金额,并据以记账。在该凭证的“摘要”栏内注明“补记某月某日×字第×号凭证少计金额”字样,以防重复更正。

例如,承前例,假设正确的制造费用金额应为6 000元,则只要用蓝字填制一张500(6 000—5 500)元的记账凭证并据以入账,即可将账簿错误更正。

原错误记账凭证如下:

借:制造费用　　5 500

　贷:累计折旧　　5 500

发现后进行更正时，将少计的金额补记如下：

借：制造费用　　500

　贷：累计折旧　　500

以上账户更正记录，如表 3 - 18 所示。

在采用红字更正及补充登记法更正错账时，原始凭证仍附于原错误记账凭证后，用以冲销的红字凭证和用以更正的蓝字凭证后可以不附原始凭证。

表 3 - 18　账户的更正(三)

制造费用 借方		制造费用 贷方	累计折旧 借方	累计折旧 贷方	
(1)	5 500			(1)	5 500
(2)	500			(2)	500

一、单项选择题

1. 登记账簿时，下列做法中，错误的是(　　)。
   A. 文字和数字的书写占格距的 1/2
   B. 发生的空行、空页一定要补充书写
   C. 用红字冲销错误记录
   D. 在发生的空页上注明"此页空白"
2. 在登记账簿时，每记满一页时，应(　　)。
   A. 只计算本页的发生额
   B. 只计算本页的余额
   C. 计算本页的发生额和余额，同时在"摘要"栏注明"转次页"字样
   D. 不计算本页的发生额和余额，但应在"摘要"栏注明"转次页"字样
3. 需要结计本年累计发生额的账户，结计"过次页"的合计数为(　　)。
   A. 自年初起至本日止累计数　　B. 自年初起至本页末止累计数
   C. 自月初至本页末止累计数　　D. 自本页初至本页末止累计数
4. 现金日记账(　　)结出发生额和余额，并与结存现金核对。
   A. 每月　　B. 每 15 天　　C. 每隔 3～5 天　　D. 每日
5. 现金日记账(　　)
   A. 由出纳人员登记　　B. 由会计人员登记
   C. 由会计主管登记　　D. 由非出纳人员登记
6. 现金日记账中的"日期"栏，应填写(　　)
   A. 登记现金日记账的日期　　B. 记账凭证上的日期
   C. 月末日期　　D. 原始凭证上经办人员负责批准日期

7. 原材料明细账应采用(　　)账页。

A. 多栏式　　B. 三栏式　　C. 数量金额式　　D. 横线登记式

8. 应付账款明细账采用的格式是(　　)。

A. 多栏式　　B. 三栏式　　C. 数量金额式　　D. 横线登记式

9. 生产成本明细账应采用的格式是(　　)

A. 多栏式　　B. 三栏式　　C. 数量金额式　　D. 横线登记式

10. 各种会计核算程序的主要区别在于登记(　　)的依据和方法不同。

A. 总分类账　　B. 现金日记账

C. 明细分类账　　D. 银行存款日记账

11. 最基本的账务处理程序是(　　)。

A. 记账凭证账务处理程序　　B. 汇总记账凭证账务处理程序

C. 科目汇总表账务处理程序　　D. 日记总账账务处理程序

12. (　　)的主要特点是直接根据记账凭证逐笔登记总分类账。

A. 记账凭证账务处理程序　　B. 科目汇总表账务处理程序

C. 汇总记账凭证账务处理程序　　D. 多栏式日记账务处理程序

13. 记账凭证账务处理程序一般适用于(　　)。

A. 规模较大,经济业务比较复杂的企业

B. 规模不大,但经济业务比较复杂的企业

C. 规模不大,经济业务比较简单的企业

D. 工业企业和商品流通业

14. 总分类账的登记方法取决于所采用的(　　)。

A. 账簿体系　　B. 会计凭证的类别

C. 会计科目的设置　　D. 账务处理程序(会计核算形式)

15. 在科目汇总表账务处理程序下,总分类账的记账依据是(　　)。

A. 原始凭证　　B. 记账凭证　　C. 科目汇总表　　D. 汇总记账凭证

16. 科目汇总表账务处理程序适用于(　　)。

A. 规模较小、业务较少的单位　　B. 所有单位

C. 规模较大、业务较多的单位　　D. 工业企业

17. 科目汇总表的基本编制方法是(　　)进行归类定期汇总。

A. 按照不同会计科目　　B. 按照相同会计科目

C. 按照借方会计科目　　D. 按照贷方会计科目

18. 科目汇总表的缺点是不能反映出(　　)。

A. 借方发生额　　B. 贷方发生额

C. 借方和贷方发生额　　D. 科目对应关系

19. 在汇总记账凭证账务处理程序下,总分类账的记账依据是(　　)。

A. 原始凭证　　B. 记账凭证　　C. 科目汇总表　　D. 汇总记账凭证

20. 既能减轻登记总账的工作量,又便于了解科目对应关系和核对账目的账务处理程序是(　　)。

A. 记账凭证账务处理程序　　B. 汇总记账凭证账务处理程序

C. 科目汇总表账务处理程序　　D. 日记总账账务处理程序

21. 更正错账时，划线更正法的适用范围是(　　)。

A. 记账凭证上会计科目或记账方向错误，导致账簿记录错误

B. 记账凭证正确，在记账时发生错误，导致账簿记录错误

C. 记账凭证上会计科目或记账方向正确，所记金额大于应记金额，导致账簿记录错误

D. 记账凭证上会计科目或记账方向正确，所记金额小于应记金额，导致账簿记录错误

22. 记账以后，发现记账凭证中科目正确，但所记金额小于应记的金额，应采用(　　)进行更正。

A. 红字更正法　B. 平行登记法　C. 补充登记法　D. 划线更正法

23. 某企业 7 月份“以银行存款支付前欠货款 10 000 元”，会计人员依据有关原始凭证填制了记账凭证：“借：应收账款 10 000 元，贷：银行存款 10 000 元”。记账凭证经审核后登记入账。年末，在进行往来账清查时发现了错误，会计人员应采取的更正方法是(　　)。

A. 补充登记法　　B. 红字更正法

C. 划线更正法　　D. 重新编制一张记账凭证

24. 会计人员在结账前发现，过账时误将 3 000 元记为 30 000 元，而记账凭证正确。对于这一错误，应采用的更正方法是(　　)

A. 划线更正法　　B. 红字更正法

C. 补充登记法　　D. 任选一种更正方法

二、多项选择题

1. 下列符合会计账簿登记的基本要求的是(　　)。

A. 文字和数字的书写应占格距的 1/3

B. 不得使用圆珠笔书写

C. 应连续登记，不得跳行、隔页

D. 无余额的账户，在“借或贷”栏内写“平”

2. 下列账簿记录中，可以使用红色墨水的有(　　)。

A. 在不设借或贷等的多栏账的账页中，登记减少数

B. 在三栏账余额栏前，如未印明余额方向的，在“余额”栏内登记负数余额

C. 按红字冲账的记账凭证，冲销错误记录

D. 登记期初余额

3. 记账时不得跳行、隔页，如果发生跳行、隔页时，应采取的处理方法是(　　)。

A. 应将空行、空页用红对角线划销

B. 不需做任何处理

C. 应注明“此行空白”、“此页空白”

D. 应由记账人员和会计机构负责人签章

4. 下列各项属于登记账簿规划的是(　　)。

A. 账簿书写的文字和数字上面要留适当空距，一般应占格距的 1/2

B. 登记账簿要用圆珠笔、蓝黑或黑色墨水书写

C. 各种账簿按页次连续登记，不得跳行、隔页

D. 登记账簿换页时应注明“过次页”、“承前页”字样

5. 出纳人员可以登记和保管的账簿是(　　)。

A. 现金日记账　　B. 银行存款日记账

C. 现金总账　　D. 银行存款总账

6. 关于银行存款日记账的登记方法,下列说法中正确的是(　　)。

A. 由会计负责登记

B. 按时间先后顺序逐日逐笔进行登记

C. 每日结出存款余额

D. 月终计算出全月收入、支出的合计数

7. 现金日记账和银行存款日记账(　　)。

A. 一般采用订本式账簿和三栏式账页

B. 由出纳人员登记

C. 根据审核后的收、付款记账凭证登记

D. 逐日逐笔序时登记

8. 现金日记账的登记依据有(　　)。

A. 银行存款收款凭证　　B. 现金收款凭证

C. 现金付款凭证　　D. 银行存款付款凭证

9. 银行存款日记账的登记依据有(　　)。

A. 银行存款收支的原始凭证　　B. 银行存款收款凭证

C. 银行存款付款凭证　　D. 现金付款凭证

10. 在实际工作中,常用的账务处理程序有(　　)。

A. 日记总账账务处理程序　　B. 记账凭证账务处理程序

C. 科目汇总表账务处理程序　　D. 汇总记账凭证账务处理程序

11. 记账凭证核算组织程序的优点有(　　)。

A. 在记账凭证上能够清晰地反映账户之间的对应关系

B. 在总分类账上能够比较详细地反映经济业务的发生情况

C. 方法易于掌握

D. 可以减轻总分类账登记的工作量

12. 记账凭证账务处理程序与汇总记账凭证账务处理程序的区别有(　　)。

A. 原始凭证的种类不同　　B. 记账凭证的种类不同

C. 明细账簿的记账依据不同　　D. 总账的记账依据不同

13. 科目汇总表账务处理程序的优点是(　　)。

A. 总账详细反映经济业务的发生情况　　B. 可以起到试算平衡

C. 便于了解账户之间的对应关系　　D. 减轻登记总账的工作量

14. 各种账务处理程序的相同之处有(　　)。

A. 根据原始凭证编制记账凭证

B. 根据原始凭证和记账凭证登记明细账

C. 根据记账凭证登记总分类账

D. 根据总分类账和明细分类账编制会计报表

15. 下列可以作为登记总账直接依据的有(　　)。

A. 原始凭证　　B. 记账凭证　　C. 科目汇总表　　D. 汇总记账凭证

16. 记账后，发现记账凭证中的金额有错误，导致账簿记录错误，不能采用的错账更正方法是(　　)。

A. 划线更正法　　B. 红字更正法　　C. 补充登记法　　D. 重新抄写法

17. 红字更正法通常适用的情况是(　　)。

A. 记账后在当年内发现记账凭证所记的会计科目错误

B. 发现上一年度的记账凭证所记的会计科目错误

C. 记账后发现会计科目无误而所记金额大于应记金额

D. 记账后发现会计科目无误而所记金额小于应记金额

18. 生产车间生产产品领用原材料 5 000 元，填制记账凭证时，将金额误记为 50 000 元，科目没有错，并已登记入账。当年更正此种错误时(　　)。

A. 应用红字更正法

B. 应用补充登记法

C. 红字凭证的分录为(注：方框代表红字)：

借：生产成本　　[45 000]

　　贷：原材料　　[45 000]

D. 补记凭证的分录为：

借：生产成本　　45 000

　　贷：原材料　　45 000

19. 下列各种工作的错误，应当用红字更正法予以更正的是(　　)。

A. 在登记账簿时将 256 元误记为 265 元，记账凭证正确无误

B. 在填制记账凭证时，误将“应收账款”科目填为“应付账款”，并已登记入账。

C. 在填制记账凭证时，误将 3 000 元填作 300 元，尚未入账

D. 记账凭证中的借贷方向用错，并已入账

20. 采用划线更正法，其要点有(　　)

A. 在错误的文字或数字(整个数字)上划一条红线注销

B. 在错误的文字或数字上划一条蓝线注销

C. 将正确的文字或数字写在错误的文字或数字上面

D. 更正人在划线的一端盖章

三、判断题

1. 记账时，既可用蓝黑墨水笔、碳素墨水笔书写，也可用圆珠笔或铅笔书写，但不得使用红色水笔书写。(　　)

2. 记账凭证和会计账簿发生笔误时，均可采用划线更正法进行更正。(　　)

3. 年度终了结账时，对于有余额的账户，必须编制转账凭证将其余额结转下年。(　　)

4. 设置和登记会计账簿是编制财务会计报告的基础，是连接会计凭证和财务会计报告的中间环节。(　　)

5. 为了满足内部牵制原则，实行钱、账分管，通常由出纳人员根据收、付款凭证进行现金收支；然后由会计人员登记三栏式现金日记账。(　　)

6.银行存款日记账既是序时账又是订本式账簿。 ( )

7.明细账都是根据记账凭证逐笔登记的。 ( )

8.银行存款日记账是一种明细账。 ( )

9.原始凭证不能用来登记明细账。 ( )

10.采用科目汇总表账务处理程序,既可以减轻登记总分类账的工作量,也可以做到试算平衡。 ( )

11.科目汇总表不仅可以起到试算平衡的作用,而且可以反映账户之间的对应关系。 ( )

12.科目汇总表账务处理程序的主要特点是定期地将所有记账凭证汇总编制汇总记账凭证,再根据汇总记账凭证登记总分类账。 ( )

13.科目汇总表中,所有科目本期借方发生额合计与所有科目本期贷方发生额合计应该相等,这是由借贷记账法的记账规则决定的。 ( )

14.采用科目汇总表账务处理程序,各种账簿都应根据科目汇总表登记。 ( )

15.各种账务处理程序之间的区别在于登记总分类账的依据和方法不同。 ( )

16.汇总记账凭证账务处理程序的优点之一是汇总记账凭证反映了科目之间的对应关系。 ( )

17.采用汇总记账凭证账务处理程序增加了填制汇总记账凭证的工作量,增加了总账的登记工作量。 ( )

18.汇总记账凭证包括汇总收款凭证、汇总付款凭证和汇总转账凭证。 ( )

19.记账后,如发现记账凭证中应借、应贷科目正确,但所记金额大于应记金额,可采用补充登记法进行更正。 ( )

20.采用划线更正法时,对错误的文字和数字,可以只划去错误的部分进行改正。 ( )

四、实训题

根据项目一习题中的实训资料进行以下练习:

1.练习现金日记账及银行存款日记账的登记。

要求:登记现金日记账及银行存款日记账。

2.练习明细分类账的登记。

要求:根据项目一习题中的实训资料编制记账凭证,并登记相应明细分类账。

3.练习记账凭证账务处理程序的操作。

要求:根据项目一习题中的实训资料编制记账凭证,采用记账凭证账务处理程序登记总账。

4.练习科目汇总表账务处理程序的操作。

要求:根据项目一习题中的实训资料编制记账凭证,编制科目汇总表,根据科目汇总表登记总账。

项目四　期末业务

【工作情景】

到了期末，在把前期工作做完的基础上，小李准备进行期末的业务处理。小李知道，期末业务是根据会计假设、会计准则、会计制度以及成本核算方法的要求，对账项进行的调整及结转。这部分内容易出现错漏，并且更加依赖于会计人员的职业判断。所以，小李做了详细的计划，分成3个步骤来进行：① 期末账项的调整；② 对账；③ 结账。

【学习目标】

1. 掌握期末账项的调整方法。
2. 掌握对账的方法。
3. 掌握结账的方法。

小李知道，在把日常各项业务登记入账以后，期末需要对相关资料做进一步的处理。首先，要根据权责发生制做账项的调整，包括：① 需要采用折旧、摊销等方法分摊本月应负担的支出项目；② 分摊实现的已记账收入；③ 计提相关税费；④ 计提已取得但尚未记账的收入。其次，在年末，还需要做年末账项的调整，包括根据企业会计制度的规定和成本计算的要求计算并结转成本及损益，确定本期财务成果并进行利润分配。再次，对账簿记录进行检查和核对，做到账证相符、账账相符和账实相符。最后，在把本期所发生的经济业务全部登记入账并核对无误的基础上，按规定结账，并把余额结转至下期或者转入新账。

任务一　期末账务处理

【工作情景】

月末，小李准备对相关账户进行期末调整。这包括两部分内容：① 月末账项的调整；② 年末账项的调整（在年末）。因为在日常工作中，只是根据原始凭证做出相应的账务处理，但是有一些会计要素的变化并没有原始凭证，所以小李把企业的会计资料都拿出来，准备做期末账务处理。

【学习目标】

1. 掌握期末账项的调整。
2. 能够计算成本并结转。
3. 能够结转损益。
4. 能够进行利润分配。
5. 能够结转年末账项。

会计核算的重要前提是以实际发生的经济业务为依据，需要根据经济业务发生或完成时取得或填制的原始凭证来填制记账凭证，并据以登记会计账簿。但在实务中，相当一部分会计要素发生变化的结果并没有原始凭证来揭示,而是需要我们在期末对一些数据以会计假设、会计准则、会计制度等专业理论为依据,凭自己的职业水平来判断并进行期末处理,以将企业日常经济活动发生的会计事项所引起的会计要素变化的结果加以揭示。

一、月末业务处理

(一) 期末账项调整

日常处理的经济业务有些是按实收实付处理的,但是按照《企业会计准则》的规定,应该按照权责发生制的原则来反映财务成果,所以在月末需要对有些账户进行调整。需要调整的项目有如下几个方面:

1. 已记账支出的分摊处理

企业发生的各项支出有的只在本期受益,有的在多个会计期间受益,所以本期受益的支出应直接记入本期损益账户,在多个会计期间受益的支出,则先根据受益期的长短分别记入"固定资产"、"无形资产"、"长期待摊费用"等账户,在期末再采用一定的方法计算出本期应分摊的支出,采用折旧、摊销等方法记入本期损益。

如项目一:实训1.1中的北京汇丰实业有限公司,期末应分摊的已记账的支出包括以下两项:

(1) 固定资产折旧。根据本期固定资产折旧资料,编制如下记账凭证并据以登记入账:

借:制造费用——折旧费　　2 500

　　贷:累计折旧　　2 500

(2) 长期待摊费用。根据相关账证,本期应摊销租入行政办公用房屋和车间的装修费用,编制如下记账凭证并据以登记入账:

借:制造费用　　8 000

　　管理费用　　2 000

　　贷:长期待摊费用——装修费　　10 000

2. 已记账收入的分摊处理

企业在销售商品或提供劳务时可能采取预收账款的方式提前收取款项,在月末,如果这笔交易未完成或未全部完成,需要按照本期已完成的销售比例,把当期已实现的部分作为当期的收入,并调整预收账款的金额。

如蓝天实业公司月初与某客户签订了一个为期两个月的产品返修合同,每月收取修理费3 000元,并预收全部价款6 000元,则在收到修理费时应编制如下记账凭证并据以登记入账:

借:银行存款　　6 000

　　贷:预收账款　　6 000

月末,应将本月已实现的修理费转入当期收入,编制如下记账凭证并登记入账:

借:预收账款　　3 000

　　贷:主营业务收入　　2 564.10

　　　　应交税费——应交增值税(销项税额)　　435.9

3. 尚未记账的应负担费用的处理

在期末,企业要把本月已经发生但因尚未支付而未登记入账的费用,如借款利息、职工薪酬、某些应交税费等采用计提等方式计入当期损益。

如项目一：实训 1.1 中的北京汇丰实业有限公司，期末应计提的本期应负担但尚未记账的费用有以下几项：

(1) 计提各项借款利息。根据企业长期借款的金额、利率、期限计算本期应负担的借款利息为 1 100 元，则应编制如下记账凭证：

借：财务费用——利息支出　　1 100
　贷：应付利息　　1 100

(2) 提取应付职工薪酬。

① 根据工资结算资料，计算出本月应付工资，并按受益对象进行分配，应编制如下记账凭证并据以登记入账：

借：生产成本——男上衣　　250 000
　　　　　——女上衣　　250 000
　制造费用——工资　　50 000
　销售费用——工资　　10 000
　管理费用——工资　　20 000
　贷：应付职工薪酬——工资　　580 000

② 根据相关规定，企业应按工资总额的一定比例计提保险费、工会经费、职工教育经费等。如项目一：实训 1.1 中的北京汇丰实业有限公司，按职工工资总额的 2%计提福利，应编制如下记账凭证并据以登记入账：

借：生产成本——男上衣　　5 000
　　　　　——女上衣　　5 000
　制造费用——职工福利费　　1 000
　销售费用——职工福利费　　200
　管理费用——职工福利费　　400
　贷：应付职工薪酬——职工福利费　　1 600

(3) 计提相关税费。由于税收申报和缴纳程序的影响，企业期末会有本月应缴但尚未入账的相关税金，应予以计提并登记入账。

① 计算本期应缴的消费税。如蓝天实业公司本月 A 产品销售收入为 70 000 元，适用的消费税税率为 5%，计算出本月应交消费税额为 3 500 元，应编制如下记账凭证并登记入账：

借：营业税金及附加　　3 500
　贷：应交税费——应交消费税　　3 500

② 计算本期应缴的城市维护建设税及教育费附加。如项目一：实训 1.1 中的北京汇丰实业有限公司，本月应交增值税为 580 574 元，按本企业适用 7%的税率计算出应缴的城建税为 40 640.2 元，按适用 3%的税率计算出应缴的教育费附加为 17 417.2 元，应编制如下记账凭证并据以登记入账：

借：营业税金及附加——城建税　　40 640.2
　　　　　　　　——教育费附加　　17 417.2
　贷：应交税费——应交城建税　　40 640.2
　　　　　　——应交教育费附加　　17 417.2

4. 尚未记账的已记收入的处理

本期内已实现但因款项未收而未登记入账的收入,企业在期末应予以计提并登记入账。如蓝天实业公司在月初按面值购买了20 000元的企业债券作为长期投资,该债券期限为4年,票面利率为6%,到期一次还本付息,则企业在持有该债券1个月后,应取得100元债券利息收入。期末,应编制如下记账凭证并据以登记入账:

借:持有至到期投资　　100

　贷:投资收益　　100

(二) 成本的计算及结转

1. 计算并结转材料采购成本

对于企业来讲,当企业材料采购业务不多时,可以在日常工作中逐笔计算并结转材料采购成本。当企业采购业务较多时,平时只根据收料单原始凭证登记原材料的明细分类账,以反映原材料的增减变化,而不编制有关材料采购成本的记账凭证。定期根据收料单汇总编制材料收入汇总表,并据以编制结转材料采购成本的记账凭证,再根据审核无误的记账凭证登记材料采购明细分类账,并采用一定的方法和程序登记原材料和材料采购总分类账。

如项目一:实训1-1中的北京汇丰实业有限公司,在日常核算中只根据入库单登记原材料明细账,月末根据本月入库单汇总编制材料收入汇总表,如下表4-1、表4-2所示。

表4-1　材料收入汇总表(一)

元

对应科目	大衣呢			制服呢			合　计
	数量	单价	金额	数量	单价	金额	
材料采购	10 000	101	1 010 000	10 000	81	810 000	1 820 000

表4-2　材料收入汇总表(二)

元

对应科目	涤棉卡呢			纯棉纶布			合　计
	数量	单价	金额	数量	单价	金额	
材料采购	5 000	101	505 000	5 000	121	605 000	1 110 000

根据以上两个材料收入汇总表,编制如下记账凭证:

借:原材料——大衣呢　　1 010 000

　　　　——涤棉卡呢　　505 000

　　　　——制服呢　　810 000

　　　　——纯棉纶布　　605 000

　贷:材料采购　　2 930 000

2. 计算并结转发出材料成本

当企业材料发出业务较少时,可以根据领料单等编制发出材料成本的记账凭证,并据以登记相关明细分类账和总分类账。当企业材料发出业务较多时,平时根据领料单登记原材料的明细分类账,不编制结转成本的记账凭证,定期或期末编制发出材料汇总表,编制发出材料成本的记账凭证,再根据审计无误的记账凭证登记相关成本费用的明细分类账,并采用一定的方法和程序登记原材料及相关成本费用的总分类账。

如项目一：实训 1－1 中的北京汇丰实业有限公司，在日常核算中只根据入库单登记原材料明细分类账，月末，根据本月领料单汇总编制材料发出汇总表，如下表 4－3 至表 4－5 所示。

表 4－3　发出材料汇总表(一)　　元

部门及用途		甲材料			乙材料			合　计
		数量	单价	金额	数量	单价	金额	
生产车间	男上衣							
	女上衣							
一般耗用		1 600	5	8 000	1 600	10	16 000	24 000
销售部门								
管理部门					500	10	5 000	5 000
材料销售								
合　计		1 600		8 000	2 100		21 000	29 000

表 4－4　发出材料汇总表(二)　　元

部门及用途		大衣呢			制服呢			合　计
		数量	单价	金额	数量	单价	金额	
生产车间	男上衣	5 000	100	500 000	6 000	80	480 000	980 000
	女上衣	5 000	100	500 000	4 000	80	320 000	820 000
一般耗用								
销售部门								
管理部门								
材料销售		500	120	60 000	125	160	20 000	80 000
合　计		10 500		1 060 000	10 125		820 000	1 880 000

表 4－5　发出材料汇总表(三)　　元

部门及用途		涤棉卡叽			纯棉纶布			合　计
		数量	单价	金额	数量	单价	金额	
生产车间	男上衣	5 000	100	500 000				500 000
	女上衣				5 000	120	600 000	600 000
一般耗用								
销售部门								
管理部门								
材料销售								
合　计		5 000	100	500 000	5 000		600 000	1 100 000

借：生产成本——男上衣　　　　1 480 000

　　　　　　——女上衣　　　　1 420 000

制造费用——辅助材料 24 000
管理费用——其他 5 000
其他业务成本——制服呢 10 000
——大衣呢 50 000
贷:原材料——大衣呢 1 000 000
——涤棉卡呢 500 000
——制服呢 800 000
——纯棉纶布 600 000
——甲材料 8 000
——乙材料 21 000

3.计算并结转本期完工产品生产成本

(1) 分配本期制造费用。归集的制造费用可以按生产工时、机器工时、生产工人工资、年度计划分配率等方法进行分配。如项目一:实训1.1中的北京汇丰实业有限公司,本月共发生的制造费用为110 000元,按生产工时的比例在男、女上衣之间进行分配,其中,男上衣本月耗用生产工时为4 000工时,女上衣本月耗用生产工时为6 000工时,计算出男上衣应负担44 000元,女上衣应负担66 000元。根据制造费用分配表,应编制如下记账凭证并据以登记入账:

借:生产成本——男上衣 44 000
——女上衣 66 000
贷:制造费用 110 000

(2) 计算并结转本月完工产品成本。根据产品成本计算单计算本月完工产品成本,编制完工产品成本的记账凭证并据以登记入账。需要说明的是,产品的生产成本一般在月末才能计算出来,所以,平时只根据产品的入库单在库存商品明细分类账中登记数量,待月末计算出产品成本时,再在库存商品明细分类账中填写出入库的单价和金额。如项目一:实训1.1中的北京汇丰实业有限公司,男上衣入库5 800件,单位成本为346.88元,归集的总成本为2 011 925元;女上衣入库5 000件,单位成本354.20元,归集的总成本为1 771 000元。根据产品成本计算表,应编制如下记账凭证并据以登记入账:

借:库存商品——男上衣 2 011 925
——女上衣 1 771 000
贷:生产成本——男上衣 2 011 925
——女上衣 1 771 000

4.计算并结转本期销售产品成本

根据本期销售产品的出库单以及库存商品明细分类账,计算本期销售产品的实际生产成本,并将其结转入"主营业务成本"账户。如项目一:实训1.1中的北京汇丰实业有限公司,根据销售产品出库单汇总本期共销售男上衣6 100件,单位成本为343.86元,销售总成本为2 097 518.45元;销售女上衣5 200件,单位成本为350.19元,销售总成本为1 820 962.96元。应根据计算结果编制如下记账凭证并据以登记入账:

借:主营业务成本——男上衣 2 097 518.45
——女上衣 1 820 962.96
贷:库存商品——男上衣 2 097 518.45

——女上衣　　1 820 962.96

(三) 结转损益并计算本期财务成果

根据相关规定,企业应分期结转并计算当期损益,具体步骤如下:

(1) 将本期取得的各项收入结转到"本年利润"账户。如项目一中,北京汇丰实业有限公司,结转本期收入时编制如下记账凭证:

借:主营业务收入　　6 170 000

　其他业务收入　　68 376

　贷:本年利润　　6 238 376

(2) 将本期发生的费用结转到"本年利润"账户。如项目一中,北京汇丰实业有限公司,结转本期费用时编制如下记账凭证:

借:本年利润　　4 100 488.81

　贷:主营业务成本　　3 918 481.41

　　其他业务成本　　60 000

　　营业税金及附加　　58 057.4

　　销售费用　　28 600

　　管理费用　　22 900

　　财务费用　　11 100

　　营业外支出　　1 350

(3) 计算并结转企业所得税。在期末根据本期的利润总额,按本企业适用的所得税税率计算并结转本月应交所得税。

本期利润总额=6 238 376-4 100 488.81=2 137 887.19(元)

企业所得税按年计征,分月或者分季预缴,年终汇算清缴,多退少补。企业所得税的纳税年度自公历1月1日起至12月31日止。如项目一:实训1.1中的北京汇丰实业有限公司,本月利润总额为2 137 887.19元,适用的所得税率为25%,则本月应交所得税为534 471.8元,应根据计算结果编制如下记账凭证:

借:所得税费用　　534 471.8

　贷:应交税费——应交所得税　　534 471.8

借:本年利润　　534 471.8

　贷:所得税费用　　534 471.8

本期净利润=2 137 887.19-534 471.8=1 603 415.39(元)

二、年末业务处理

(一) 分配利润

企业在计算出税后净利润以后,根据相关法规制度的规定以及投资者的决议进行利润分配,在利润分配时根据利润分配的情况编制记账凭证并据以登记入账。公司制企业的分配利润根据有关法律规定按净利润(全年的净利润)的10%提取;其他企业可以根据需要确定提取的比例,但至少应按10%提取。企业提取的法定盈余公积累计额达到注册资本50%以上的可以不再提取。要注意的是,在利润分配中,是按本年净利润进行分配,如项目一:实训1.1中的北京汇丰实业有限公司,在本期期末进行利润分配时,本年净利润=12月月初本年利润账户余额+12月份的净利润=513 888+1 603 415.39=2 117 303.39元,应编制如下记账凭证并据以登记入账:

1. 按本年净利润的10%计提法定盈余公积

借:利润分配——提取法定盈余公积　　211 730.34

　贷:盈余公积——法定盈余公积　　211 730.34

2. 将本年净利润的50%按期初投资比例分配给投资者

借:利润分配——应付现金股利　　1 058 651.7

　贷:应付股利——开明公司　　529 325.85

　　　　　——郑开公司　　338 768.54

　　　　　——张法明　　190 557.31

(二) 结转年末账项

企业在每个会计年度结束时,应将"本年利润"账户的余额结转到"利润分配——未分配利润"账户中。在进行本年利润分配之后,把"利润分配"账户所属的各明细账户的贷方转入"利润分配——未分配利润"账户的借方。结转后,除"利润分配——未分配利润"账户有贷方余额外(亏损为借方余额),其余明细账户均无余额。如项目一:实训1.1中的北京汇丰实业有限公司,在12月月末做完以上期末账务处理后,还须结转"本年利润"及"利润分配"账户所属的各明细账户余额。结转时,应编制如下记账凭证并据以登记入账:

1. 结转"本年利润"账户的余额

借:本年利润　　2 117 303.39

　贷:利润分配——未分配利润　　2 117 303.39

2. 结转"利润分配"账户所属的各明细账户的余额

借:利润分配——未分配利润　　1 270 382.04

　贷:利润分配——提取法定盈余公积　　211 730.34

　　　　　——应付现金股利　　1 058 651.7

任务二　对　账

【工作情景】

在把所有的期末账项进行调整之后,小李并不忙于结账,因为他还需要对账。对账是指对账簿记录进行的检查和核对工作,以保证账证相符、账账相符和账实相符。会计账簿是编制会计报表的重要依据,其是否正确将直接影响会计报表的质量,因此,为了保证账簿记录的真实准确,在记账后必须做好对账工作。

【学习目标】

1. 掌握账证核对的方法。
2. 掌握账账核对的方法。
3. 掌握账实核对的方法。

在会计实际工作中,由于自然或人为的原因,往往会造成账实不符或账账不符。为了保证会计资料的真实性和准确性,应该经常对账,尤其在结账以前必须对账。所谓对账,是指在将本期发生的经济业务登记入账以后，对账簿记录所进行的核对工作。它包括账证核对、账账核对和账实核对。

一、账证核对

账证核对是指核对会计账簿（包括总账、明细账以及现金日记账、银行存款日记账）的记录与原始凭证、时间、凭证字号、内容、金额是否一致，记账方向是否相符等事项。其中，账簿与原始凭证核对，主要是对账簿记录的经济业务的真实性、合法性和合理性进行检查；账簿与记账凭证进行核对，主要是检查过账工作是否正确，即是否根据记账凭证记入相关的日记账、明细账和总分类账，记录的金额和方向是否与记账凭证上指明的金额和方向相同。这种核对通常是在日常工作中进行，如记账之后要及时检查所记账目是否正确。月末，如果对账中发现账账不符、账实不符，要将根据试算平衡等方法发现的记账错误，按一定的线索将账簿记录与会计凭证进行核对，以确保账证相符。

二、账账核对

账账核对是指在账证核对相符的基础上，对不同会计账簿之间记录的内容进行核对，做到账账相符。其具体核对的内容包括：

(一) 总分类账簿有关账户余额的核对

全部总分类账中各账户的本期借、贷方发生额合计数，期末借、贷方余额合计数应当分别核对相符。其核对方法是编制总分类账户发生额及余额试算平衡表进行核对。其具体操作步骤如下：

(1) 将总分类账簿中各账户的期初余额、本期借方发生额、本期贷方发生额及期末余额逐个抄写在总账科目试算平衡表中，抄写中应注意不要出现遗漏，不要记错余额的借贷方向。

(2) 计算总分类账户的期初借方和贷方余额合计数、本期借方和贷方发生额合计数和期末借方和贷方余额合计数。

(3) 检查计算出的各总分类账户的期初借方和贷方余额合计数是否相等，本期借方和贷方发生额合计数是否相等，期末借方和贷方余额合计数是否相等。若相等，则说明总分类账簿的记录有可能是正确的，可以继续进行其他的账簿核对工作；若不相等，则说明在编制试算平衡表及登记总分类账簿的工作中一定存在错误，需要根据试算平衡表中提供的错误线索对相关账证资料进行检查，对查出的错误进行更正，直至总分类账户试算平衡为止。

(二) 总分类账簿与所属明细分类账簿的核对

各明细账发生额之和应与其所属的总分类账户发生额相等，且方向一致；各明细账余额之和应与其所属的总分类账户余额相等，且方向一致。其核对方法一般是编制总分类账户与明细分类账户发生额与余额对照表进行核对。

(三) 总分类账簿与序时账簿的核对

库存现金日记账和银行存款日记账的本期借、贷方发生额合计数和余额合计数，应分别与总账中的“库存现金”账户、“银行存款”账户的记录核对相符。这里一般采用直接核对的方法。

(四) 明细分类账簿之间的核对

会计部门有关财产物资明细账应与财产物资保管、使用部门的明细账核对相符。这项核对是在保证会计部门明细账记录正确的基础上进行的,通常将两者的余额进行核对。

三、账实核对

账实核对是在账账核对的基础上,将各种账簿记录余额与各项物资、库存现金、银行存款及各种往来款项的实存数核对,做到账实相符。账实核对工作主要在资产清查时进行,有些内容则在日常进行。

(一) 财产清查的概念

财产清查是指通过对各项货币资金、实物资产和往来款项的盘点和核对,确定某一时点的实际结存数,并与账面结存数相核对,以确定账实是否相符的一种专门会计核算方法。

在实际工作中,由于多方面的原因会造成各项财产物资的账面结存数与实际结存数不符。一般来讲,造成账实不符的原因主要有以下几种:

(1) 各项财产物资在收发过程中,由于计量、检验等不准确而造成品种、数量或质量上的差错,从而使账簿发生错记、漏记和重记等情况;

(2) 各种财产物资在保管过程中,由于其物理化学性质等方面的原因,在数量上发生了自然增减变化;

(3) 在财产增减变动中,由于手续不齐或计算、登记上发生错误;

(4) 由于管理不善或工作人员失职,造成的财产损失、变质或短缺;

(5) 由于不法分子营私舞弊、贪污盗窃等造成的财产损失;

(6) 由于自然灾害等造成的非常损失;

(7) 未达账项等。

这些造成账实不符的原因有些是正常的,难以避免的,有些是非正常的,可以避免的。为了确保会计核算资料的客观、真实、准确,保证财产物资的安全、完整,一方面必须要建立、健全岗位责任制,加强监督、管理;另一方面必须建立清查制度,对资产和权益进行深入细致的清查、核对工作。

(二) 财产清查的意义

会计信息在传输的过程中,受到各种因素的影响而造成账簿上所反映的有关财产和债务的结存数额同其实有数额不一致,即账实不符。

为了保证其数据的可靠性,企业在编制财务报表之前,应该对企业的物资进行清查。清查的意义主要体现在以下几个方面:

(1) 可以查明各项财产物资的实存数量,确定实有数量与账面数量之间的差异,查明原因和责任,以便采取有效措施消除差异,从而保证账实相符,提高会计资料的准确性。

(2) 可以查明各项财产物资的保管情况是否良好,有无因管理不善,造成霉烂、变质、损失浪费,或者被非法挪用、贪污盗窃的情况,以便采取有效措施,切实保障各项财产物资的安全完整。

(3) 可以查明各项财产物资的库存和使用情况,合理安排生产经营活动,利用各项财税物资,加速资金周转,提高资金使用效果。

(三) 财产清查的一般程序

财产清查是一项政策性、技术性很强的工作,涉及企业的许多部门和人员。为了做好财产清查工作,提高工作效率,清查应按以下程序进行:

(1) 建立财产清查组织；

(2) 组织清查人员学习有关政策规定，掌握相关业务知识，以提高财产清查工作的质量；

(3) 确定清查对象、范围，明确清查任务；

(4) 制订清查方案，确定具体清查内容、时间、步骤、方法，以及做好必要的清查前准备；

(5) 清查时本着先清查数量、核对有关账簿记录，后认定质量的原则进行；

(6) 填制盘存清单；

(7) 根据盘存清单填制实物、往来账项清查结果报告表。

(四) 财产清查的种类

财产清查按不同分类标准可分为以下几种类别：

1. 按清查的范围和对象划分，可分为全面清查和局部清查

(1) 全面清查是指对全部的财产物资及往来款项进行全面彻底的盘点与核对。它包括货币资金、金融资产和长期股权投资、存货、固定资产、工程物资、在建工程等财产物资和应收、应付等往来款项及各种借款。全面清查的工作量较大，一般只在年终结算前，企业出现关、停、并、转等情况及企业主要负债人调离或离任时进行一次。

(2) 局部清查是指根据经济活动的实际需要，对部分财产物资及往来款项进行盘点、核对。局部清查一般针对性较强，切实关系到本单位日常经济活动的正常顺利进行。例如，对现金，应在每日营业终了，由出纳员进行清点、核对，以及时发现长、短款情况；对银行存款，每月月末要与银行对账单核对，并编制银行存款余额调节表；贵重物资每月至少清查盘点一次；各种债权债务每年至少核对一次至两次；对流动性强又易于发生短缺的原材料、在产品、产成品等，要定期盘点。

2. 按清查的时间划分，可分为定期清查和不定期清查

(1) 定期清查是指按预先规定好的时间进行的财产清查。它一般在月度、季度、年末对账时进行。定期清查的范围和对象可以根据实际需要进行局部清查，如在月末、季末进行的清查；也可以在年末进行全面清查。

(2) 不定期清查指事先未规定好清查日期，根据实际需要而进行的临时性清查。不定期清查事先不规定好具体时间，根据工作需要可随时进行。如更换财产保管和出纳人员时，应对其保管的财产物资进行局部清查，以分清保管责任；在关、停、并、转等情况下，应进行全面清查，以确定实有资产情况；发生自然灾害和意外损失时也要清查，以查明损失情况；在配合上级主管、财政、税收、审计和银行等部门对本单位进行会计检查或审计时进行临时清查。

3. 按财产清查的执行单位划分，可分为内部清查和外部清查

(1) 内部清查指由本单位内部人员对本单位的财产物资进行的清查。大多数财产清查都是内部清查。

(2) 外部清查指由上级主管部门、审计机关、司法部门、注册会计师等，根据国家有关的规定或实际需要进行的财产清查。一般来讲，进行外部清查时应有本单位有关人员参加。

(五) 财产清查的准备工作

在进行财产清查前，必须做好各项准备工作，包括组织准备和业务准备，以保证财产清查的顺利进行。

1. 组织准备

在财产清查前，必须由相关业务人员组成清查小组，进行学习和培训，使其掌握清查的技术、方法。

在进行实际清查前，清查小组要制订详细的清查计划，对财产清查的对象和范围、清查进度和清查方法，以及清查人员等事先做好安排，并通知各有关部门做好相关准备。清查人员应准备好盘点清册和计量器具，并校验准确，以保证盘点的准确性。清查小组在清查中应监督清查工作质量，并在清查结束后写出财产清查的书面报告，对发生的盘盈、盘亏提出处理意见。

2. 业务准备

为了使财产清查工作能准确、顺利进行，有关部门必须协助清查小组工作，在清查前做好以下准备工作：

（1）财会部门应在财产清查前，将所有的经济业务登记入账，结出余额，并核对正确，做到账证相符、账账相符，为财产清查提供准确可靠的账存数据。

（2）财产物资的保管人员要把截至清查日前的所有经济业务登记入账，结出余额。同时，对使用和保管的物资应分类整理、排列整齐，并挂上标签。

（3）取得关于银行存款、银行借款和往来结算款项的对账单。

（4）准备好清查中需使用的各种度量衡具，并对其进行检查校正。

（5）准备好清查中需使用的各种空白单据。

（六）财产清查的内容和方法

1. 货币资金的清查

货币资金包括库存现金、银行存款和其他货币资金。

（1）库存现金的清查。库存现金是通过实地盘点的方法，确定库存现金的实存数，再与现金日记账余额相核对，以查明现金的盈亏情况。

在清查前，出纳员应将收、付款凭证全部登记入账，并结计出余额。清点时出纳员应在场，逐张查点库存现钞。若发现账实不符，应按有关现金管理制度查明原因。对清查过程中发现的库存现金超过银行核定的限额、白条抵库、坐支现金等违反纪律的现象应当立即纠正。盘点结束后，根据盘点结果和现金日记账余额编制库存现金盘点报告表（格式见下表4－6），并由财务负债人、清查人员和出纳员签章，作为调整账簿记录的重要原始凭证。

表4－6　库存现金盘点报告表

单位名称：北京汇丰实业有限公司　　2×15年12月31日　　元

币　别	实存金额	账存金额	对比结果		备　注
			盘　盈	盘　亏	
人民币	75 222	75 222			

财务负债人：李响　　盘点人：王明　　出纳员：李额

（2）银行存款的清查。银行存款的清查是采用核对的方法，将银行对账单与银行存款日记账相互核对，通过编制银行存款余额调节表，查明银行存款是否正确。银行存款应至少每月与银行核对一次。

造成银行对账单与单位银行存款日记账不符的原因主要有三个，一是单位的银行存款日记账有误；二是银行存在记账错误；三是存在未达账项。

未达账项是指由于结算手续和凭证传递处理时间的影响，造成单位与银行一方已入账，另一方尚未入账的账项。单位与银行的未达账项一般有以下 4 种情况：

(1) 企业已收，银行未收，即企业已收款入账，银行尚未收款入账。

(2) 企业已付，银行未付，即企业已付款入账，银行尚未付款入账。

(3) 银行已收，企业未收，即银行已收款入账，企业尚未收款入账。

(4) 银行已付，企业未付，即银行已付款入账，企业尚未付款入账。

特别注意的是，在存在(1)、(4)两种情况下，会使企业银行存款日记账的账面余额大于银行对账单的余额；在存在(2)、(3)两种情况下，又会使企业银行存款日记账的账面余额小于银行对账单的余额。

为了便于核对银行存款，各单位应在月底前从银行取回银行存款对账单及各种票据，并根据票据编制记账凭证，登记入账，结出余额。然后根据日期、银行结算凭证的种类和编号、借贷方向及金额，逐笔核对银行存款日记账和银行对账单，凡双方都有记录的账项，分别在银行存款日记账和银行对账单金额栏旁做出"✓"标志，表示发生额已核对相符。

核对完毕后，对于确认的本单位记账错、漏，应及时在账簿中进行更正；对银行的记账错、漏，应在银行对账单中予以注明，提请银行更正其账簿记录；而由于未达账项造成的对账不符，不需调整账簿记录，待相关原始凭证传递到时，再据以做出相应账务处理。并且要根据查明的未达账项编制银行存款余额调节表。下面举例说明银行存款余额调节表的编制方法。

【例 4－1】 北京汇丰实业有限公司 2×15 年 12 月 31 日的银行存款日记账及银行对账单分别如下表 4－7、表 4－8 和表 4－9 所示。

表 4－7　银行存款日记账(上部分)

2×15年		凭证		对方科目	摘要	支票		借方	贷方	✓	金额
月	日	字	号			种类	号码	亿千百十万千百十元角分	亿千百十万千百十元角分		亿千百十万千百十元角分
12	1				期初余额						216192000
	1	记	1	固定资产	购买机器设备				3710000		212482000
	1	记	2	实收资本	收到源发投资款			200000000			412482000
	3	记	4	其他应收款	李文借差旅费				600000		411882000
	4	记	5	库存现金	提取备用金				1437200		410444800
	6	记	7	应交税费	支付上月税款				2176500		408268300
	7	记	8	预收账款	预收购货款			12000000			420268300
	7	记	9	应收账款	收到前欠货款			12300000			432568300
	7	记	10	主营业务收入	销货			78190000			510758300
	7	记	11	应交税费	支付增值税				2000000		508758300
	8	记	12	预付账款	预付货款				35067800		473690500
	11	记	13	材料采购	支付货款				94632200		379058300
	12	记	14	应付职工薪酬	委托银行代发工资				50000000		329058300
	12	记	15	预收账款	预收购货款			15235800			344294100
	14	记	17	材料采购	支付货款				2000000		342294100
	15	记	20	制造费用	支付水费				200000		342094100
	16	记	21	应收账款	收到前欠贷款			30503700			372597800
	19	记	24	长期待摊费用	预交明年房屋租金				12000000		360597800
	21	记	26	长期借款	银行借款			50000000			410597800
	22	记	27	应交税费	支付上月税款				330000		410267800
					过次页			398229500	204153700		410267800

表 4-8 银行存款日记账(下部分)

2×15年		凭证		对方科目	摘要	支票		借方	贷方	√	金额
月	日	字	号			种类	号码	亿千百十万千百十元角分	亿千百十万千百十元角分		亿千百十万千百十元角分
12	21				承前页			398229500	204153700		410267800
	21	记	28	应付职工薪酬	支付职工食堂补助				7500000		402767800
	30	记	32	管理费用	支付电话费				300000		402467800
	30	记	33	财务费用	支付本月借款利息				1000000		401467800
	30	记	35	制造费用	支付本月电费				1800000		399667800
	31				本月合计			398229500	2147537000		399667800
					结转下年						

表 4-9 银行对账单

第1页

网点号:0203　　2×15年12月31日　　元

账号 20030021087	户名:北京汇丰实业有限公司				期初余额 2 274 920			
日期	交易代码	凭证种类	凭证号	摘要	借方发生额	贷方发生额	余额	网点号
12-01	02	支票	3450	货款		10 000	2 284 920	0203
12-01	06	汇票	3259	购买	37 100		2 247 820	0203
12-01	08	支票	2516	接受投资		2 000 000	4 247 820	0203
12-03	12	支票	3628	购买	6 000		4 241 820	0203
12-04	21	支票	2104	购买	14 372		4 227 448	0203
12-06	19	支票	3021	税费	21 765		4 205 683	0203
12-07	08	汇票	2392	货款		781 900	4 987 583	0203
12-07	04	支票	0121	税费	20 000		4 967 583	0203
12-08	01	电汇	3281	支出	350 678		4 616 905	0203
12-11	11	汇票	3199	购买	946 322		3 670 583	0203
12-11	05	支票	0184	工资	500 000		3 170 583	0203
12-12	15	支票	2460	预收		152 358	3 322 941	0203
12-12	17	支票	1823	收入		224 000	3 546 941	0203
12-15	07	支票	3254	支出	2 000		3 544 941	0203
12-16	15	支票	2460	货款		305 037	3 849 978	0203
12-19	09	支票	2354	支出	120 000		3 729 978	0203
12-21	16	支票	4521	借款		500 000	4 229 978	0203
12-22	03	支票	4621	交税	3 300		4 226 678	0203
12-21	02	支票	3894	工资	75 000		4 151 678	0203
12-27	20	支票	1658	货款	10 000		4 141 678	0203
12-30	22	支票	2681	电费	3 000		4 138 678	0203
12-30	23	支票	3011	利息	10 000		4 128 678	0203
12-30	27	支票	3102	电费	18 000		4 110 678	0203
							可用余额 4 110 678	

核对时，应注意银行对账单中是以银行为会计主体来记账，借方发生额表示单位银行存款的减少，贷方发生额表示单位银行存款的增加。经核对，发现银行日记账上有以下两笔未达账项：

12 月 7 日，收到上海吉平有限公司预付货款 120 000 元。

12 月 14 日，向北京市兴安路实业公司购入乙材料 2 000 千克，单价 10 元，收到普通发票，用转账支票结算。

另外，12 月 7 日，接银行通知，收到山东凯利有限公司前欠货款 123 000 元，为上月未达账项到账。

银行对账单上有以下两笔未达账项：

12 月 12 日，上海汇丰转入 224 000 元货款，单位尚未记账。

12 月 27 日，以支票支付货款 10 000 元，单位尚未记账。

另外，12 月 1 日以支票支付货款 10 000 元，为上月未达账项到账。

根据以上资料，编制银行存款余额调节表如下表 4－10 所示。

表 4－10　银行存款余额调节表

编制单位：北京汇丰实业有限公司　　　2×15 年 12 月 31 日　　　元

项　目	金　额	项　目	金　额
企业银行存款日记账余额	3 996 678	银行对账单余额	4 110 678
加：银行已收，企业未收账项	224 000	加：企业已收，银行未收账项	120 000
减：银行已付，企业未付账项	10 000	减：企业已付，银行未付账项	20 000
调整后余额	4 210 678	调整后余额	4 210 678

在上述银行存款余额调节表中，调节后的双方余额相等，这种情况一般表明双方记账没有发生差错，调节后的余额即是企业可以动用的银行存款。如果调节后双方余额不相等，则表明记账有差错，需要进一步查找原因并进行更正。另外，需要特别说明的是，银行存款余额调节表是用来核对银行与企业双方是否存在记账错误的，有关调节的项目并不作为记账的依据，只有当有关的凭证手续到达后，企业方可进行有关银行存款收付的账务处理。

2. 实物资产的清查

(1) 财产物资的盘存制度。财产物资的盘存制度，即确定实物资产账面结存数的方法，有永续盘存制和实地盘存制两种。

第一，永续盘存制又称为账面盘存制，是指对财产物资的收入数和发出数，都应根据相关会计凭证，在账簿中逐笔进行登记，并随时在账上结出结存数的一种方法。其计算公式为：

本期减少金额＝发出财产物资数量×单价

期末结存金额＝期初结存金额＋本期增加金额－本期减少金额

【例 4－2】　北京汇丰实业有限公司制服呢的单位成本为 80 元/米，2×15 年 12 月月初库存1 250米，本月购入及发出情况如下：

(1) 12 月 2 日，购买制服呢 4 000 米，324 000 元。

(2) 12 月 6 日，购买制服呢 6 000 米，486 000 元。

(3) 12 月 7 日，男上衣车间领用制服呢 3 000 米，女上衣车间领用制服呢 2 000 米。

(4) 12 月 13 日,男上衣车间领用制服呢 3 000 米,女上衣车间领用制服呢 2 000 米。

(5) 12 月 14 日,销售制服呢 125 米,单价 160 元。

采用永续盘存制须设置制服呢的数量金额式明细分类账,对制服呢的收入和发出根据相关凭证逐笔登记,并结计出余额。按此方法登记的制服呢明细分类账如表 4-11 所示。

表 4-11　永续盘存制下制服呢明细分类账

原材料　明细分类账

会计科目及编号:1403

子目、户名或编号:制服呢

2×15年		凭证		摘要	收入			发出			结存		
月	日	字	号		数量	单价	金额(亿千百十万千百十元角分)	数量	单价	金额(亿千百十万千百十元角分)	数量	单价	金额(亿千百十万千百十元角分)
12	1			期初余额							1 250	80	10000000
	3	入	1	采购原材料入库	4 000	81	32400000				5 250		42400000
	7	入	2	采购原材料入库	6 000	81	48600000				11 250		91000000
	7	领	4	生产领用				5 000	80	40000000	6 250		51000000
	13	领	5	生产领用				5 000	80	40000000	1 250		11000000
	14	领	36	销售原材料				125	160	2000000	1 125	80	9000000

从账上可以看出,本期生产领用制服呢 10 000 米,销售 125 米,共计 820 000 元,期末账面结存 1 125 米,计 90 000 元。在永续盘存制下,为了保证账实相符,需定期对财产物资进行清查,清查的目的是为了检查账实是否相符。如果发现账实不符,一方面应根据实存数调整账存数,以保证账实相符;另一方面要进一步查明账实不符的原因,并采取相应措施,以保证财产物资的安全完整。采用永续盘存制能够动态地反映财产物资增减变化的明细情况,有利于企业对财产物资账存数的监督和控制,所以,财产物资一般应采用永续盘存制。

第二,实地盘存制又称为以存计耗制,是指平时根据会计凭证在账簿中只登记财产物资的增加数,不登记减少数,月末,根据实地盘点来确定财产物资的实际结存数量,作为期末账面结存数记入账簿,倒轧出本期减少数的一种方法。其计算公式为:

期末结存金额=期末财产物资盘点数×单价

本期减少金额=期初结存金额+本期增加金额-本期结存金额

【例 4-3】 北京汇丰实业有限公司制服呢的单位成本为 80 元/米,2×15 年 12 月月初库存1 250米,若采用实地盘存制,则平时只根据会计凭证记录制服呢的购入情况如下:

(1) 12 月 2 日,购买制服呢 4 000 米,324 000 元。

(2) 12 月 6 日,购买制服呢 6 000 米,486 000 元。

(3) 12 月 14 日,销售制服呢 125 米,单价 160 元。

月末,通过对制服呢的实地盘点,确定其实际结存数为 1 125 米,共计 90 000 元,将其作为账存数记入制服呢明细分类账,并据以倒轧出本期生产领用制服呢的金额如下:

本期发出制服呢成本=100 000+324 000+486 000-125×160-90 000=800 000(元)

按此方法登记的制服呢明细分类账如表 4-12 所示。

表 4－12　实地盘存制下制服呢明细分类账

原材料　明细分类账

会计科目及编号：1403

子目、户名或编号：制服呢

2×15 年		凭证		摘要	收入			发出			结存		
月	日	字	号		数量	单价	金额（亿千百十万千百十元角分）	数量	单价	金额（亿千百十万千百十元角分）	数量	单价	金额（亿千百十万千百十元角分）
12	1			期初余额							1 250	80	10000000
	3	入	1	采购原材料入库	4 000	81	32400000						
	7	入	2	采购原材料入库	6 000	81	48600000						
	14	领	36	销售原材料				125	160	2000000			
	31			生产领用				10 000	80	80000000	1 125	80	9000000

采用实地盘存制，财产物资的明细账平时只登记购进成本，采用倒轧的方式结出本期发出成本，工作量少。但这种方法把凡是未包含在期末实际结存中的减少都视为销售或耗用，有可能掩盖了贪污、盗窃、浪费等非正常损耗，不利于财产物资的安全有效管理。

（2）财产物资的清查方法。实物财产物资应采用实地盘点的方法进行清查，清查的内容包括数量和质量两个方面。清查时应根据财产物资的存在形式、体积重量、堆放特点等采用不同的盘点方法。对于大多数财产物资，应逐一清点或用度量衡具来度量其实有数。

对于堆垛笨重确实难以逐一清点或过秤的，可采用技术推算法。技术推算法是指清查人员通过测量、计算等技术方法来推算实物资产实存数量的一种清查方法。该方法技术性强，适合那些量大、成堆、难以逐一清点的实物资产。如堆积型存货（如煤、矿石、沙土等），可以运用工程估测、几何计算等方法来推算该存货的实存数量。

在清查实物财产时，为了明确经济责任，实物保管人员必须参加盘点工作。盘点的结果应填写在盘存表（格式见表 4－13）中，并由盘点人和实物保管人共同签名。盘点表是记录盘点结果的书面证明，也是财产物资实有数量的原始凭证。

表 4－13　盘 点 表

第　　页

总　　页

单位：北京汇丰实业有限公司　　元

编　号	品名及规格	单　位	数　量	单　价	金　额	✓
1230101	甲材料	千克	1 400	5	7 000	
1230102	乙材料	千克	900	10	9 000	✓
1230201	制服呢	米	1 125	80	900 000	✓
1230202	大衣呢	米	500	100	50 000	✓
1230204	纯棉纶布	米	4 000	120	485 000	✓

盘点人：李连　　实物保管人：陈好

盘点结束后,应将盘点表和相关账簿记录进行核对,编制账存实存对比表(格式见表4-14),为了简化工作,该表只登记账实存在差异的财产物资,对于账实相符的实物资产,在盘存表中该项资产后作出"√"标志即可。账存实存对比表是重要的原始凭证,它所确定的账实差异既是调整账簿记录的依据,又是分析差异的原因,明确经济责任的依据。

表4-14　账存实存对比表

单位:北京汇丰实业有限公司　　　　2×15年12月31日　　　　元

<table>
<tr><th rowspan="3">编　号</th><th rowspan="3">品名及规格</th><th rowspan="3">计量单位</th><th rowspan="3">单价</th><th colspan="2" rowspan="2">账存数</th><th colspan="2" rowspan="2">实际盘点数</th><th colspan="4">差　异</th><th rowspan="3">备注</th></tr>
<tr><th colspan="2">盘盈</th><th colspan="2">盘亏</th></tr>
<tr><th>数量</th><th>金额</th><th>数量</th><th>金额</th><th>数量</th><th>金额</th><th>数量</th><th>金额</th></tr>
<tr><td>1230101</td><td>甲材料</td><td>千克</td><td>5</td><td>2 400</td><td>12 000</td><td>1 400</td><td>7 000</td><td></td><td></td><td>1 000</td><td>5 000</td><td></td></tr>
</table>

主管:　　　　　　会计:　　　　　　制表:王力

3. 往来款项的清查

往来款项的清查主要是对各种应收账款、应付账款、其他应收款和其他应付款的清查。

一般采用向对方发询证函(格式见图4-1)的方式进行。在核对前应将本单位账目核对清楚,确认无误后,编制往来款项对账单,将每一往来客户的明细账抄录成一式两份对账单,对账单通常一式两联,一联交由对方单位留存,一联作为回单。客户核对无误后,应将其中一份盖章后寄回,若核对时发现差异,应将差异情况在寄回对账单中注明,以供进一步检查核对。往来款项对账单的格式如下表4-15所示。

询证函

××单位:

本公司与贵单位的业务往来款项有下列项目,为了核对账目,特函请查证,是否相符,请在回执中注明并盖章,请及时函复为盼。

图4-1　询证函的格式

表4-15　往来款项对账单　　　　元

截止日期	经济业务摘要	金　额	备　注

在收到对方回单后,应填制往来账项清查表,格式如下表4-16所示。

表 4-16　往来账项清查表

总分类账户名称:应收账款　　　2×15 年 12 月 31 日　　　元

明细分类账户		清查结果		核对不符原因分析			备　注
名称	金额	核对相符金额	核对不符金额	未达账项金额	有争议账项金额	其他	
北京凤美	80 000	80 000					
河南利源	396 963	396 963					
李海	140 400	140 400					
由东剀利	286 500	286 500	224 000	224 000			
上海吉平	561 600	561 600					
上海汇丰	0	0					

主管:　　　　会计:　　　　制表:张乐

(七) 财产清查结果的处理

财产清查的结果有三种情况,一是账存数与实存数相符;二是账存数大于实存数,即盘亏;三是账存数小于实存数,即盘盈。对于财产清查中出现的盘盈、盘亏,必须根据国家有关政策、法规和财经制度,按规定的程序报批后进行处理。

(1) 分析账实不符的原因和性质,提出处理意见。对于财产清查中发现的差异,企业应当及时进行认真深入的调查,分析原因,明确经济责任,提出处理意见,按规定的程序报请有关部门审批处理。

(2) 积极处理多余或不足财产,清理往来款项。对于清查中发现超储积压、呆滞物资,要尽早处理,除尽量在生产中利用外,还要组织对外推销;对于长期拖欠的往来款项,应指定专人进行负责催收,对于确实收不回来的款项,应按规定确认为坏账,进行核销。

(3) 总结经验教训,建立健全各项管理制度。要根据管理中存在的问题,提出改善措施,进一步完善以岗位责任制为核心的财产管理制度,保护财产的安全完整。

(4) 调整账簿记录,保证账实相符。为了保证账实相符,对财产清查中发现的账实差异,以及对差异进行的处理,都应及时调整账簿记录,对于会计部门无权处理的,按规定程序报经有关部门批准后,再做进一步账务处理。

为了反映和监督各种财产物资的盘盈、盘亏以及处理转销情况,需设置"待处理财产损溢"账户。该账户借方用以登记财产物资的盘亏数,以及盘盈财产物资的转销数;贷方用以登记财产物资的盘盈数,以及盘亏财产物资的转销数。

① 现金的盘盈、盘亏。对于盘盈的现金,如果应支付给有关人员的,应借记"库存现金"账户,贷记"待处理财产损溢——待处理流动资产损溢"账户;如果无法查明原因,经批准后,应借记"待处理财产损溢——待处理流动资产损溢"账户,贷记"营业外收入"账户。对于短缺的现金,先应借记"待处理财产损溢——待处理流动资产损溢"账户,贷记"库存现金"账户;报批之后,如果是由于责任人的原因造成短缺,应借记"其他应收款"账户,贷记"待处理财产损溢——待处理流动资产损溢"账户;如果无法查明短缺的原因,经主管领导批准后,借记"管理费用"账户,贷记"待处理财产损溢——待处理流动资产损溢"账户。

【例4-4】 北京汇丰实业有限公司某月进行现金清查时,查出现金短缺1 000元,无法查明原因。其中,应由责任人赔偿的为200元,应由保险公司赔偿的为300元,相关的账务处理如下:

借:待处理财产损溢　　1 000
　　贷:库存现金　　1 000
借:其他应收款　　500
　　管理费用　　500
　　贷:待处理财产损溢　　1 000

② 存货的盘盈、盘亏。发生存货盘盈时,按盘盈存货价值借记"原材料"、"库存商品"等科目,贷记"待处理财产损溢"科目;经报批处理后,借记"待处理财产损溢"科目,贷记"管理费用"等科目。

发生存货盘亏时,应按盘亏存货价值借记"待处理财产损溢"科目,贷记"原材料"、"库存商品"等科目;经报批处理后,对于可收回的部分残料,借记"原材料"科目,由过失人或保险公司赔偿的部分借记"其他应收款"科目,属于一般经营损失的部分,借记"管理费用"科目,属于非常损失的部分,借记"营业外支出"科目,同时贷记"待处理财产损溢"科目。

应注意的是,企业的存货发生由于管理不当所造成的非正常损失,其已记入"应交增值税"账户借方的进项税额,应计入进项税额转出,与存货的成本一并转入"待处理财产损溢"账户。

【例4-5】 北京汇丰实业有限公司某月在财产清查中盘盈甲材料5千克,计500元,经查证该差异是由于计量仪器不准造成。

在发现差异时,根据账存实存对比表,编制记账凭证如下:

借:原材料——甲材料　　500
　　贷:待处理财产损溢　　500

报批处理后,根据处理意见计入当期损益,编制如下记账凭证:

借:待处理财产损溢　　500
　　贷:管理费用　　500

【例4-6】 北京汇丰实业有限公司某月在财产清查中盘亏乙材料10千克,计600元,经查证该差异是由于乙材料易挥发性造成,属一般经营损失。

在发现差异时,应编制如下记账凭证:

借:待处理财产损溢　　600
　　贷:原材料——乙材料　　600

在报批处理后,根据处理意见记入当期损益,编制记账凭证如下:

借:管理费用　　600
　　贷:待处理财产损溢　　600

【例4-7】 北京汇丰实业有限公司某月在财产清查中发现甲材料由于管理不善,发生火灾损失7 500元,其中,5 000元可获保险公司赔偿,经报批处理,责令保管员陈好赔偿500元,其余计入非常损失。

在发现差异时,应编制如下记账凭证:

借:待处理财产损溢　　8 775

贷:原材料——甲材料　　7 500

应交税费——应交增值税(进项税额转出)　　1 275

报批处理后,根据处理意见编制如下记账凭证:

借:其他应收款——保险公司　　5 000

——陈好　　500

营业外支出——非常损失　　3 275

贷:待处理财产损溢　　8 775

③ 固定资产的盘盈、盘亏。企业在财产清查中盘盈的固定资产作为前期差错处理,按固定资产的入账价值,借记“固定资产”科目;贷记“以前年度损益调整”科目。

企业在财产清查中盘亏的固定资产,按盘亏固定资产的账面价值,借记“待处理财产损溢”科目,按已计提的累计折旧,借记“累计折旧”科目;按固定资产的账面原值,贷记“固定资产”科目。经报批处理后,按可收回的保险赔偿或过失人赔偿,借记“其他应收款”科目,按应计入营业外支出的金额,借记“营业外支出”科目;贷记“待处理财产损溢”科目。

【例 4-8】 北京汇丰实业有限公司某月在财产清查中盘盈机器设备一台,其同类产品的公允价值为 3 200 元。应编制如下会计分录:

借:固定资产　　3 200

贷:以前年度损益调整　　3 200

【例 4-9】 北京汇丰实业有限公司某月在财产清查中盘亏机器设备一台,原价 8 000 元,已计提折旧 3 000 元,责令保管人张莉赔偿 500 元。

发现差异时,应编制如下会计分录:

借:待处理财产损溢　　5 000

累计折旧　　3 000

贷:固定资产　　8 000

报批处理后,根据处理意见应编制如下会计分录:

借:其他应收款——张莉　　500

营业外支出——盘亏损失　　4 500

贷:待处理财产损溢　　5 000

④ 往来款项的处理。对于确实无法收回的应收款项,经批准后作为坏账转销,借记“坏账准备”科目;贷记“应收账款”等科目。

对于确实无法支付的应付款项,按其账面价值借记“应付账款”等科目;贷记“营业外收入”科目。

【例 4-10】 北京汇丰实业有限公司某月在财产清查中发现某客户所欠的 3 500 元账款已无法收回。按管理权限报经批准确认坏账损失时,应编制如下记账凭证:

借:坏账准备　　3 500

贷:应收账款　　3 500

【例 4-11】 北京汇丰实业有限公司某月在财产清查中发现应付账款中某客户已破产,欠其 4 000 元账款已无须偿还。

该项应付账款应予以转销,编制记账凭证如下:

借:应付账款　　4 000

　贷:营业外收入——其他　　4 000

任务三　结　账

【工作情景】

小李在把本期所发生的经济业务全部登记入账以后,准备结账。对于企业来讲,结账是指期末按规定的方法结算出各账户本期发生额合计数和期末余额,并将其余额结转到下期或者转入新账的过程。小李知道,不同账户的结账方式是不同的,但是到底怎样结,还不太清楚,所以带着相关资料请教了老会计,老会计从不同类型的账户入手进行了详细的讲解。

【学习目标】

1. 掌握损益类的结账方法。
2. 掌握现金日记账、银行存款日记账的结账方法。
3. 掌握多栏明细账的结账方法。
4. 掌握总账的结账方法。
5. 掌握其他账户的结账方法。
6. 掌握年末余额的结转。

为了正确反映一定时期内的经营成果和期末的财务状况,以便为编制会计报表提供真实、可靠的数据资料,企业单位必须按照规定定期结账。

所谓结账,就是把本期所发生的经济业务在全部登记入账的基础上,在会计期末(月末、季末、年末)按规定的方法结算出各账户本期发生额合计数和期末余额,并将其余额结转到下期或者转入新账的过程。

结账的目的是为了了解某一会计期间(月份、季度、年度)的经济活动情况,考核经营成果,所以在每一会计期间终了时,必须进行结账。同时,结账工作也是编制会计报表的先决条件。

习惯上将每年1—11月的结账工作称为月结,将每年12月的结账工作称为年结。

一、损益类账户

损益类账户无论是总分类账户还是明细分类账户,也无论其采用何种账页格式,期末结账时均需结计本期发生额合计数和本年累计发生额合计数。

首先,在本月最后一笔业务记录行下划一条通栏单红线,若采用的是三栏式账页,则结计出借、贷方发生额;若采用的是多栏式账页,则结计出各栏目实际发生额,记入下一行相应金额栏内,在摘要栏内注明“本月合计”字样,并在下面划一条通栏单红线。接着,结计出自年初起至本月末止的累计发生额,记入下一行相应金额栏内,在摘要栏内注明“本年累计”字样,若是月结,在下面划通栏单红线;若为年结,则在下面划通栏双红线。

应注意的是,月结时应全部划通栏单红线,表示本月记录结束,以下账页用以登记下一月份的相关经济业务。年结时除最后一次划线外，均划通栏单红线，最后一次划线为通栏双红线，表示本年度会计记录结束，一般应更换新账簿并将本账簿中的期末余额结转入新账簿。另外，划通栏红线是从账页的第一栏划到最后一栏。

如果账簿记录中有明显的本期发生额或本年累计发生额，则可将结计的“本月合计”或“本年累计”字样省略，直接划线即可。如蓝天实业公司采用全月一次汇总的科目汇总表账务处理程序，2 月份在总账“其他业务收入”账户中只有一条记录，其数据既是 2 月份的本月合计，也是 1 月份的本年累计，月结时则不必在账簿中再抄写相关内容，直接在该条记录下划通栏单红线即可。3 月份在总账“其他业务收入”账户又只有一条记录，其数据是 3 月份的本月合计，但 3 月份的本年累计则需经过计算才能得出，月结时，不需抄写本月合计，只需结计本年累计记入账户。若某账户本期无发生额，不需进行月结，年结时只需在下面划通栏双红线。

如项目一习题中的实训资料，北京汇丰实业有限公司，按此方法结计的男上衣主营业务收入明细分类账如表 4 - 17 所示。

表 4 - 17　明细分类账(一)

主营业务收入　明细分类账

会计科目及编号：6001

子目、户名或编号：男上衣

2×15年		凭证		摘要	借方											贷方											✓	借或贷	份额											✓
月	日	字	号		亿	千	百	十	万	千	百	十	元	角	分	亿	千	百	十	万	千	百	十	元	角	分			亿	千	百	十	万	千	百	十	元	角	分	
12	7	记	10	销售给山东凯利															4	0	0	0	0	0	0	0		贷				4	0	0	0	0	0	0	0	
	13	记	16	销售给山东凯利														1	0	0	0	0	0	0	0	0		贷			1	4	0	0	0	0	0	0	0	
	17	记	22	销售给李海																5	5	0	0	0	0	0		贷			1	4	5	5	0	0	0	0	0	
	20	记	25	销售给河南利源															6	0	0	0	0	0	0	0		贷			2	0	5	5	0	0	0	0	0	
	30	记	39	销售给山东凯利														1	0	0	0	0	0	0	0	0		贷			3	0	5	5	0	0	0	0	0	
	31	记	51	结转收入			3	0	5	5	0	0	0	0	0													平									0			
				本月合计			3	0	5	5	0	0	0	0	0			3	0	5	5	0	0	0	0	0														
				本年累计			3	0	5	5	0	0	0	0	0			3	0	5	5	0	0	0	0	0														

二、现金、银行存款日记账

现金、银行存款日记账需按日结计本日发生额，按月结计本月发生额，但不需结计本年累计发生额。

每日终了，结出余额，与库存现金进行核对。先在本日最后一笔业务记录下划通栏单红线，结计出本日借、贷方发生额，填在下一行的借、贷方金额栏，在摘要栏内注明“本日合计”字样，并在下面划通栏单红线。

每月终了，在日结的基础上，结计出本月借、贷方发生额，填在下一行的借、贷方金额栏，在摘要栏内注明“本月合计”字样，并在下面划通栏单红线；年末结账时，在“本月合计”行下面要划通栏双红线。

如项目一习题中的实训资料，北京汇丰实业有限公司，按此方法结计的现金日记账和银行存款日记账如表 4 - 18、表 4 - 19 所示。

表 4-18　库存现金日记账

2×15年		凭证		对方科目	摘　要	现金支票号码	借方(亿千百十万千百十元角分)	贷方(亿千百十万千百十元角分)	√	金额(亿千百十万千百十元角分)
月	日	字	号							
12	1				期初余额	-				613700
	4	记	5	银行存款	提备用金	888881	1437200			
	15	记	19	其他应收款	李文报销差旅费		20000			
	22	记	29	应付职工薪酬	张维报销医药费					
	31				本月合计		1457200	72000		7522200
					结转下年					

表 4-19　银行存款日记账

2×15年		凭证		对方科目	摘　要	支票		借方(亿千百十万千百十元角分)	贷方(亿千百十万千百十元角分)	√	金额(亿千百十万千百十元角分)
月	日	字	号			种类	号码				
12	21				承前页			398229500	204153700		410267800
	21	记	28	应付职工薪酬	支付职工食堂补助				7500000		402767800
	30	记	32	管理费用	支付电话费				300000		402467800
	30	记	33	财务费用	支付本月借款利息				1000000		401467800
	30	记	35	制造费用	支付本月电费				1800000		399667800
	31				本月合计			398229500	214753700		399667800
					结转下月						

三、多栏式明细账

多栏式明细账中损益类账户按损益类账户结账方法进行。其他账户只需结计本期发生额,不需结计本年累计发生额。

多栏账的结账应按以下两种情况分别进行:

(1) 期末无余额或账页中设有余额栏的多栏明细分类账。首先,在本月最后一笔业务记录下划一条通栏单红线,然后,结计出本期各栏目的实际发生额,记入下一行相应栏目内,在摘要栏内注明"本月合计"字样,并在下面划通栏单红线。年末结账时,在"本月合计"行下要划通栏双红线。

如项目一习题中的实训资料,北京汇丰实业有限公司,按此方法结计的男上衣的生产成本明细分类账如表 4-20 所示。

表 4-20　明细分类账(二)

生产成本　明细分类账

会计科目及编号:5001

子目、户名或编号:男上衣

2×15年		凭证		摘要	合计	成本项目		
						直接材料	直接人工	制造费用
月	日	字	号		亿千百十万千百十元角分	亿千百十万千百十元角分	亿千百十万千百十元角分	亿千百十万千百十元角分
12	1			期初余额	20292500	16000000	40000000	292500
	30	记	37	分配原材料	148000000	148000000		
		记	38	分配工资	25000000		250000000	
		记	39	计提职工福利费	3500000		35000000	
		记	42	分配制造费用	4000000	164000000		4000000
		记	44	产成品入库	200792500	164000000	325000000	4292500
	31			本月合计	200792500	164000000	325000000	4292500
				结转下年				

(2) 期末有余额且账页中未设有余额栏的多栏明细分类账。首先,在本月最后一笔业务记录下划一条通栏单红线,然后,结计出本期各栏目的实际发生额,记入下一行相应栏目内,在摘要栏内注明"本月合计"字样,并在下面划通栏单红线。接着结计出期末余额,记入下一行各栏目内,在"摘要"栏内注明"期末余额"字样,其以下账页用以继续登记下一月份的相关记录。若是年结,应在"期末余额"行下面划通栏双红线。

如某有限责任公司,按此方法结计的甲产品生产成本明细分类账如表 4-21 所示。

表 4-21　明细分类账(三)

生产成本　明细分类账

会计科目及编号:5001

子目、户名或编号:甲产品

2×15年		凭证		摘要	合计	成本项目		
						直接材料	直接人工	制造费用
月	日	字	号		亿千百十万千百十元角分	亿千百十万千百十元角分	亿千百十万千百十元角分	亿千百十万千百十元角分
12	30	记	37	分配原材料	150000000	150000000		
		记	38	分配工资	25000000		250000000	
		记	39	计提职工福利费	3000000		30000000	
		记	42	分配制造费用	4000000			4000000
		记	44	产成品入库	121200000	100000000	186000000	2600000
	31			本月合计	182000000	150000000	280000000	4000000
				期末余额	60800000	50000000	94000000	1400000
				结转下年				

四、总分类账户

总分类账户中分为两种情况，第一是损益类账户，按损益类账户的结账方法进行结账。第二，除损益类账户之外的其他总分类账户，月结时既不需要结计本月合计，也不需要结计本年累计，但在年结时需结计全年发生额。所以，月结时，只需在账户的最后一条记录下划通栏单红线即可；年结时，先在该年最后一条记录下划通栏单红线，然后结计出借、贷方本年发生额合计数，记入下一行借、贷方金额栏，并在"摘要"栏内注明"本年合计"字样，并在下面划通栏双红线。

如项目一习题中的实训资料，北京汇丰实业有限公司，按此方法结计的应收票据总分类账和主营业务收入总分类账如表4-22、表4-23所示。

表4-22　总分类账(一)

总分类账

会计科目及编号:应收票据　1121

2×15年		凭证		摘要	借方											✓	贷方											✓	借或贷	余额											✓
月	日	字	号		亿	千	百	十	万	千	百	十	元	角	分		亿	千	百	十	万	千	百	十	元	角	分			亿	千	百	十	万	千	百	十	元	角	分	
12	1			期初余额																									借				1	2	8	7	0	0	0	0	
	31	科	1	汇总12月发生额			4	5	8	6	4	0	0	0	0														借			4	7	1	5	1	0	0	0	0	
				本年合计			4	5	8	6	4	0	0	0	0														借			4	7	1	5	1	0	0	0	0	
				结转下年																																					

表5-23　总分类账(二)

总分类账

会计科目及编号:主营业务收入　6001

2×15年		凭证		摘要	借方											✓	贷方											✓	借或贷	余额											✓
月	日	字	号		亿	千	百	十	万	千	百	十	元	角	分		亿	千	百	十	万	千	百	十	元	角	分			亿	千	百	十	万	千	百	十	元	角	分	
12	31	科	1	汇总12月发生额			6	1	7	0	0	0	0	0	0				6	1	7	0	0	0	0	0	0		平									0			
				本月合计			6	1	7	0	0	0	0	0	0				6	1	7	0	0	0	0	0	0														
				本年累计			6	1	7	0	0	0	0	0	0				6	1	7	0	0	0	0	0	0														

五、其他账户

各项应收应付款、各项财产物资明细账等，结账时既不需结计本月合计，也不需结计本年累计。只需在月结时划通栏单红线，年结时划通栏双红线即可。

如项目一习题中的实训资料，北京汇丰实业有限公司，按此方法结计的应收账款明细账如表4-24所示。

表 4－24　明细分类账(四)

应收账款　明细分类账

会计科目或编号：1122

子目、户名或编号：山东凯利

2×15年		凭证		摘要	借方											✓	贷方											✓	借或贷	余额											✓
月	日	字	号		亿	千	百	十	万	千	百	十	元	角	分		亿	千	百	十	万	千	百	十	元	角	分			亿	千	百	十	万	千	百	十	元	角	分	
12	1			期初余额																									借				1	8	8	4	7	9	2	0	
	7	记	9	收到前欠货款																									借					6	5	4	7	9	2	0	
	28	记	30	销售货物				4	0	9	5	0	0	0	0					1	2	3	4	0	0	0	0		借				4	7	4	9	7	9	2	0	
				结转下年																																					

六、年末余额的结转

总账、日记账和大多数明细分类账在一般情况下应每年更换一次。但如果更换新账工作量较大，可以跨年度使用，不必每年都更换一次。例如，财产物资类、债权债务类明细分类账。另外，各种备查簿也可以连续使用。

当更换新账时，旧账中有年末余额的，应将其余额结转下年。结转的方法是在旧账年结双红线下一行"摘要"栏内注明红字"结转下年"，但余额不需要抄下来。将账户余额直接记入新账第一行"余额"栏，并在其"摘要"栏内注明红字"上年结转"。结转余额时不需要编制记账凭证。

习　题

一、填空题

1. 现金日记账应该＿＿＿＿＿＿结出发生额和余额。

2. 银行存款日记账是根据＿＿＿＿＿＿＿逐日逐笔登记的。

3. 对账即核对账目，其主要内容包括＿＿＿＿、＿＿＿＿、＿＿＿＿方面。

4. 某企业在财产清查中，盘亏材料 10 000 元，经查实，属非常损失，报经批准后该项损失应计入＿＿＿＿。

5. 财产清查是对＿＿＿＿进行盘点和核对，确定其实存数，并检查其账存数和实存数是否相符的一种专门方法。

二、单项选择题

1. 某公司 2×09 年 10 月 31 日在与银行的核对中发现，银行存款日记账账面余额为 217 300 元，银行对账单余额为 254 690 元，经逐笔核查，发现有如下未达账项：① 企业未收，银行已收42 100元；② 企业已收，银行未收 21 600 元；③ 企业未付，银行已付 5 000 元；④ 企业已付，银行未付 21 890 元。经调整后，银行存款的余额应是(　　)元。

A. 217 300　　B. 254 690　　C. 254 400　　D. 276 290

2. 下列关于对账的表述中，不正确的是(　　)。

A. 建立健全对账制度，有利于提高会计核算质量

B. 对账的内容包括账证核对、账账核对、账实核对、账表核对

C. 账证核对是指账簿记录与原始凭证、记账凭证的核对

D. 账实核对是指各项财产物资的账面数与实有数之间的核对

3. 可用抽样盘点法进行财产清查的是(　　)。

A. 成套设备　　B. 低值易耗品　　C. 矿砂　　D. 汽车

4. 下列有关对账的表述中,不正确的是(　　)。

A. 账簿记录与原始凭证之间的核对

B. 总分类账簿中各账户与其所属明细分类账户之间的核对

C. 现金日记账的期末余额合计与现金总账期末余额的核对

D. 财产物资明细账账面余额与财产物资实存数额的核对

5. 2×10年6月1日借入短期借款60 000元,月利率为0.5%,期限为3个月,利息于期末一次支付,到2×10年9月1日的会计分录如何编制(　　)。

A. 借:短期借款　　60 000
　　财务费用　　100
　　应付利息　　600
　　贷:银行存款　　60 700

B. 借:短期借款　　60 000
　　财务费用　　300
　　应付利息　　600
　　贷:银行存款　　60 900

C. 借:短期存款　　60 000
　　财务费用　　900
　　贷:银行存款　　60 900

D. 借:短期存款　　60 000
　　财务费用　　900
　　贷:银行存款　　60 700

6. 将账户的期末余额转入"本年利润"账户借方的是(　　)。

A. 资产类账户　　B. 负债类账户　　C. 收入类账户　　D. 费用类账户

7. 本期"本年利润"账户借方发生额大于贷方发生额的,则意味着企业当年(　　)。

A. 盈利　　B. 亏损　　C. 不盈不亏　　D. 与盈亏无关

8. 企业年初未分配利润为200万元,本年实现净利润50万元,按10%提取盈余公积,同时宣告发放现金股利10万元,则当期计提的盈余公积为(　　)万元。

A. 25　　B. 20　　C. 5　　D. 4

9. 关于现金的清查,下列说法中不正确的是(　　)。

A. 在清查小组盘点现金时,出纳人员必须在场

B. "现金盘点报告表"需要清查人员和出纳人员共同签字盖章

C. 要根据"现金盘点报告表"进行账务处理

D. 不必根据"现金盘点报告表"进行账务处理

10. 无法查明原因的现金盘盈应该记入(　　)科目。

A.“管理费用”　　B.“营业外收入”　　C.“销售费用”　　D.“其他业务收入”

11. 某企业因管理不善损失材料 20 000 元，购货增值税专用发票上注明的增值税为 3 400 元，批准前，以下账务处理中正确的是(　　)。

A. 借：待处理财产损溢——待处理流动资产损溢　　23 400
　　贷：原材料　　23 400

B. 借：原材料　　20 000
　　贷：待处理财产损溢——待处理流动资产损溢　　20 000

C. 借：待处理财产损溢——待处理流动资产损溢　　23 400
　　贷：原材料　　20 000
　　　　应交税费——应交增值税(进项税额转出)　　3 400

D. 借：待处理财产损溢——待处理流动资产损溢　　23 400
　　贷：原材料　　20 000
　　　　应交税费——应交增值税(销项税额)　　3 400

12. 对应收账款应该采用(　　)方法进行清查。

A. 技术推算法　　B. 与银行核对账目法
C. 实地盘存法　　D. 发函询证法

13. 下列反映在“待处理财产损溢”科目借方的是(　　)。

A. 财产的盘亏数　　B. 财产的盘盈数
C. 财产盘亏的转销数　　D. 尚未处理的财产净溢余

三、多项选择题

1. 月结时只需在最后一笔业务记录下划一通栏单红线即可的有(　　)。

A. 现金明细账　　B. 应收账款明细账
C. 库存商品明细账　　D. 管理费用明细账

2. 账账核对包括(　　)核对是否相等。

A. 所有总账的借方发生额合计、贷方发生额合计
B. 总账金额与所属明细账余额合计
C. 现金日记账和银行存款日记账余额与其总账金额
D. 银行存款日记账和银行对账单

3. 下列资产中，需要从数量和质量两个方面进行清查的有(　　)。

A. 库存现金　　B. 原材料　　C. 产成品　　D. 银行存款

4. 下列情况适用于全面清查的有(　　)。

A. 年终决算前　　B. 单位改变隶属关系前
C. 单位撤销、合并前　　D. 单位主要负责人调离工作前

5. 下列未达账项中，会使企业银行存款日记账账面余额小于银行对账单余额的有(　　)。

A. 企业已收，银行未收　　B. 企业已付，银行未付
C. 企业未收，银行已收　　D. 企业未付，银行已付

6. 企业纳税所得额为 360 万元，按税率 25%计算，该项经济业务涉及的账户有(　　)。

A.“应交费用”　　B.“其他应交款”
C.“其他应付款”　　D.“所得税费用”

7. 下列属于财产清查一般程序的有(　　)。

A. 组织清查人员学习有关政策规定

B. 确定清查对象、范围,明确清查任务

C. 制定清查方案

D. 填制盘存单和清查报告表

四、判断题

1. 年度结账日一般在公历年度每年的12月31日,如果有特殊要求,也可以提前进行年度结账。(　　)

2. 财产清查不属于会计核算方法。(　　)

3. 采用永续盘存制,可以随时掌握和了解各项财产物资的增减变动和结存情况,保证账实相符。(　　)

4. 某公司财产清查中,发现盘盈原材料2 000元,经查明其原因是由于计量不准造成的,按制度的规定可以贷记"营业外收入"科目。(　　)

5. 盘亏的材料,其相关的成本及不可抵扣的增值税进项税额,在减去过失人或者保险公司等赔款和残料价值之后,计入当期营业外支出。(　　)

6. 对于各种往来款项,主要采用审核原始凭证和账簿记录的方式进行清查。(　　)

7. 为确保银行存款账实相符,企业应根据银行存款余额调节表及时登记入账。(　　)

8. 对固定资产清查,应着重检查使用情况、磨损情况、折旧提取情况。(　　)

9. "本年利润"账户是将收入与费用进行配比的账户,因此属于损益类账户。(　　)

五、实训题

1. 大华公司2×10年12月31日报表决算前进行财产清查时发现如下问题:

(1) 现金短缺100元,经查明是由于出纳收发错误造成的,经批准由出纳赔偿。

(2) 原材料甲盘盈100千克,单价为10元/千克,经查明属于自然升溢。

(3) 原材料乙盘亏100千克,价款1 000元,增值税税率为17%,进项税额为170元,经查明属于管理原因造成的非正常损失。

(4) 盘亏设备一台,固定资产原值为10 000元,已经计提折旧5 000元,未计提减值准备,经查明属于失窃,可以获得保险公司赔偿1 000元。

要求:做出上述事项批准前后的账务处理。

2. 某企业2×10年6月30日的银行存款日记账余额为152万元,银行对账单余额为148.7万元。经逐笔核对,发现有以下几笔未达账项:

(1) 企业开出一张支票0.2万元购买办公用品,企业已登记入账,但银行尚未登记入账;

(2) 企业将销售商品收到的转账支票5万元存入银行,企业已登记入账,但银行尚未登记入账;

(3) 银行受托代企业支付水电费0.5万元,银行已经登记入账,但企业尚未收到付款通知单,未登记入账;

(4) 银行已收到外地汇入货款2万元并已登记入账,但企业尚未收到收款通知单,未登记入账。

要求:编制银行存款余额节表(见表4-25)。

表4－25　银行存款余额调节表

2×10年6月30日

元

项　目	金　额	项　目	金　额
银行存款日记账余额		银行对账单余额	
加:银行已收、企业未收数		加:企业已收、银行未收数	
减:银行已付、企业未付数		减:企业已付、银行未付数	
调节后余额		调节后余额	

项目五　财务会计报告

【工作情景】

在登记并结账后，公司领导要求小李编制财务会计报告并报送给相关部门。小李知道，财务会计报告包括资产负债表、利润表、现金流量表、所有者权益变动表和会计报表附注。对于小李所在的公司来讲，是编制全部的报表还是编制其中的一部分呢？

【学习目标】

1. 了解财务会计报告的概述。
2. 掌握资产负债表的编制方法。
3. 掌握利润表的编制方法。

会计核算的目的就是要使用特有的方法，通过对会计资料的记录、加工、综合等环节，将会计主体的资产、负债和所有者权益的变动，利润的形成与分配，以及资金的取得与运用等方面的会计信息，以一定的形式，全面、系统、概括地反映出来，以便人们了解这一时期企业的财务状况、经营成果和现金流量等会计信息。在会计核算中，企业日常生产经营活动所发生的各项经营业务，平时通过填制会计凭证和复式记账等方法，分别反映在各种会计账簿中。尽管账簿资料是按照会计账户归类汇总的，但其提供的核算资料仍然相对分散，不能集中、概括、系统、全面地提供经营管理所需要的完整的会计信息。因此，必须在日常核算资料的基础上，定期地对账簿等核算资料进行归集、加工、汇总，编制财务会计报告。

《企业会计准则》规定，会计报表至少应当包括资产负债表、利润表、现金流量表、所有者权益（或股东权益）变动表和附注。小企业编制的会计报表可以不包括现金流量表。

任务一　财务会计报告概述

【工作情景】

第二天，小李一大早来到公司，找出了《企业会计准则》和《企业会计制度》等相关资料，认真研究起财务会计报告的相关知识。

【学习目标】

1. 财务会计报告的概念。
2. 财务会计报告的目标。
3. 财务会计报告的构成。
4. 财务会计报表的编制要求。

一、财务会计报告的概念

财务会计报告是企业对外提供的反映企业某一特定日期的财务状况和某一会计期间的经

营成果、现金流量等会计信息的文件。

(1) 财务会计报告应当是对外的报告，其报告对象主要是投资者、债权人等外部使用者，专门为了内部管理需要所出具的报告不属于财务会计报告的范畴。

(2) 财务会计报告应当综合反映企业的生产经营状况，包括某一时点的财务状况和某一时期的经营成果与现金流量等信息，以勾画出企业整体和全貌。

(3) 财务会计报告必须形成一个系统的文件，不应是零星的或者不完整的信息。

二、财务会计报告的目标

财务会计报告的目标是向财务会计报告使用者提供与企业财务状况、经营成果和现金流量等有关的会计信息，反映企业管理层受托责任履行情况，有助于会计报告使用者作出经济决策。因此，财务会计报告是企业财务会计确认与计量的最终结果体现，是向投资者等财务会计报告使用者提供对决策有用信息的媒介和渠道，是投资者、债权人等信息使用者与企业管理层之间传递信息的桥梁和纽带。

财务会计报告使用者通常包括投资者、债权人、政府及相关机构、企业管理人员、职工和社会公众等。不同的报表使用者对财务会计报告所提供信息的要求各有侧重。

(1) 股东(投资者)主要关注的是投资的内在风险和投资的报酬。

(2) 债权人主要关注的是其所提供给企业的资金是否安全，自己的债权是否能够按期如数收回(按时收回本息)。

(3) 政府及相关机构最关注的是国家资源的分配和运用情况，需要了解与经济政策(如税收政策)的制定、国民收入的统计等有关方面的信息。

(4) 企业管理人员最关注的是企业财务状况的好坏、经营业绩的大小以及现金的流动情况。

(5) 企业职工最关注的是企业为其所提供的就业机会及其稳定性、劳动报酬高低和职工福利好坏等方面的资料，而上述情况又与企业的资本结构及其盈利能力等情况密切相关。

(6) 社会公众主要关注的是与自身利益及社会利益相关的某些特定的企业财务会计信息。

三、财务会计报告的构成

财务会计报告包括财务报表及其附注和其他应当在财务会计报告中披露的相关信息和资料。其中，财务报表是财务会计报告的核心内容。财务报表由报表本身及其附注两部分组成，附注是财务报表的有机组成部分，财务报表应当包括资产负债表、利润表、现金流量表、所有者权益变动表等。除了财务报表之外，财务会计报告还应当包括其他相关信息，具体可根据有关法律法规的规定和外部使用者的信息需求确定。

(一) 资产负债表

资产负债表是反映企业在某一特定日期的财务状况的会计报表。

(二) 利润表

利润表是反映企业在一定会计期间的经营成果的会计报表。

(三) 现金流量表

现金流量表是反映企业在一定的会计期间的现金和现金等价物流入和流出的会计报表。

企业编制现金流量表的目的是通过如实反映企业各项活动的现金流入和流出,从而有利于使用者评价企业生产经营过程特别是经营活动中所形成的现金流量和资金周转情况。

(四) 所有者权益变动表

所有者权益变动表是反映构成所有者权益的各组成部分当期的增减变动情况的报表,特别是要反映直接计入所有者权益的利得和损失。所有者权益变动表包括在年度会计报表中,是资产负债表的附表。

(五) 附注

附注是对在会计报表中列示的项目所作的进一步说明,以及对未能在这些报表中列示项目的说明等。附注由若干附表和对其有关项目的文字性说明组成。企业编制附注的目的是通过对财务报表本身作补充说明,以更加全面、系统地反映企业财务状况、经营成果和现金流量的全貌,从而有助于向使用者提供更为有用的决策信息,帮助其作出更加科学合理的决策。

四、财务会计报表的编制要求

为了保证会计报表的质量,企业必须按照以下基本要求来编制会计报表:

(一) 数字真实,计算准确

财务会计报告应当以实际发生的交易或事项为依据,如实反映企业的财务状况、经营成果和现金流量。如果财务会计报告所提供的财务信息是虚假的,常常会导致财务会计报告的使用者对企业的财务状况、经营成果和现金流量等情况作出错误的判断,导致其决策失误。企业应当根据实际发生的交易和事项,遵循各项具体会计准则的规定进行确认和计量,并在全面做好清查资产、核实债务和权益及保证数据的真实性和完整性的基础上编制财务会计报告。在编制报表之前,应完成以下几项工作:

(1) 按期结账,确认会计主体的所有交易和事项是否均已登记入账,是否存在应摊销而未摊销、应计提而未计提的费用。

(2) 认真做好对账和财产清查工作,以达到账证相符、账账相符、账实相符。

(3) 通过编制试算平衡表,验证总分类账户本期发生额的正确性,为正确编制会计报表提供可靠的数据。

(二) 内容完整,说明清楚

财务会计报告只有全面反映企业的财务状况和经营成果,提供完整的会计信息资料,才能满足财务会计报告使用者对企业财务信息资料的需要。为了保证财务会计报告的全面完整,企业应按照《企业会计准则》规定的格式和内容填列,不得漏编、漏报。这既包括该编报的会计报表必须全部编报,也包括该填列的项目必须全部填列。而对于企业某些重要的会计事项不仅应当单独列报,还应当在会计报表附注中加以说明。

(三) 及时编制,及时报送

为了保证会计信息的及时性,要求各单位应按国家或上级部门的有关规定的期限和程序及时报送会计报表。

任务二 资产负债表及其编制

【工作情景】

通过对相关资料的学习和对公司情况的了解，小李决定先编制资产负债表。他拿出了本期所有的记账凭证，结计出本期所有有关账户的期末余额，然后根据资产负债表的编制规则编制资产负债表。

【学习目标】

1. 掌握资产负债表的概念。
2. 掌握资产负债表的格式及结构。
3. 掌握资产负债表的编制方法。

一、资产负债表的概念

资产负债表是指反映企业在某一特定日期(如月末、季末、年末)财务状况的会计报表，是静态报表。该表根据“资产＝负债＋所有者权益”会计恒等式设计，依据一定的分类标准和顺序，将企业在一定日期的资产、负债和所有者权益各项目予以适当排列，并对日常核算中形成的大量数据进行整理汇总后编制而成。资产负债表的编制有助于使用者评价企业资产的质量以及短期偿债能力、长期偿债能力、利润分配能力等。

二、资产负债表的格式及结构

资产负债表有两种基本格式，即报告式(垂直式)和账户式。报告式资产负债表是上下结构，上半部列示资产，下半部列示负债和所有者权益。我国企业编制的资产负债表采用账户式。

账户式资产负债表分为左、右两方，左边列示资产，右边列示负债和所有者权益。它是根据“资产＝负债＋所有者权益”的会计等式编制的，如表5-1所示。

表5-1 资产负债表

会企01表

编制单位：________ ____年___月___日 元

资　产	期末余额	年初余额	负债和所有者权益(或股东权益)	期末余额	年初余额
流动资产：			流动负债：		
货币资金			短期借款		
交易性金融资产			交易性金融负债		
应收票据			应付票据		
应收账款			应付账款		
预付账款			预收账款		

(续表)

资　产	期末余额	年初余额	负债和所有者权益(或股东权益)	期末余额	年初余额
应收利息			应付职工薪酬		
应收股利			应交税费		
其他应收款			应付利息		
存货			应付股利		
一年内到期的非流动资产			其他应付款		
其他流动资产			一年内到期的非流动负债		
流动资产合计			其他流动资产		
非流动资产:			流动负债合计		
可供出售金融资产			非流动负债:		
持有至到期投资			长期借款		
长期应收款			应付债券		
长期股权投资			长期应付款		
投资性房地产			专项应付款		
固定资产			预计负债		
在建工程			递延所得税负债		
工程物资			其他非流动负债		
固定资产清理			非流动负债合计		
生产性生物资产			负债合计		
油气资产			所有者权益(或股东权益):		
无形资产			实收资本(或股本)		
开发支出			资本公积		
商誉			减:库存股		
长期待摊费用			盈余公积		
递延所得税资产			未分配利润		
其他非流动资产			所有者权益(或股东权益)合计		
非流动资产合计					
资产合计			负债和所有者权益(或股东权益)合计		

账户式资产负债表的结构可以概括为如下几个方面:

(1) 资产负债表分为左、右两方,左方为资产项目,右方为负债和所有者权益项目,左方的资产总计等于右方的负债和所有者权益总计。

（2）资产项目按照各项资产的流动性的大小排列。流动性大、变现能力强的项目排前面，流动性小、变现能力弱的项目排后面。由上表可知资产负债表的排列先是流动资产，后是非流动资产。

（3）负债与所有者权益项目按照权益顺序排列。由于负债是必须清偿的债务，属于第一顺序的权益，具有优先清偿的特征，而所有者权益则是剩余权益，在正常经营条件下不需要偿还，所以负债在先、所有者权益在后。

（4）负债内部项目按照偿还的先后顺序排列。按照到期日由近至远的顺序，偿还期近的负债项目排前面，偿还期较远的负债项目排后面。由上表可知资产负债表的排列先是流动负债，后是非流动负债。

（5）所有者权益内部项目按照稳定性程度或永久性程度高低顺序排列。稳定性程度或永久性程度高的项目排前面，稳定性程度或永久性程度较低的项目排后面。由上表可知资产负债表的排列先是“实收资本（或股本）”项目，因为实收资本是企业经过法定程序登记注册的资本金，通常不会改变，所以稳定性最好，其次是“资本公积”、“盈余公积”和“未分配利润”项目。

（6）企业需要提供比较资产负债表，以便报表使用者通过比较不同时点资产负债表的数据，掌握企业财务状况的变动情况及发展趋势。所以，资产负债表还就各项目再分为“年初余额”和“期末余额”两栏分别填列。

三、资产负债表的编制方法

资产负债表的“年初余额”栏是根据上年年末资产负债表的“期末余额”栏直接填列，而“期末余额”栏的填列，可以分为以下几种情况：

1. 根据总账账户的余额直接填列

“交易性金融资产”、“工程物资”、“固定资产清理”、“递延所得税资产”、“短期借款”、“交易性金融负债”、“应付票据”、“应付职工薪酬”、“应交税费”、“应付利息”、“应付股利”、“其他应付款”、“预计负债”、“实收资本”、“资本公积”、“盈余公积”等项目，应根据有关总账账户的余额填列。

应注意的是，“固定资产清理”项目应根据该账户的期末借方余额填列。如果“固定资产清理”账户期末余额为贷方余额，以“—”填列。

“应付职工薪酬”和“应交税费”项目应分别根据“应付职工薪酬”和“应交税费”账户的期末贷方余额填列。如果“应付职工薪酬”或“应交税费”账户期末为借方余额，则以“—”号填列。

2. 根据总账账户的余额计算填列

（1）“货币资金”项目应根据“库存现金”、“银行存款”和“其他货币资金”账户的期末余额合计数填列。

（2）“长期应收款”项目应根据“长期应收款”账户的期末余额，减去相应的“未实现融资费用”和“坏账准备”账户所属相关明细账户期末余额后的金额填列。

（3）“长期股权投资”项目反映企业不准备在1年内变现的各种股权性质的投资的可收回金额。它应根据“长期股权投资”账户的期末借方余额，减去“长期股权投资减值准备”账户的期末贷方余额后的金额填列。相类似的还有“可供出售金融资产”、“在建工程”等项目，如果已计提减值准备的，要根据相关账户的期末余额扣减相应的减值准备后的金额填列。

（4）“固定资产”项目反映企业固定资产可收回的金额。它应根据“固定资产”账户的期末借方余额,减去“累计折旧”和“固定资产减值准备”账户的期末贷方余额后的金额填列。相类似的“无形资产”、“投资性房地产”、“生产性生物资产”、“油气资产”等项目,应根据相关账户的期末余额扣减相关的累计摊销(折耗)后的金额填列,已计提减值准备的,还应扣减相应的减值准备。

(5)“长期应付款”项目应根据“长期应付款”账户的期末余额,减去相应的“未确认融资费用”账户期末余额后的金额填列。

3. 根据有关账户所属明细科目余额分析计算填列

(1)“应付账款”项目应根据“应付账款”和“预付账款”账户所属各明细科目的期末贷方余额合计数填列,而“应付账款”所属明细科目期末有借方余额的,应在本表“预付账款”项目内填列。

(2)“开发支出”项目应根据“研发支出”账户中所属的“资本化支出”明细账户期末余额填列。

(3)“一年内到期的非流动资产”、“一年内到期的非流动负债”项目应根据有关非流动资产或负债项目的明细账户余额分析填列。

(4)“其他非流动资产”、“其他流动资产”项目应根据有关账户的期末余额分析填列。

(5)“未分配利润”项目应根据“未分配利润”账户所属明细账户期末余额填列。

4. 根据总账和明细科目余额分析计算填列

(1)“应收账款”项目反映企业因销售商品、提供劳务等而向购买单位收取的各种款项,减去已计提的坏账准备后的净额。它应根据“应收账款”和“预收账款”账户所属明细科目的期末借方余额合计,减去“坏账准备”账户中有关应收账款计提的坏账准备期末余额后的金额填列。

(2)“存货”项目反映企业期末在库、在途和在加工中的各项存货的可变现价值。它应根据“材料采购”、“在途物资”、“原材料”、“库存商品”、“发出商品”、“委托加工物资”、“周转材料”、“生产成本”等账户的期末借方余额合计,减去“存货跌价准备”、“受托代销商品”账户期末贷方余额后的金额填列。材料采用计划成本核算,以及库存商品采用计划成本或售价核算的企业,还应按加或减材料成本差异、商品进销差价后的金额填列。

(3)“其他应收款”项目反映企业对其他单位和个人的应收暂收款项,减去已计提的坏账准备后的净额。它应根据“其他应收款”账户的期末余额,减去“坏账准备”账户中有关其他应收款计提的坏账准备期末余额后的金额填列。相类似的还有“应收票据”、“应收利息”、“应收股利”等项目。

(4)、“持有至到期投资”项目反映企业持有的划分为持有至到期投资的摊余成本。它应根据“持有至到期投资”账户的期末借方余额,减去“持有至到期投资减值准备”账户的期末贷方余额,再减去将于1年内到期的投资项目金额的金额填列。将于1年内到期的“持有至到期投资”账户的期末借方余额,减去“持有至到期投资减值准备”账户中该投资项目计提的减值准备后的金额,应在本表中“一年内到期的非流动资产”项目内填列。

(5)“长期待摊费用”项目反映企业尚未摊销的摊销期限在1年以上的各项费用。它应根据“长期待摊费用”账户期末余额减去将于1年内摊销的数额后的金额填列。

长期待摊费用中将于1年内摊销的部分,应在本表中“一年内到期的非流动负债”项目内填列。

(6)“长期借款”项目反映企业借入的尚未归还的1年期以上的借款本息。它应根据“长期借款”账户的期末余额减去将于1年内到期的借款本息后的余额填列。

将于1年以内到期的长期借款部分，合并在本表中“一年内到期的长期负债”项目内填列。

(7)“应付债券”项目反映企业发行的尚未偿还的各种长期债券的本息。它应根据“应付债券”账户的期末余额减去将于1年内到期的债券本息后的余额填列。

将于1年以内到期的应付债券本息，合并在本表中“一个内到期的非流动负债”项目内填列。

5.资产负债表附注的内容应根据实际需要和有关备查账簿等的记录分析填列

资产负债表附注是对在资产负债表列示项目的文字描述或明细资料，以及对未能在这些报表中列示项目的说明等，由若干附表和对有关项目的文字性说明组成。资产负债表附注的内容应根据实际需要和有关备查账簿等的记录分析填列。

四、资产负债表的编制示例

【例5-1】 2×15年12月31日，北京汇丰实业有限公司有关账户的期末余额资料见表5-2所示。

表5-2　北京汇丰实业有限公司的账户余额　　元

账户名称	借方余额	账户名称	贷方余额
库存现金	75 222	短期借款	200 000
银行存款	3 996 678	应付票据	2 346 600
应收票据	4 715 100	应付账款	300 000
应收账款	1 986 172	预收账款	152 358
预付账款	120 000	应交税费	1 205 994.2
其他应收款	4 500	应付职工薪酬	648 260
原材料	186 000	应付利润	1 058 651.7
材料采购	20 000	应付利息	1 100
库存商品	104 443.59	长期借款	500 000
固定资产	362 000	实收资本	4 200 000
累计折旧	－32 500	盈余公积	211 730.34
长期待摊费用	134 000	未分配利润	846 921.35
合　计	11 671 615.59	合　计	11 671 615.59

注：

(1)“应收账款”账户所属明细账户借方余额合计数为2 414 209元，贷方余额合计数为428 037元。

(2)“预收账款”账户所属明细账户贷方余额为152 358元。

(3)“预付账款”账户所属明细账户借方余额合计数为590 678元，贷方余额合计数为470 678元。

(4)“应付账款”账户所属明细账户都是贷方余额。

根据上述资料编制北京汇丰实业有限公司2×15年12月31日的资产负债表，如下表5-3所示。

表 5-3 资产负债表

会企 01 表

编制单位:北京汇丰实业有限公司　　　2×15 年 12 月 31 日　　　元

资　产	期末余额	年初余额	负债和所有者权益(或股东权益)	期末余额	年初余额
流动资产:		(略)	流动负债:		(略)
货币资金	4 071 900		短期借款	200 000	
交易性金融资产			交易性金融负债		
应收票据	4 715 100		应付票据	2 346 600	
应收账款	2 414 209		应付账款	770 678	
预付账款	590 678		预收账款	580 395	
应收利息			应付职工薪酬	648 260	
应收股利			应交税费	1 205 994.2	
其他应收款	4 500		应付利息	1 100	
存货	310 443.59		应付股利	1 058 651.7	
一年内到期的非流动资产			其他应付款		
其他流动资产			一年内到期的非流动负债		
流动资产合计	12 106 830.59		其他流动资产		
非流动资产:			流动负债合计	6 811 678.9	
可供出售金融资产			非流动负债:		
持有至到期投资			长期借款	500 000	
长期应收款			应付债券		
长期股权投资			长期应付款		
投资性房地产			专项应付款		
固定资产	329 500		预计负债		
在建工程			递延所得税负债		
工程物资			其他非流动负债		
固定资产清理			非流动负债合计	500 000	
生产性生物资产			负债合计	7 311 678.9	
油气资产			所有者权益(或股东权益):		
无形资产			实收资本(或股本)	4 200 000	
开发支出			资本公积		
商誉			减:库存股		

（续表）

资　产	期末余额	年初余额	负债和所有者权益（或股东权益）	期末余额	年初余额
长期待摊费用	134 000		盈余公积	211 730.34	
递延所得税资产			未分配利润	846 921.35	
其他非流动资产			所有者权益（或股东权益）合计	5 258 651.69	
非流动资产合计	463 500				
资产合计	12 570 330.59		负债和所有者权益（或股东权益）合计	12 570 330.59	

任务三　利润表及其编制

【工作情景】

编制资产负债表以后，小李开始编制利润表。他把总账中有关损益类的账户拿出来，结计出本期损益类的发生额，然后再根据利润表的编制方法编制利润表。

【学习目标】

1. 掌握利润表的概念及格式。
2. 掌握利润表的结构。
3. 掌握利润表的编制方法。

一、利润表的概念

利润表又称为损益表、收益表，是指反映企业在一定会计期间经营成果的报表。它是根据“收入－费用＝利润”这一会计等式设计的，属于动态报表。

编制利润表的意义主要体现在以下两个方面：

(1) 企业编制利润表是通过如实反映企业实现的收入、发生的费用以及应当计入当期利润的得利和损失等金额及其结构情况，从而有助于使用者分析评价企业的盈利能力及其构成与质量。

(2) 将利润表中的信息与资产负债表中的信息相结合，还可以提供进行财务分析的基本资料，如应收账款周转率、资产收益率等，可以反映企业资金周转情况及企业的盈利能力和水平，便于报表使用者判断企业未来的发展趋势，做出经济决策。

二、利润表的格式和结构

利润表包括单步式和多步式两种格式。单步式利润表是将当期所有的收入列在一起，然后将所有的费用列在一起，两者相减得出当期净损益；多步式利润表通过对当期的收入、费用、支出项目按性质加以归类，按利润形成的主要环节列示一些中间性利润指标，分步计算当期净损益。

我国《企业会计准则》规定，利润表采用多步式。但对于费用的列报，企业应当采用功能法列报，即按照费用在企业所发挥的功能进行分类列报。按照费用的功能将其分开列报，有助于使用者了解费用发生的活动领域。这种方法通常能向报表使用者提供具有结构性的信息，能更清楚地提示企业经营业绩的主要来源和构成，提供的信息更具有相关性。

利润表一般包括表首、正表两部分。其中，表首概括说明报表名称、编制单位、编制日期、报表编号、货币名称和计量单位。

在利润表中，收入按照重要性程度列示，主要包括营业收入、公允价值变动净收益、投资收益和营业外收入；费用则按照性质列示，并与相关收入相配比，主要包括营业成本、营业税金及附加、销售费用、管理费用、财务费用、资产减值损失、营业外支出和所得税费用等；利润则按照形成过程列示，依次是营业利润、利润总额、净利润和每股收益。

多步式利润表按照4个步骤计算最终成果，即：

第一步，从营业收入出发，减去营业成本、营业税金及附加、销售费用、管理费用、财务费用和资产减值损失，再加上公允价值变动净收益和投资收益，确定营业利润。

第二步，从营业利润开始，加上营业外收入，减去营业外支出，确定利润总额。

第三步，在利润总额的基础上，扣除所得税费用后，确定企业的净利润。

第四步，根据净利润，计算每股收益。普通股或潜在普通股已公开交易的企业，以及正处于公开发行普通股或潜在普通股过程中的企业，还应当在利润表中列示每股收益信息。

也可以用公式表示如下：

营业利润＝营业收入－营业成本－营业税金及附加－销售费用－管理费用－财务费用－资产减值损失＋公允价值变动收益(－公允价值变动损失)＋投资收益(－投资损失)

利润总额＝营业利润＋营业外收入－营业外支出

净利润＝利润总额－所得税费用

我国《企业会计准则》还规定，企业应提供需要比较利润表，以使报表使用者通过比较不同期间利润的实现情况，判断企业经营成果的未来发展趋势。所以，利润表还就各项目再分为“本期金额”和“上期金额”两栏分别填列，如下表5-4所示。

表5-4　利　润　表

会企02表

编制单位：________　　　　年　月　　　　元

项　目	行　次	本期金额	上期金额
一、营业收入			
减：营业成本			
营业税金及附加			
销售费用			
管理费用			
财务费用			
资产减值损失			
加：公允价值变动收益(损失以“－”填列)			

（续表）

项 目	行 次	本期金额	上期金额
投资收益（损失以“－”填列）			
二、营业利润（亏损以“－”填列）			
加：营业外收入			
减：营业外支出			
三、利润总额（亏损以“－”填列）			
减：所得税费用			
四、净利润（净亏损以“－”填列）			
五、每股收益			
其中：基本每股收益			
稀释每股收益			

三、利润表的编制方法

利润表中“本期金额”栏各项目的内容及填列方法说明如下：

（1）“营业收入”项目反映企业主要经营业务和其他业务所确认的收入总额。它应根据“主营业务收入”和“其他业务收入”科目的发生额之和填列。

（2）“营业成本”项目反映企业主要经营业务和其他业务发生的实际成本。它应根据“主营业务成本”和“其他业务成本”科目的发生额之和填列。

（3）“营业税金及附加”项目反映企业经营业务应负担的营业税、消费税、城市维护建设税、资源税、土地使用税和教育费附加等。它应根据“营业税金及附加”科目的发生额填列。

（4）“销售费用”项目反映企业在销售商品及商品流通企业在购入商品等过程中发生的费用。它应根据“销售费用”科目的发生额填列。

（5）“管理费用”项目反映企业发生的管理费用。它应根据“管理费用”科目的发生额填列。

（6）“财务费用”项目反映企业发生的财务费用。它应根据“财务费用”科目的发生额填列。

（7）“投资收益”项目反映企业以各种方式对外投资所取得的扣除投资损失净损益。它应根据“投资收益”科目的发生额分析填列，如为投资损失，以“－”号填列。

（8）“公允价值变动收益”项目应根据“公允价值变动收益”科目发生额分析填列，如为净损失，本项目用“－”填列。

（9）“营业利润”项目反映企业实现的营业利润，如为亏损则以“－”列示。

（10）“营业外收入”和“营业外支出”项目反映企业发生的与其生产经营无直接关系的各项收入和支出。这两个项目应分别根据“营业外收入”和“营业外支出”科目的发生额分析填列。

（11）“利润总额”项目反映企业实现的利润总额，如为亏损则以“－”列示。

（12）“所得税费用”项目反映企业根据《所得税准则》确认的应从当期利润总额中扣除的

所得税费用。它应根据“所得税费用”科目的发生额填列。

(13)“净利润”项目反映企业实现的净利润,如为亏损则以“－”列示。

利润表中“上期金额”栏各项目的填列方法说明如下:

利润表中的“上期金额”栏应根据上年该期利润表“本期金额”栏内数字填列。如果上年该期利润表规定的各个项目的名称和内容同本期不一致,应对上年该期利润表中各个项目的名称和数字按本期的规定进行调整,填入“上期金额”栏。

四、利润表的编制示例

【例5-2】 2×15年12月31日,北京汇丰实业有限公司损益账户的发生额见表5-5所示。

表5-5 损益类账户累计发生额 元

账户名称	借或贷	前11个月发生额	12月份发生额	本年发生额	上年发生额
主营业务收入	贷	2 200 000	6 170 000	8 370 000	
其他业务收入	贷	17 000	68 376	85 376	
主营业务成本	借	774 800	3 918 481.41	4 693 281.41	
其他业务成本	借	11 000	60 000	71 000	
营业税金及附加	借	27 111.1	58 057.4	85 168.5	
销售费用	借	62 800	28 600	91 400	
管理费用	借	52 000	22 900	74 900	
财务费用	借	10 000	11 100	21 100	
投资收益	贷				
营业外收入	贷				
营业外支出	借		1 350	1 350	
所得税费用	借	792 512	534 471.8	1 326 983.8	

根据损益表发生额编制利润表如表5-6所示。

表5-6 利 润 表

会企02表

编制单位:北京汇丰实业有限公司　　2×15年12月　　元

项　目	行　次	本期金额	上期金额
一、营业收入		8 455 376	
减:营业成本		4 764 281.41	
营业税金及附加		85 168.5	
销售费用		91 400	
管理费用		74 900	

（续表）

项　目	行　次	本期金额	上期金额
财务费用		21 100	
资产减值损失			
加：公允价值变动收益（损失以"—"填列）			
投资收益（损失以"—"填列）			
二、营业利润（亏损以"—"填列）		3 418 526.09	
加：营业外收入			
减：营业外支出		1 350	
三、利润总额（亏损以"—"填列）		3 417 176.09	
减：所得税费用		1 326 983.8	
四、净利润（净亏损以"—"填列）		2 090 192.29	
五、每股收益			
其中：基本每股收益			
稀释每股收益			

习　题

一、填空题

1. 企业定期对外报送的会计报表包括主表和________两部分，其中主要包括__________表、__________表、__________表和________________表。

2. 所有者权益是指所有者在资产中享有的经济利益，其金额为____________减去后的余额。

3. 企业的营业收入由__________收入和__________收入构成。

4. ________是反映企业经营成果的会计报表。

5. 编制利润表所依据的会计等式是________________。

二、单项选择题

1. 依照我国的《企业会计准则》，资产负债表采用的格式为（　　）。

A. 单步报告式　　B. 多步报告式　　C. 账户式　　D. 混合式

2. 资产负债表是反映企业（　　）财务状况的会计报表。

A. 某一特定日期　　B. 一定时期内　　C. 某一年份内　　D. 某一月份内

3. 在下列各个会计报表中，属于反映企业对外的静态报表的是（　　）。

A. 利润表　　B. 利润分配表

C. 现金流量表　　D. 反映财务状况的主表

4. "应收账款"科目所属明细科目如有贷方余额，应在资产负债表（　　）项目中反映。

A. "预付账款"　　B. "预收账款"　　C. "应收账款"　　D. "应付账款"

5. 利润表中的“净利润”是根据企业的利润总额扣除(　　)后的净额。

A. 所得税　　B. 盈余公积　　C. 应付利润　　D. 营业利润

6. 根据“收入－费用＝利润”填列的会计报表是(　　)。

A. 所有者权益变动表　　B. 资产负债表

C. 现金流量表　　D. 利润表

7. 某企业应付账款明细账的期末余额情况如下：W企业贷方余额为200 000元，Y企业借方余额为180 000元，Z企业贷方余额为300 000元，假如该企业预付账款明细账均为借方余额。则根据以上数据计算的反映在资产负债表中“应付账款”项目的数额为(　　)元。

A. 680 000　　B. 320 000　　C. 500 000　　D. 80 000

8. 在编制资产负债表时，资产类备抵调整账户应列示在(　　)。

A. 权益方　　B. 资产方　　C. 借方　　D. 贷方

9. 资产负债表中的“存货”项目应根据(　　)。

A. “存货”账户的期末借方余额直接填列

B. “原材料”账户的期末借方余额直接填列

C. “原材料”、“生产成本”和“库存商品”等账户的期末借方余额之和，减去“存货跌价准备”账户期末余额后的金额填列

D. “原材料”、“在产品”和“库存商品”等账户的期末借方余额之和填列

10. 某企业本月主营业务收入为1 000 000元，其他业务收入为80 000元，营业外收入为90 000元，主营业务成本为760 000元，其他业务成本为50 000元，营业税金及附加为30 000元，营业外支出为75 000元，管理费用为40 000元，销售费用为30 000元，财务费用为15 000元，所得税费用为75 000元。则该企业本月的营业利润为(　　)元。

A. 170 000　　B. 155 000　　C. 25 000　　D. 80 000

11. 资产负债表中负债项目的顺序是按(　　)排列的。

A. 项目的重要性程度　　B. 项目的金额大小

C. 项目的支付性大小　　D. 清偿债务的先后

12. 某公司本会计期间的主营业务收入为1 700万元，主营业务成本为1 190万元，营业税金及附加为170万元，销售费用为110万元，管理费用为100万元，财务费用为19万元，营业外收入为16万元，营业外支出为25万元，其他业务收入为200万元，其他业务成本为100万元，应交所得税按利润总额的25%计算。则其营业利润，利润总额、企业净利润分别为(　　)万元。

A. 111、232、174　　B. 211、202、151.5

C. 356、232、74　　D. 111、202、151.5

13. 期末，大华公司的负债为7 455万元、非流动资产合计为4 899万元、所有者权益合计为3 000万元。则当日该公司的流动资产合计应当为(　　)万元。

A. 2 556　　B. 4 455　　C. 1 899　　D. 5 556

三、多项选择题

1. 在利润表中，应列入“主营业务税金及附加”项目中的税金有(　　)。

A. 增值税　　B. 消费税

C. 城市维护建设税　　D. 资源税

E. 教育附加税

2. 企业的下列报表中，属于对外会计报表的有（　　）。

A. 资产负债表　　B. 利润表

C. 利润分配表　　D. 制造成本表

E. 现金流量表

3. 会计报表的使用者包括（　　）。

A. 债权人　　B. 企业内部管理层

C. 投资者　　D. 潜在的投资者

E. 国家政府部门

4. 下列各项目中，属于营业外支出的有（　　）。

A. 罚款支出　　B. 滞纳金

C. 处理固定资产净损失　　D. 捐赠支出

5. 通过财务会计报告可以看出企业的（　　）。

A. 财务状况　　B. 经营成果　　C. 现金流量　　D. 经营管理水平

6. 在编制资产负债表时，应根据总账科目的期末借方余额直接填列的项目有（　　）。

A. “固定资产原价”　　B. “工程物资”

C. “坏账准备”　　D. “累计折旧”

E. “短期借款”

7. 下列属于报表中所有者权益项目的有（　　）。

A. 实收资本　　B. 资本公积　　C. 应付利润　　D. 盈余公积

8. 下列属于非流动负债的有（　　）。

A. 长期借款　　B. 应付债券　　C. 应交税费　　D. 短期借款

9. 下列应该包括在资产负债表“存货”项目中的有（　　）。

A. 工程物资　　B. 在途物资　　C. 委托代销商品　　D. 周转材料

四、判断题

1. 会计报表按其反映的内容，可以分为动态会计报表和静态会计报表，资产负债表是反映在某一特定时期内企业财务状况的会计报表，属于静态会计报表。（　　）

2. 目前国际上比较普遍的利润表的格式主要有多步式利润表和单步式利润表两种。为简便明晰起见，我国企业的利润表采用的是单步式。（　　）

3. 资产负债表中的“货币资金”项目，应主要根据银行存款各种结算账户的期末余额填列。（　　）

4. 利润表是反映企业某一特定日期经营成果的报表。（　　）

5. 企业的净利润是根据权责发生制计算的结果，不是本期的现金净流量。（　　）

6. 资产负债表中的所有者权益内部各项目是按照流动性或变现能力排列的。（　　）

7. 账户式资产负债表分为左、右两方，左方为资产项目，一般按照流动性大小排列；右方为负债及所有者权益项目，一般按要求偿还时间的先后顺序排列。（　　）

8. 净利润是指营业利润减去所得税费用后的金额。（　　）

9. 营业利润是以主营业务利润为基础，加上其他业务利润，减去销售费用、管理费用和财务费用，再加上营业外收入减去营业外支出计算出来的。（　　）

10.资产负债表中的“固定资产”项目应根据“固定资产”账户余额直接填列。 ( )

五、实训题

1.某企业2×15年12月31日的账户余额如下表5-7所示：

表5-7 2×15年12月31日的账户余额 元

账户名称	借方余额	贷方余额	账户名称	借方余额	贷方余额
库存现金	500		短期借款		54 000
银行存款	15 500		应付账款		16 000
交易性金融资产	14 000		预收账款		7 000
应收账款	12 500		其他应付款		6 300
预付账款	14 700		应付职工薪酬		34 200
其他应收款	5 000		应交税费		60 000
材料采购	15 400		应付股利		23 000
原材料	14 600		长期借款		23 000
库存商品	20 000		实收资本		334 000
长期股权投资	200 000		盈余公积		22 380
固定资产	450 000		利润分配		152 820
累计折旧		56 000			
无形资产	23 000				
长期待摊费用	3 500				

要求：根据上述账户记录编制该企业2×15年12月31日资产负债表。

2.南方股份有限公司2×15年损益类账户发生额的资料如下(单位：元)：

科目名称	借方	贷方
主营业务收入		800 000
主营业务成本	600 000	
营业税金及附加	10 000	
管理费用	40 000	
销售费用	3 500	
财务费用	3 000	
营业外收入		20 000
营业外支出	10 000	
其他业务收入		20 000
其他业务成本	15 000	
资产减值损失	1 000	
公允价变动损益	2 000	
投资收益		40 000
所得税费用	48 800	

要求：根据上述资料编制该公司在该会计期间内的利润表。

项目六　会计资料的装订与归档

任务一　会计档案概述

【工作情景】

小王大学毕业刚应聘成为北京汇丰实业有限公司的一名会计，上班第一天，公司的张总安排小王负责该公司财务部的会计档案管理工作。小王心想，自己对日常的出纳、记账等业务工作还比较熟悉，但是从事会计档案管理工作还真没什么经验。虽然上学时学过会计档案方面的会计知识，可真到实际用的时候才发现很多会计档案管理方面的知识都记不清了。小王为此事很苦恼，你能帮助他解除困惑吗？

【学习目标】

1. 理解会计档案的含义。
2. 掌握会计档案的基本内容。
3. 熟练掌握会计档案的归档程序。

一、会计档案的概念

会计档案是指会计凭证、会计账簿、财务会计报告等会计核算专业资料。它是记录和反映经济业务的重要史料和证据。

一提起会计凭证、会计账簿、会计报表，小王并不陌生。他知道这些会计资料可是记录个企业经济业务的重要载体，对这些资料进行妥善管理在会计工作中具有重要的现实意义。通过会计档案，可以了解每项经济业务的来龙去脉；可以检查一个单位是否遵守财经纪律，在会计资料中有无弄虚作假、违法乱纪等行为。此外，会计档案还可以为国家、单位提供详尽的经济资料，为国家制定宏观经济政策及单位制订经营决策提供参考。

二、会计档案的内容

(一) 会计档案的基本内容

(1) 会计凭证类。会计凭证主要包括自制原始凭证、外来原始凭证、原始凭证汇总表、记账凭证(包括收款凭证、付款凭证、转账凭证 3 种)、记账凭证汇总表、银行存款(借款)对账单、银行存款余额调节表等内容。

(2) 会计账簿类。会计账簿主要包括按会计科目设置的总分类账、各类明细分类账、现金日记账、银行存款日记账以及辅助登记备查簿等。

(3) 财务会计报告类。财务会计报告类主要包括月度、季度、年度会计报告(包括会计报表、附表、附注及文字说明)和其他财务报告。

(4) 其他会计核算资料。其他会计核算资料属于经济业务范畴，是与会计核算、会计监督紧密相关的,由会计部门负责办理的有关数据资料。如银行存款余额调节表、银行对账单和其他财务清查汇总资料、经济合同、财务数据统计资料、核定资金定额的数据资料、会计档案移交清册、会计档案保管清册、会计档案销毁清册等。

(二) 会计电算化的会计档案内容

实行会计电算化的单位存贮在磁性介质上的会计数据、程序文件及其他会计核算资料均应视同会计档案一并管理。

(1) 机制会计档案。这包括从会计电算化系统打印输出的会计凭证、会计账簿、会计报表等纸介质档案,也包括应当依法保存的会计档案移交、保管、销毁清册等其他类档案。

(2) 机读会计档案。这包括以计算机硬盘、软盘等磁性介质或光盘等其他介质存储的,只能以电子数据状态保存的会计数据,包括会计凭证、会计账簿、会计报表等数据和会计数据库。

(3) 计算机系统档案。这包括计算机硬件系统型号、存储空间和外部设备类型及其增减变化;计算机操作系统及网络操作系统型号;会计电算化软件系统名称、版本号,与之配套的安装光盘、磁盘、用户服务卡以及用户手册等全套文档资料。

根据《会计档案管理办法》的规定,各单位的预算、计划、制度等文件材料属于文书档案,不属于会计档案。

三、会计档案的归档

(1) 根据《会计档案管理办法》的规定,各单位每年形成的会计档案都应由会计机构按照归档的要求,负责整理立卷,装订成册,编制会计档案保管清册。

(2) 当年形成的会计档案,在会计年度终了,可暂由本单位财务会计部门保管1年。期满之后,原则上应由财务会计部门编造清册,移交本单位的档案部门保管;未设立档案部门的,应当在财务会计部门内部指定专人保管。

(3) 会计档案的整理一般采用“三统一”的办法,即分类标准统一、档案形成统一、管理要求统一,并分门别类按各卷顺序编号。分类标准统一是指将财务会计资料分成一类账簿、二类凭证、三类报表、四类文字资料及其他。档案形成统一是指按册封面、档案卡夹、存放序列统一。管理统一是指建立财务会计资料档案簿、会计资料档案目录、会计凭证装订成册,报表和文字资料立卷,其他零星资料按年度排序汇编装订成册。

(4) 移交本单位档案机构保管的会计档案,原则上应当保持原卷册的封装,个别需要拆封重新整理的,应当会同原财务会计部门和经办人共同拆封整理,以分清责任。

通过学习,小王明白了会计档案的归档工作就是会计部门或会计人员将形成的会计凭证、会计账簿、财务会计报告等会计核算专业资料经过整理立卷,装订成册,移交给单位档案管理部门保管的过程。

任务二　会计档案的保管

【工作情景】

第二天小王上班,正赶上年末,一大早公司老会计张某就把大堆的会计凭证、会计账簿、会计报表等会计专业资料交给他来保管。面对这一大堆零散的会计资料,小王一下子懵了,尽管他对会计档案管理工作有了一定的认识,但不知如何下手才能将工作做好，于是小王请教老会计张某。张某耐心地给小王讲解了如何按照归档要求对会计档案进行整理装订，以及会计档案保管工作的一些相关规定。

【学习目标】

1. 熟练掌握会计档案的整理与装订。

2. 理解会计档案移交与保管的相关规定。

3. 熟练掌握各种会计档案的具体保管期限。

一、会计档案的整理与装订

会计档案的整理装订主要包括会计凭证、会计账簿、会计报表及其他会计资料的整理与装订。

(一) 会计凭证的整理与装订

会计凭证一般每月装订一次，装订好的凭证按年分月妥善保管归档。

1. 会计凭证的整理

(1) 月末将所有需要归档的会计凭证进行分类整理，如采用专用记账凭证，可分为收、付、转3类，各类按顺序排列；

(2) 清除凭证内的金属物（如订书针、大头针、曲别针），对超过记账凭证宽度和长度的原始凭证要折叠成同记账凭证大小，且要避开装订线，以便翻阅保持数字完整；

(3) 将各类记账凭证按适当厚度分成若干册，每册厚度尽可能保持一致，一般为2～3厘米；

(4) 采用汇总记账凭证账务处理程序的单位按凭证汇总日期归集（如按上、中、下旬汇总归集）确定装订成册的本数，并将汇总记账凭证附于各册记账凭证之前。

2. 会计凭证的装订

(1) 可以采用两孔引线法或三针引线法装订。在此仅介绍三针引线法的装订方法。用三针引线法装订时应使用棉线，在左上角部位打上3个针眼，穿入装订线并打上结，结扣应是活的，并放在凭证封皮的里面，装订时应尽可能缩小所占部位，使记账凭证及其附件保持尽可能大的显露面，以便事后查阅。

(2) 每册凭证外面要加具封面，封面规格略大于所附记账凭证，会计凭证封面应写明单位名称、凭证种类、日期、册数编号（如本月共几册、本册是第几册）、起止号码、凭证张数等，并由会计主管人员和装订人员签章。

(3) 对于数量过多的原始凭证，如领料单和收料单等，可以单独装订保管，但应在封面上注明记账凭证的日期、种类和编号，并在记账凭证上注明“附件另订”字样和原始凭证名称、编号及张数，以备事后查阅。

(二) 会计账簿的整理与装订

各种会计账簿年度结账后，除跨年使用的账簿外，其他账簿应按时整理立卷。

(1) 装订前要按账簿启用表的使用页数核对各个账户是否相符，账页数是否齐全，序号排列是否连续。

(2) 对活页式账簿要取出其空白页，然后在剩余账页的左或右上角编上页码，撤账夹，用质地好的牛皮纸做账簿封面封底，用脱脂线绳装订成册。但订本账中的空白页不能拆去，以保持账簿本身的完整性。

(3) 三栏式活页账、多栏式活页账和数量金额式活页账等不得混装,应按同类业务、同类账页装订在一起。

(4) 将账簿的启用和经管人员一览表、账户目录中的内容填写完整。

(5) 装订。按会计账簿封面、账簿启用表、账户目录、该账簿按页码或记录日期排序整理好的账页、装订封底的顺序装订。应注意的是,装订后会计账簿的封口要严密,封口处要加盖有关印章。

(6) 账簿封面应注明单位名称、账簿名称、编号、所属年度、保管期限等,并由会计主管人员和装订人(经办人)签章。编号为一年一编,编号顺序为总账、现金日记账、银行存款日记账、分户明细账。应注意的是,封面应齐全、平整,不得有折角、缺角、错页、掉页、加空白纸的现象。

(7) 会计账簿按保管期限分别编制卷号,如现金日记账全年按顺序编制卷号;总账、各类明细账、辅助账全年按顺序编制卷号。

(三) 会计报表的整理与装订

会计报表应按年度整理立卷。立卷时要区分不同的保管期限,年度报表要与季度、月份报表分开,编写页号,分别组卷。

(1) 会计报表装订前要按编报目录核对是否齐全,整理报表页数,上边和左边对齐压平,防止折角,如有损坏部位注意修补,使其完整无缺。

(2) 会计报表应分基层单位会计报告、汇总会计报告分别装订。年终决算报表要单独装订,季报和月报可根据张数的多少,装订成一卷或数卷。财务报告的文字材料是对会计报表的分析和说明,必须与会计报表一起组合到案卷,以保持其内容的密切联系。

(3) 会计报表装订顺序为会计报表封面、会计报表编制说明、各种会计报表(按会计报表的编号顺序排列)、财务报告的必要文字说明、会计报表的封底。

(4) 填写卷内目录和备考表。卷内目录栏目一般有序号、财务报告名称、编报单位、填报日期等。备考表栏目一般有卷内情况说明、组卷人、主管会计、组卷时间等。

(5) 装订。按组合时分出的卷数采用三孔一线方式在财务报告左侧装订,结头应在财务报告的背面。

(6) 装订后,贴上财务报告封面。封面栏目一般有编号、密级、财务报告名称、编报单位、单位负责人、填报人、审核人、填报日期等;封面脊背栏目一般有报告的年度、总页数、档号、保管期限等。为长久保存财务报告,最好将其放入卷盒内保管,并在脊背上填上档号等项目。

(四) 其他会计资料的整理与装订

其他会计资料如银行存款余额调节表、银行对账单、会计档案移交清册、会计档案保管清册、会计档案销毁清册等也视同正式会计档案进行整理装订。会计资料的整理与装订要规范,封面、盒、袋要按统一的尺寸、规格制作,卷脊、封面的内容要按统一的项目印刷、填写。但是,这部分资料并不全部移交档案部门,有的由财会部门保存;需要移交档案部门保管存放的,要另行组卷装订,按要求装订移交。

采用计算机进行会计核算的单位,应当保存打印出的纸质会计档案,整理方法不变。

二、会计档案的移交与保管

(一) 会计档案的移交手续

《会计档案管理办法》规定:“当年会计档案,在会计年度终了后,可暂由本单位财务会计部门保管一年,期满之后原则上应由财务会计部门编制清册移交本单位的档案部门保管。"未设立档案机构的,应当在机构内部指定专人保管。应注意的是,出纳人员不得兼管会计档案工作。

移交本单位档案机构保管的会计档案,原则上应当保持原卷册的封装。个别需要拆封重新整理的,档案机构应当会同会计机构和经办人员共同拆封整理,以分清责任。

交接会计档案时,双方应当办理会计档案交接手续。会计档案的交接手续应按下列程序进行:

(1) 移交会计档案的单位应开列清册,填写交接清单。其格式见表6-1所示。

(2) 交接会计档案时,交、接双方应当按照会计档案移交清册所列内容逐项交接,并由交、接双方的单位负责人负责监交。

(3) 交接完毕后,交、接双方经办人员和监交人应当按移交清册和交接清单项目核查无误后,在会计档案移交清册(见表6-1)上签名或者盖章。

表6-1 会计档案移交清册

顺序号	类别	案卷题名	起止日期	凭证编号	卷内张数	册数	保管期限	已保管期限	备注

移交部门负责人: 接收部门负责人:

经手人: 经手人:

监交人: 移交日期: 年 月 日

(二) 会计档案的保管要求

会计档案是单位的重要档案,必须进行妥善保管以确保会计档案的安全与完整。

(1) 会计档案室应选择在干燥防水的地方,并远离易燃品堆放地,周围应备有适应的防火器材;

(2) 采用透明塑料膜作防尘罩、防尘布,遮盖所有档案架和堵塞鼠洞;

(3) 会计档案室内应经常用消毒药剂喷洒,经常保持清洁卫生,以防虫蛀;

(4) 会计档案室保持通风透光,并有适当的空间、通道和查阅地方,以利查阅,并防止潮湿;

(5) 设置归档登记簿、档案目录登记簿、档案借阅登记簿,严防毁坏损失、散失和泄密;

(6) 会计电算化档案的保管应采取防盗、防磁等安全措施。

三、会计档案的保管期限

会计档案是重要的经济档案和历史资料,为了保证会计档案的安全与完整,各类会计档案的具体保管期限应按照《会计档案管理办法》的规定执行。会计档案的重要程度不同,其保管期限也有所不同。各种会计档案的保管期限,按其特点可分为永久性和定期性两类。凡是在立档单位会计核算中形成的,记述和反映会计核算的,对工作总结、查考和研究经济活动具有长远利用价值的会计档案,应永久保存。定期保管期限分别为3年、5年、10年、15年、25年5种。会计档案的保管期限从会计年度终了后的第一天算起。如2010年度终了日为12月31日,保管期限按2011年1月1日开始计算。其详细内容参见表6-2和表6-3。

表6-2 企业和其他组织会计档案保管期限表

序 号	档案名称	保管期限	备 注
一、	会计凭证类		
1.	原始凭证	15年	
2.	记账凭证	15年	
3.	汇总凭证	15年	
二、	会计账簿类		
1.	总账	15年	包括日记总账
2.	明细账	15年	
3.	日记账	15年	现金和银行日记账25年
4.	固定资产卡片		固定资产报废清理后5年
5.	辅助账簿		
三、	财务报告类		包括各级主管部门
1.	月、季度财务报告	3年	包括文字分析
2.	年度财务报告(决算)	永久	包括文字分析
四、	其他类		
1.	会计移交清册	15年	
2.	会计档案保管清册	永久	
3.	会计档案销毁清册	永久	
4.	银行余额调节表	5年	
5.	银行对账单	5年	

表6-3 财政总预算、行政单位、事业单位和税收会计档案保管期限表

序 号	档案名称	财政总预算	行政事业单位	税收会计	备 注
一、	会计凭证类				
1.	国家金库编送的各种报表及缴库退库凭证	10年		10年	
2.	各收入机关编送的报表	10年			
3.	行政单位和事业单位的各种会计凭证		15年		包括原始凭证、记账凭证和传票汇总表

（续表）

序　号	档案名称	财政总预算	行政事业单位	税收会计	备　注
4.	各种完税凭证和缴、退库凭证			15年	缴款书存根联在销号后保管2年
5.	财政总预算拨款凭证及其他会计凭证	15年			包括拨款凭证和其他会计凭证
6.	农牧业税结算凭证			15年	
二、	会计账簿类				
1.	日记账		15年	15年	
2.	总账	15年	15年	15年	
3.	税收日记账（总账）和税收票证分类出纳账		25年		
4.	明细分类、分户账或登记簿	15年	15年	15年	
5.	现金出纳账、银行存款账		25年	25年	
6.	行政单位和事业单位固定资产明细账（卡片）				固定资产报废清理后保管5年
三、	财务报告类				
1.	财政总预算	永久			
2.	行政单位和事业单位决算	10年	永久		
3.	税收年报（决算）	10年		永久	
4.	国家金库年报（决算）	10年			
5.	基本建设拨、贷款年报（决算）	10年			
6.	财政总预算会计旬报	3年			所属单位报送保管2年
7.	财政总预算会计月、季度报表	5年			所属单位报送的保管2年
8.	行政单位和事业单位会计月、季度报表		5年		所属单位报送的保管2年
9.	税收会计报表（包括票证报表）			10年	电报保管1年，所属税务机关报送的保管3年
四、	其他类				
1.	会计移交清册	15年	15年	15年	
2.	会计档案保管清册	永久	永久	永久	
3.	会计档案销毁清册	永久	永久	永久	

小王听完老会计张某的讲解，明白了在每一会计期末，财务部门应对本期所形成的各类会计档案，按照归档要求进行整理立卷，装订成册，并按照会计档案保管的要求进行妥善保管。

任务三　会计档案的查阅、复制和销毁

【工作情景】

今天小王一上班，公司张总就给小王打电话，说北京汇丰实业人员要借出公司部分会计档案资料，让小王予以配合。小王了解到该企业是为北京汇丰实业有限公司的一长期供货单位，有良好的合作关系，并已经过会计主管人张总签字同意。小王心里就范起了嘀咕，如此重要的会计档案能借出吗？需要办理什么手续呢？你能为小王出谋献策吗？

【学习目标】

1. 熟练掌握会计档案的查阅与复制。
2. 熟练掌握各种会计档案的销毁程序。

一、会计档案的查阅、复制

各单位应当建立健全会计档案查阅、复制登记制度。

(1) 各单位保存的会计档案原则上不得借出。如有特殊需要，经本单位负责人批准，可以提供查阅或者复制，并办理登记手续。

(2) 单位内部人员因公需要查阅会计档案时，须经会计主管人员或单位负责人批准后，方可办理查阅手续；外部人员因公需要查阅会计档案时，应持有单位正式介绍信，经本单位负责人批准后，方可办理查阅手续。

(3) 办理查阅手续时，查阅人应当认真填写档案查阅登记簿，将查阅人的姓名、单位、日期、数量、内容、归档等情况登记清楚。

(4) 查阅或者复制会计档案的人员，严禁在会计档案上涂画、标记、拆封和抽换。

(5) 会计档案一般不得带出室外，如有特殊情况，需要带出室外复制时，必须经本单位负责人批准，且限期归还，并办理注销借阅手续。

通过以上学习，小王知道公司将部分会计档案借给长期客户供其查阅是不符合规定的。根据规定，会计档案经“本单位负责人”批准，在不拆散原卷册的前提下，可以提供查阅或者复制，并办理登记手续。

二、会计档案的销毁

月末，公司有一批保管期满的会计档案按规定需要进行销毁。公司档案管理部门就编制了会计档案销毁清册，档案管理部门的负责人在会计档案销毁清册上签了字，并准备当天销毁。作为会计部门的工作人员小王得知此事后，认为公司会计档案的销毁程序不符合《会计档案管理办法》规定，并按照相关规定给出了自己的建议。

会计档案销毁是会计档案管理的重要内容，必须严格规范，有序进行。保管期满的会计档案，可以按照以下程序销毁：

（1）由本单位档案机构会同会计机构提出销毁意见，会同财务会计部门共同鉴定、严格审查，编制会计档案销毁清册。其格式见表 6-4。

（2）单位负责人在会计档案销毁清册上签署意见。

（3）销毁会计档案时，应当由档案机构和会计机构共同派员监销。国家机关销毁会计档案时，应当由同级财政部门、审计部门派员参加监销。财政部门销毁会计档案时，应当由同级审计部门派员参加。

（4）监销人在销毁会计档案前，应当按照会计档案销毁清册所列内容清点核对所要销毁的会计档案。销毁后，应当在会计档案销毁清册上签名盖章，注明"已销毁"字样和销毁日期，并将监销情况写出书面报告一式两份，一份报本单位负责人，一份归入档案备查。

（5）采用电子计算机进行会计核算的单位，应当保存打印出的纸质会计档案。具备采用磁带、磁盘、光盘、微缩胶片等磁性介质保存会计档案条件的，由国务院业务主管部门统一规定，并报财政部、国家档案局备案。

不得销毁的会计档案如下：

（1）保管期满但未结清的债权债务原始凭证和涉及其他未了事项的原始凭证，不得销毁，应当单独抽出，另行立卷，由档案部门保管到未了事项完结时为止。单独抽出立卷的会计档案应当在会计档案销毁清册和会计档案保管清册中列明。

（2）正在项目建设期间的建设单位的会计档案，不论是否已满保管期限，一律不得销毁，必须妥善保管。待项目办理竣工决算后，按规定的交接手续交给接受单位。

表 6-4　会计档案销毁清册

单位名称：________________

序号	类别	题名	起止年月日	目录号	案卷号	原期限	已保管期限	页数	备注

财务负责人签字：　　　　　　档案负责人签字：　　　　年　　月　　日

会计档案保管期满需要销毁的，须由本单位档案部门提出意见，会同本单位的会计部门共同进行审查和鉴定，编制会计档案销毁清册，并经单位负责人在会计档案销毁清册上签字。销毁时，要有单位档案部门和会计部门共同派人监销；销毁后，监销人应当在会计档案销毁清册上签章，并将监销情况报告本单位负责人。

习　题

一、单项选择题

1. 以下会计资料中,不属于会计档案的是(　　)。

A. 现金日记账　　B. 总账　　C. 购销合同　　D. 购货发票

2. 各单位每年形成的会计档案,都应由本单位(　　)负责整理立卷,装订成册,编制会计档案保管清册。

A. 财务会计部门　　B. 档案部门　　C. 人事部门　　D. 指定专人

3. 会计档案的保管期限是从(　　)算起。

A. 会计年度终了后第一天　　B. 审计报告之日

C. 移交档案管理机构之日　　D. 会计资料的整理装订日

4. 会计档案保管期限分为永久和定期两类。定期保管会计档案的最长期限是(　　)。

A. 5年　　B. 10年　　C. 15年　　D. 25年

5. 原始凭证和记账凭证的保管期限为(　　)。

A. 15年　　B. 25年　　C. 3年　　D. 10年

6. 下列说法中,正确的是(　　)。

A. 会计档案销毁清册需要保管15年　　B. 银行存款余额调节表需要保管5年

C. 固定资产卡片账应保管15年　　D. 现金日记账需要保管15年

二、多项选择题

1. 会计档案是指会计凭证、会计账簿和会计报表等会计核算专业资料。下列资料中,属于会计档案的是(　　)。

A. 银行存款余额调节表　　B. 固定资产卡片

C. 会计移交清册　　D. 月度财务收支计划

2. 按照《会计档案管理办法》的规定,下列说法中正确的有(　　)。

A. 会计档案的保管期限分为3年、5年、10年、15年、25年5类

B. 单位合并后原各单位仍存续的,其会计档案仍应由原各单位保管

C. 企业银行存款余额调节表、银行对账单和固定资产卡片于固定资产报废清理后保管5年

D. 我国境内所有单位的会计档案不得携带出境

3. 下列关于会计档案的表述中,符合《会计档案管理办法》规定的有(　　)。

A. 单位会计档案经本单位会计机构负责人批准后可以对外提供查询

B. 单位会计档案销毁须经单位负责人批准

C. 保管期满但未结清债权债务的原始凭证,不得销毁

D. 正在项目建设期间的建设单位,其保管期满的会计档案不得销毁

4. 下列各项中,属于会计档案的有(　　)。

A. 会计凭证　　B. 总账　　C. 日记账　　D. 会计报表

5. 关于会计档案的销毁,下列说法中正确的有(　　)。

A. 应当由本单位财务会计部门提出销毁意见

B. 应当编制会计档案销毁清册

C. 单位负责人应在销毁清册上签署意见

D. 应当由单位档案机构和会计机构共同派员监销

6. 下列会计档案中，需要永久保存的有（　　）。

A. 汇总凭证　　B. 辅助账簿

C. 年度财务报告　　D. 会计档案销毁清册

7. 下列企业的会计档案中，保管期限为 15 年的有（　　）。

A. 固定资产总账　　B. 库存商品明细账

C. 现金日记账　　D. 长期股权投资总账

三、判断题

1. 销毁会计档案时，应由单位档案机构和会计机构共同派员监销。（　　）

2. 对于保管期满但未结清债权债务的原始凭证和涉及其他未了事项的原始凭证，不得销毁，应单独抽出立卷，由档案部门保管到未了事项完结时为止。（　　）

3. 对于保管期满的会计档案可以直接销毁。（　　）

4. 会计档案保管清册要保管 15 年。（　　）

5. 各单位保存的会计档案原则上不得借出，但如有特殊需要，经本单位负责人批准，可以借出。（　　）

6. 当年形成的会计档案，在会计年度终了后，可暂由本单位会计机构保管 1 年。（　　）

7. 本单位的会计档案机构为方便保管会计档案，可以根据需要对其拆封重新整理。（　　）

四、实训题

练习会计档案的整理、装订、总结。

要求：

（1）整理和装订会计凭证、账簿、报表，做到分类有序、装订整齐牢固、归档规范。

① 将项目二习题中的实训 2 中已编制的记账凭证，分类编号排序整理，并加具封面，装订成册，同时填写有关内容。

② 将项目三习题中的实训 2 中已登记的活页式明细分类账簿按照三栏式、多栏式和数量金额式分别整理，重新编排页码，补充填写账簿启用表和账户目录，加具封面，装订成册，同时填写有关内容。

③ 将项目五习题中的实训 1 和实训 2 中编制的资产负债表和利润表，进行装订并加具封面，同时填写有关内容。

（2）每一位同学写出一份实训报告。

主要参考文献

[1] 张艳萍. 会计学原理与实务[M]. 厦门:厦门大学出版社,2012
[2] 会计从业资格考试辅导教材编写组[M]. 北京:中国财政经济出版社,2012
[3] 中华会计网校. 会计基础[M]. 北京:人民教育出版社,2012
[4] 李冠军. 会计基础实训[M]. 北京:中国人民大学出版社,2012